王汉斌访谈录

——亲历新时期社会主义民主法制建设

王汉斌

中国民主法制出版社

2009 年 9 月在家中书房接受采访

2011 年 3 月在家中客厅会见客人

2010 年 10 月在河北怀来

2007 年 8 月在新疆喀纳斯

目　　录

迈出健全社会主义法制关键的一步

—— 王汉斌访谈录之一

社会主义民主法制的根本保障

—— 王汉斌访谈录之二

关于选举制度的重要改革和规定

——王汉斌访谈录之三

关于制定民族区域自治法的几个问题
——王汉斌访谈录之四

通过基层群众自治发展直接民主
——王汉斌访谈录之五

人大议事程序的规范化建设
——王汉斌访谈录之六

附录一

附录二

附录三

后记

迈出健全社会主义法制关键的一步

——王汉斌访谈录之一

题解：党的十一届三中全会后，加快立法成为国家面临的一项紧迫任务。而新时期的立法工作几乎是从零开始的。1979年2月，全国人大常委会设立法制委员会，由彭真同志任主任，主持立法工作。经过三个多月的努力，修订和起草了选举法、地方组织法、法院组织法、检察院组织法、刑法、刑事诉讼法、中外合资经营企业法七部重要法律，于7月1日由五届全国人大二次会议通过。从此，国家告别了"无法无天"，迈出了健全社会主义法制关键的一步。邓小平同志说，由此"全国人民都看到了严格实行社会主义法制的希望。这不是一件小事情啊！"

一、血的教训使我们懂得了法制的重要

问：汉斌同志，您从1979年起就从事立法工作，长达20年的时间，亲历了我国新时期社会主义民主和法制建设的实践，为之倾注了大量心血。请您谈谈新时期的民主和法制建设是如何起步的？

王汉斌：这个问题，要从党的十一届三中全会讲起。1978年年底召开的党的十一届三中全会，是我们党和国家历史上具有深远意义的战略转折。这次会议总结历史的经验，特别是"文化大革命"的惨痛教训，作出了把党和国家工作的重点从以阶级斗

争为纲转移到社会主义现代化建设上来的战略决策，并着重提出必须发展社会主义民主，健全社会主义法制。

"文化大革命"为什么会发生？一个根本性的原因，就是社会主义民主和法制被破坏了。在那个"无法无天"的年代，林彪、"四人帮"一伙和极少数坏分子，还有一些上当受蒙蔽的人，想抄谁的家就抄谁的家，想抓谁就抓谁，想关谁就关谁，不经任何法律手续就把人关进监狱。就连中华人民共和国主席刘少奇同志都得不到法律的保护，给他挂牌子，公开批斗，这不仅是他个人的耻辱，也是共和国的耻辱！"文化大革命"中被迫害致死的又岂止少奇同志一个？全国整死了多少人呀！这是历史的悲剧。人们不会忘记，也不应该忘记。

总结这个教训，最根本的还是一个制度问题、法制问题。所以，小平同志说："斯大林严重破坏社会主义法制，毛泽东同志就说过，这样的事件在英、法、美这样的西方国家就不可能发生。他虽然认识到这一点，但是由于没有在实际上解决领导制度问题以及其他一些原因，仍然导致了'文化大革命'的十年浩劫。""不是说个人没有责任，而是说领导制度、组织制度问题更带有根本性、全局性、稳定性和连续性。"这是总结十年动乱的沉痛教训，得出的深刻结论。

问：小平同志讲制度问题的重要性，的确非常深刻。那么，制度和法律是什么关系呢？

王汉斌：小平同志还讲了两点，一点是："为了保障人民民主，必须加强法制。使民主制度化、法律化，使这种制度和法律不因领导人的改变而改变，不因领导人的看法和注意力的改变而改变。"另一点是：必须"做到有法可依，有法必依，执法必严，违法必究"。这是社会主义法制建设的极为重要的指针。还要指出，小平同志这里讲的法制，包括制度化和法律化两个方面。制度和法律是密切联系的，制度是制定法律的依据和基础，人人都必须遵守的制度要用法律形式固定下来。董必武同志在上个世纪50年代也说过：究竟什么叫做法制？"我们望文思义，国家的法律和制度，就是法制。"他还说，实行法制，就是要做到有法可依，有法必依。这是社会主义法制的完整含义。小平同志讲的法制和董必武同志讲的法制，含义是一致的。

我看，小平同志的上述论述，是我国社会主义法制建设的基本原则和核心内容，也是基本的指导方针。

问：这是小平同志总结建国以来的经验教训得出的科学结论。那么，党的十一届三中全会前我国法制建设的状况如何呢？

王汉斌：建国以来，我们对法制建设基本上是不够重视的，但也不是完全不重视，也做了一些工作。建国初期，制定了共同纲领和中央人民政府组织法，起到了临时宪法的作用。随后，制定了地方各界人民代表会议组织通则、婚姻法、土地改革法、惩治反革命条例、惩治贪污条例等。1954年制定了新中国第一部宪法，并制定了选举法、全国人大组织法、国务院组织法、地方组织法、法院组织法、检察院组织法等国家机构的法律，还相继制定了城市居民委员会组织条例、城市街道办事处组织条例、公安派出所组织条例、逮捕拘留条例、治安管理处罚条例和批准了国务院关于劳动教养的决定、关于国家行政机关工作人员的奖惩暂行规定等一些法律、法令。那个时期，还是注意制定一些必要的法律的。当时毛泽东同志和中央其他领导同志对宪法和法律比较重视，开会时常问：这么做是不是符合宪法？1956年，鉴于斯大林严重破坏法制的教训，刘少奇同志在党的八大政治报告中提出，要着手系统地制定比较完备的法律，健全我们国家的法制。他还说：为了正常的社会生活和社会生产的利益，必须使全国每一个人都明了并且确信，只要他没有违反法律，他的公民权利就是有保障的，不会受到任何机关和个人的侵犯，如果有人非法地侵犯，国家就必然出来干涉。就是同反革命分子和其他犯罪分子进行斗争，也必须严格地遵守法制。在少奇同志主持下，全国人大常委会抓紧了刑法、民事诉讼法、刑事诉讼法等基本法律的起草工作。到1957年6月，刑法草案初稿起草了第二十二稿，发给全国人大代表征求意见。刑事诉讼法草案已形成初稿，民事诉讼法也开始起草。

从1956年到1957年上半年，周恩来、邓小平、董必武等同志对扩大民主、健全法制、加强监督也都有一些精辟论述。周恩来同志提出了"专政要继续，民主要扩大"。他认为扩大民主，更带有本质的意义。要解决这个问题，就要在我们国家制度上想一些办法，比如改进人民代表大会制度等。邓小平同志提出共产党要接受监督。他说，如果我们不受监督，不注意扩大党和国家的民主生活，就一定要脱离群众，犯大错误。董必武同志明确提出了党政职能分开的原则。他认为加强民主与法制建设，可以使党和政府的活动做到有法可依，有法必依。

1957年上半年，在彭真同志主持下，中共全国人大常委会机关党组经过认真调查研究，提出了健全人民代表大会制度的方案。

问：这样好的发展势头为什么会发生变化呢？

王汉斌：这个变化的关键是1957年的反右派斗争。这场斗争把一些要求发展民主、健全法制的正确意见，统统作为"右派"言论加以批判。当时《人民日报》等报刊发表的一系列批判文章说：法律界右派分子向党进攻的总口号是要"法治"；提出要改变"无法可依"、"有法不依"的状况是"要为反动的旧法复辟"；要求进一步扩大民主，健全法制，抓紧制定刑法、民法和各种单行法，是妄图"以法律代替政策"，否定党的领导，等等。从此，宪法明文规定的一些原则，如公民在法律上一律平等，法院独立进行审判，检察院独立行使检察权等，都被当作成错误的东西进行批判，律师辩护制度也被取消了。1959 年，又撤销了司法部、监察部和国务院法制局。这是法制建设的一场大灾难。

1962 年，总结三年"大跃进"时期的教训，很重要的一条就是违反社会主义法制。刘少奇同志针对一些地方出现的侵犯公民人身权利的现象，指出：有的地方，行政拘留、集训、劳动教养变成和逮捕一样，还有的单位自己搞拘留，搞劳改，这是非法的，不允许的，必须坚决制止。他还说，法院独立审判是对的，是宪法规定了的，党和政府不应该干涉他们判案子。检察院应该同一切违法乱纪现象作斗争，不管任何机关任何人。"不要提政法机关绝对服从各级党委领导。它违法就不能服从。如果地方党委的决定同法律、同中央政策不一致，服从哪一个？在这种情况下，应该服从法律、服从中央的政策。"在当时情况下，少奇同志在法制建设上提出这些主张，是要有很大的魄力和远见的。根据中央领导同志的指示，刑法起草工作重新启动，到 1963 年拟出了第三十三稿，经中共中央书记处、政治局常委和毛泽东同志原则审阅过。但是，不久又强调阶级斗争，鼓吹阶级斗争"一抓就灵"，不再讲法制了。这是最终导致"文化大革命"得以发生的一个重要条件。

从以上过程可以看出，建国以后我们在相当长的时间内对社会主义法制的重要性认识很不够，甚至把它丢掉了。过去虽然也制定了一些法律，但在"文革"中鼓吹"无法无天"，这些法律实际上被废除了。所以，到党的十一届三中全会前，除个别单行条例外，我们的法律基本上是个空白。新时期的立法工作，几乎是从零开始的。

二、设立法制委员会是加强法制建设的重要措施

问：面对举国上下迫切要求尽快健全法制的强烈呼声，党和国家采取了哪些措施？

王汉斌：党的十一届三中全会后，党中央立即采取了加强法制建设的措施，其中很重要的一条措施就是成立全国人大常委会法制委员会，由彭真同志任主任，主持立法工作。

叶帅在党的十一届三中全会之前召开的中央工作会议上说，人大常委会如果不能尽快担负起制定法律、完善社会主义法制的责任，那人大常委会就是有名无实，有职无权，尸位素餐，那我这个委员长就没有当好，我就愧对全党和全国人民。可见，叶帅决心很大。我想，他在这样讲的时候，就想到要让彭真同志来抓这项工作。

问：彭真同志是"文革"中最先被打倒的党和国家领导人。他被监禁、关监狱长达 10 年之久。1975 年 5 月被送到陕西商县，自由仍受到限制。他是什么时候回到北京任职的？

王汉斌：在党的十一届三中全会上，彭真同志的"问题"还没有作结论。全会结束后，他回到北京。1978 年 12 月 27 日晚上，刘仁同志的夫人甘英同志给我打电话，说彭真同志明天回到北京，你去不去机场迎接？我说我没有车，机场我进不去。她说，我接你去。第二天上午甘英同志接我去了机场。那天去的有

二三百人，最大的官是吕正操、程子华（他当时是民政部部长）。在候机楼的大厅里，程子华同志讲话说：我们这些人都是自发来的，不代表谁，跟谁都没有关系。大家簇拥到飞机舷梯前接彭真同志，心情都很激动。我见到彭真同志时只说出一句话：没有想到我们还能再见面。

问：法制委员会是何时成立的？它由哪些人组成？

王汉斌：党的十一届三中全会后，中央确定由全国人大常委会统筹立法工作。1979 年 1 月，中央决定在全国人大常委会设立法制委员会。1979 年 2 月 17 日至 23 日，五届全国人大常委会第六次会议召开。乌兰夫副委员长作了关于设立全国人大常委会法制委员会的说明，指出："中国共产党不久前召开的十一届三中全会决定，全党全国工作的着重点，从今年起转移到社会主义现代化建设上来。为了保护人民民主和社会主义现代化建设事业的顺利进行，必须加强社会主义法制。因此，从现在起，应当把立法工作摆到全国人民代表大会和它的常务委员会的重要议程上来。为此，需要采取相应的组织措施，拟在全国人民代表大会常务委员会设立法制委员会，协助常务委员会加强法制工作。"会议决定设立全国人大常委会法制委员会，并通过了由 80 人组成的委员会名单，彭真同志为主任。

法制委员会是一个规模大、规格高的机构，成员中包括了各方面的知名人士，如胡乔木、谭政、王首道、史良、安子文、杨秀峰、沙千里、董其武、刘斐、胡愈之、荣毅仁、费孝通、季方、雷洁琼、胡启立等，其中当时和以后担任副委员长、政协副主席的就有 11 人。这是一个有代表性和权威性的立法工作机构。提交全国人大和全国人大常委会审议的法律草案要先经过法制委员会讨论审议修改后再提交全国人大常委会，重要的还要再提请全国人大审议。

就在这次全国人大常委会会议开始举行的当天，中共中央发出《关于为彭真同志平反的通知》，宣布"文化大革命"中强加给彭真同志的种种罪名和一切诬蔑不实之词，均应予以推倒。

问：我们知道，您长期在彭真同志领导下工作，1958年起担任北京市委副秘书长，"文革"中受到严重迫害，直到1975年才被安排到一个小厂担任革委会副主任，还不是厂党委会委员，粉碎"四人帮"后调到中国科学院研究室工作。您是怎样到法制委员会工作的？

王汉斌：法制委员会成立时，彭真同志找我，让我到法制委员会工作。我说，我跟您工作十几年，我知道自己的水平跟您相差太远，到法制委员会工作恐怕帮不上什么忙。再说，我对法律还真没兴趣，法律条文干巴巴的，我读不下去。彭真同志说，你是说客气话还是真的不想来？我还是认为你可以做这项工作。我心里想的是真不愿意来，但没有再说下去。当时我在中国科学院研究室工作，几天后，彭真同志主持召开法制委员会党员负责同志会议，通知我去参加。我说，大会堂我根本进不去，怎么参加呀？彭真同志让秘书接我去参加。会议开完后，彭真同志说，你就留下来上班吧。我说，我到哪里上班？他让全国人大常委会副秘书长武新宇同志给我找地方。当时，武新宇同志找不出地方来，就让我和彭真同志的秘书在一个屋里办公。

我是第一个到法制委员会报到上班的，还没有别的工作人员，我就负责一个一个地调人，包括司机。调来的每个人，我都要同他谈话。当时武新宇同志负责抓立法，他抓了一段时间，身体不太好，就找彭真同志说，在五届全国人大二次会议前起草出七部法律，时间太短，搞不出来。彭真同志着急了，把我叫去说，你还得管立法工作，抓法律的起草工作。

问：在法制委员会成立时，中央批准您为副秘书长，但彭真同志宣布的是您担任办公室主任，武新宇担任法律室主任，刘复之担任资料室主任。到了 1979 年 11 月，五届全国人大常委会第十二次会议正式任命您为法制委员会副秘书长。1980 年 4 月举行的五届全国人大常委会第十四次会议，决定增补您为法制委员会副主任兼秘书长，主持法制委员会的日常工作。您在工作中最大的感受是什么？

王汉斌：彭真同志对立法工作抓得很紧，要求很高。他在恢复工作后，不顾年事已高，争分夺秒地忘我工作，为我国社会主义民主和法制建设殚精竭虑，倾注了大量心血。我们也是没日没夜地工作，尽最大的努力完成交办的任务。但有时还是达不到他的要求，心里想跟着彭真他老人家工作没好日子过。

三、抓七部法律的起草工作

问：彭真同志是怎样抓立法工作的？如何能在短短的三个多月内就搞出七部法律草案？

王汉斌：法制委员会成立后，彭真同志找了叶帅、小平同志还有华国锋同志，请示怎么工作。他们都对彭真同志说，立法工作就委托你来抓，你要找什么人就找什么人，要找哪个部门就找哪个部门。叶帅还说，法制工作就委托你来管，你认为该怎么办就怎么办。彭真同志考虑，建国以后，要从革命战争时期主要依靠政策办事，逐步过渡到不仅靠政策，还要建立、健全法制，依法办事。这是历史发展的客观要求。"文化大革命"那样无法无天，吃尽了苦头，决不能再让它重演。现在是"人心思法"，新时期必须加快立法工作。要按照小平同志讲的有比没有好，快搞比慢搞好的精神，先抓条件比较成熟的、急需的法律的起草工作。开始时考虑要搞的法律比较多，除了七部法律外，还有民法、民事诉讼法、律师条例等，最后确定先集中力量抓七部。这七部法律中，四部国家机构方面的法律，是1953年和1954年制定的，有一定的基础；刑法在"文革"前已起草三十三稿，刑事诉讼法也在1963年形成草案初稿；从无到有的只有一部中外合资经营企业法。如果不是这样，也难以在这样短的时间内就拿出七部法律草案来。

刑法和刑事诉讼法草案，由法制委员会直接抓。刑法草案开始由中央政法小组管，对"文革"前起草的三十三稿，又修改了两稿，彭真同志不太满意，开了几天会征求意见。他认为，还是应该以1963年的第三十三稿为基础，根据十几年来的经验和新的情况、新的问题进行起草。刑事诉讼法草案，也是在"文革"前的多次修改稿的基础上修订的。选举法起草，由民政部负责。地方组织法起草，由全国人大常委会办公厅负责。法院组织法和检察院组织法起草，分别由高法和高检负责。他们起草出初稿后，由法制委员会进行修改。中外合资经营企业法，是由国家计委副主任顾明同志主持，和有关部门的同志研究起草的。法制委员会对这部法律的起草也下了很大功夫。

到1979年4月份，法制委员会工作人员已经调来了35人。根据彭真同志意见，我和过去参加过人大立法工作的项淳一、顾昂然、高西江等同志对每部法律草案逐条进行研究修改。我们每天都是夜以继日，从早上八点干到夜里十二点以后。每天夜里十二点后，我把修改出的稿子送到彭真同志家里。有时夜里十二点彭真同志还来看我们。他对送去的稿子连夜进行修改，第二天清晨就把修改后的稿子退回来了。他改得很认真、很仔细，还加了许多条。例如，对刑法草案侵犯人身权利罪中亲自增写了三条：一条是严禁刑讯逼供。以肉刑致人伤残的，以伤害罪从重论处。一条是严禁聚众"打砸抢"。因"打砸抢"致人伤残、死亡的，以伤害罪、杀人罪论处。毁坏或者抢走财物的，首要分子以抢劫罪论处。一条是严禁诬告陷害。规定凡捏造事实诬告陷害他人的，参照所诬陷的罪行的性质、情节、后果和量刑标准给予刑事处分。在刑法草案第二条中，在"保护公民的人身权利、民主权利"之后，亲自增写：维护社会秩序、生产秩序、工作秩序、教学科研秩序和人民生活秩序。在管制刑中亲自增写：非经人民法院判决，任何机关不得对公民实行管制，违者应受行政纪律和法律处分。这对一位 77 岁的老人来说实在不容易。有一天，党中央政治局常委开会，听取刑法草案的汇报，彭真同志正发高烧，他让护士给他打了退烧针，就去开会了。

七部法律草案初稿起草出来后，法制委员会进行了认真讨论，提出了许多好的修改意见。经过修改后，提交 6 月 7 日至 12 日召开的五届全国人大常委会第八次会议审议，彭真同志在会上就刑法草案和刑事诉讼法草案作了说明。会议讨论得很热烈，也很认真。

问：对制定这七部法律，意见分歧大吗？通过之后，国内外反映如何？

王汉斌：不同意见是有的，这是正常的。在刑法草案征求意见时，有人对规定严禁刑讯逼供、严禁聚众"打、砸、抢"、严禁非法拘禁、严禁诬告陷害，有不同意见，认为"严禁"不是法律语言。但在"文革"中深受迫害的干部和群众认为规定"严禁"

这些罪行是符合他们愿望的，也是完全必要的。当时，中国社会科学院法学所送来了一份简报，说这个草案无论是法律条文还是文字上、逻辑上都有问题，并说规定诬陷反坐是报复主义。乔木同志也认为这个法律草案还不成熟，拉上耀邦同志一起去找彭真同志，建议推迟通过。彭真同志说，刑法草案今年不通过，明年后年也通不过。说不成熟，过去已搞了三十三稿，什么时候才成熟呀？彭真同志这里所说的"成熟"是指"完备"的意思，在当时要求制定的刑法很完备是做不到的，只能把比较成熟的、有把握的规定下来；没有把握的、不成熟的、争论较大的，不能写。他主张尽快制定刑法和刑事诉讼法，决心是很大的。刑法草案经过反复修改，大家还是比较满意的。胡乔木同志在五届全国人大二次会议主席团会上作了审议结果的报告，充分肯定了这部法律。

　　在征求对选举法、地方组织法草案意见时，中国人民大学有一位法学教授提出，要有专门一章规定代表的权利和义务。说不写这一章，既违反民主原则，也违反法制原则。我心里想，说违反民主原则还可以，说违反法制原则就很难说了。根据当时的实际情况，在地方组织法草案中要完整地写一章代表的权利和义务是有困难的，但可以对代表的权利和义务，作一些具体规定。如，规定代表有向人民代表大会和它的常务委员会反映群众意见和要求的权利和义务；在代表大会举行时，代表有权向本级政府及其所属部门提出质询，受质询的机关必须在会议中负责答复。代表出席代表大会会议和执行代表职务时，国家给予必要的物质上的便利或者补贴。还有，为了保证代表能够充分行使代表职权，规定县级以上地方各级人大代表非经本级人大常委会同意，不受逮捕或者审判等。但当时有些问题有争议，如对代表在代表大会上的发言和表决不受法律追究，就有不同意见，没有写。又如过去实行的代表视察，有人认为不规定也可以视察，规定了就会太死，经研究，也没有写。后来在修改地方组织法和制定代表法时，才把这些问题明确规定下来。

对刑事诉讼法、检察院组织法和中外合资经营企业法草案等的争论也是挺多的，争论的都是重大问题。但这几部法律通过后，国内外反映还是很好的，党和人民给予了很高的评价。邓小平同志说："在建国以来的二十九年中，我们连一个刑法都没有，过去反反复复搞了多少次，三十几稿，但是毕竟没有拿出来。现在刑法和刑事诉讼法都通过和公布了，开始实行了。全国人民都看到了严格实行社会主义法制的希望。这不是一件小事情啊！"许多干部和群众反映，这是加强社会主义民主和法制的一件大事，是我们盼望很久的事。国外一些报刊评论说，刑法、刑事诉讼法"充分研究利用了西方法典的成果和中国自身的经验，尤其是对'文化大革命'以来情况的反省"，"从整体看，内容是极为民主的"，"不仅是司法的成果，而且是和政治现代化有联系的成果"。

四、恢复和重建国家机构迫切需要有法可依

问："文革"结束时，我国的法律几乎处于空白状态，需要制定的法律很多。为什么首先要制定国家机构方面的法律呢？

王汉斌："文化大革命"是在错误的理论指导下进行的所谓"一个阶级推翻另一个阶级"的政治运动，林彪、"四人帮"乘机煽动"打倒一切、全面内战"，在全国开展了全面的夺权斗争，

各部门各地方的国家政权机构都被夺权或摧毁，作为国家权力机关的人大实际上被取消了；所谓"旧政府"被造反派夺权，用"革命委员会"取代了；公、检、法被砸烂了。上世纪50年代制定的有关国家机构方面的法律实际上也被废除了。在这种情况下，要拨乱反正，恢复和重建国家机构行使职权，就迫切需要有法可依，尽快制定国家机构方面的法律。

问：那么，为什么要重新修订选举法？它对国家政权机构的产生和运作具有什么重要意义？

王汉斌：我们国家是人民当家作主的社会主义国家，国家的一切权力属于人民，人民是通过自己选举产生的国家机关来行使当家作主的权利的。政府的权力是全国人民代表大会制定的宪法和法律授予的。没有选举，人民就无法行使当家作主的权利，国家机关的产生就没有来源，也无法律依据。过去我们对选举重视不够，往往把它当成一种形式。"文革"中摧毁了国家机器，也否定了选举。毛主席说，对选举我是不大相信的。1968年《红旗》杂志有篇社论说："迷信选举是一种保守思想，革命委员会不是选举产生的，它比以往历届人民代表大会和人民委员会更具有广泛的群众性，更合乎民主集中制，更能够深刻得多地反映无产阶级和劳动人民利益。"我看，没有选举就根本谈不上民主政治。选举不仅是一种民主形式和民主手段，而是民主的实质和核心内容。否定了选举，也就否定了人民当家作主、管理国家的权利，国家机构就成了无源之水、无本之木。

这次重新制定的选举法，总结过去选举工作的经验教训，根据新时期发展社会主义民主的需要，对选举制度进行了一系列改革。最重要的是实行差额选举，就是将过去实行的等额选举的办法改为候选人的名额多于应选人名额的办法，不仅各级人大代表要差额选举，而且在新制定的地方组织法中规定地方国家机关的领导人员也要差额选举。同时，还规定了选民或代表联名提候选人的制度。选谁，不选谁，由选民或代表根据自己的意愿来决定。这样更有利于选民或代表自由地行使选举权的民主权利，选出自己满意的人。特别是多数人不满意的人，就比较难当选。同时，这也能使人大代表和国家机关的领导人员行使职权时好好考虑人民群众的意愿和要求，主动接受人民的监督。这些规定都是保障选民或代表的民主权利、发展社会主义民主的重要体现。再就是把直接选举人大代表的范围，由乡一级扩大到县一级，这不仅可以比较容易地保证民主选举，而且便于人民群众对县级国家机关和工作人员实行监督。选举制度的这些重大改革，是建设社会主义民主政治的一个重要步骤，也是政治体制改革的一项重要内容。

党的十一届三中全会以来，我们按照选举法和地方组织法的规定，在全国范围内进行了多次换届选举。1992年，在中央政治局会议讨论年度工作要点时，我提出，许多国家都把议会选举和政府换届叫做"大选"，视为最重要的政治活动。我国的换届选举是国家政治生活中的一件大事，建议在工作要点中把换届选举写上，以引起全党和全国人民对换届选举的重视，从健全国家制度出发，做好这项工作。

问：新制定的地方组织法，对地方政权建设作了什么重要改革？

王汉斌：彭真同志在关于七部法律草案的说明中指出，为了发展社会主义民主，加强和健全社会主义法制，保证和便于九亿人民管理国家大事，同时进一步发挥地方的积极性，适应全国工作着重点的转移和经济体制改革的需要，这次提出的地方组织法草案，对地方政权组织作了三项重要改革：一是县级以上地方各级人民代表大会设立常务委员会；二是地方各级革命委员会改为人民政府，并相应地恢复省长、市长、自治区主席和州长、县长等职称；三是根据中共中央多次强调要扩大地方权力，发挥中央和地方两个积极性的思想，按照我国的实际情况和长期以来进行社会主义建设的经验，规定省、自治区、直辖市人大及其常委会根据本行政区域的具体情况和实际需要，在同国家宪法、法律、政策、法令、政令不抵触的前提下，可以制定和颁布地方性法规。

问：这确实是地方政权建设的重要改革。据说上世纪50年代就提出过这些改革，是不是这样？

王汉斌：根据1954年宪法的规定，地方人大不设常委会，作为地方政府的人民委员会既是地方人大的执行机关，同时也行使地方人大常设机关的职权。这种"议行合一"的体制是学苏联的，它实际上使人大不能经常对政府的工作进行监督，在国家体制上是有缺陷的。对这个问题，上个世纪50年代就专门研究过。1957年3月，当时任全国人大常委会副委员长兼秘书长的彭真同志说："现在我们的省、市、自治区和县人民代表大会都只有人民委员会，而代表大会本身没有常设机关，因此，在人民代表大会闭幕之后，就没有一个对政府工作进行经常监督的机关。这种议行合一的制度，在今天就不完全适宜了。因此，我们省、市、自治区有考虑设立常委会的必要。"又说："这种制度的设立和实施，将使我们国家的政治制度和民主生活更加健全。"这个意见是很有远见的。

1957年上半年，在彭真同志主持下，全国人大常委会机关党组根据中央的指示，经认真研究，提出了关于健全人民代表大会制度的方案，其中就有县级以上地方各级人民代表大会设常务委员会，作为本级人大的常设机关；同时，赋予省、自治区、直辖市人民代表大会和它的常务委员会一定的立法权。但不久反右派斗争开始了，这个方案就被搁置了。

问：经过 20 多年之后，县级以上地方各级人大设立常委会是如何写入地方组织法的？

王汉斌：在起草地方组织法时，法制委员会将原来的地方组织法发给各省、市、自治区革委会征求修改意见，并派出三个小组分赴吉林、浙江、四川进行调查研究。许多地方建议省、自治区、直辖市、自治州、省辖市的人民代表大会设立常务机关（有的还建议县也一并考虑），同时强烈要求把地方各级革命委员会改为地方人民委员会或人民政府。季方同志还专门给法制委员会写信，建议将宪法中的"革命委员会"改为"人民委员会"。

彭真同志对这些意见进行认真考虑，在 1979 年 5 月 3 日谈地方组织法的修改问题时指出：地方组织法修改，涉及革命委员会改为人民委员会和地方人大设常委会的问题。革委会是"文化大革命"的产物，"和尚打伞，无法无天"，人民群众记忆犹新，反映不好。现在加强社会主义法制，改革委会为人民委员会是顺理成章的。县级以上地方各级人大设立常委会，可以在人民代表大会闭会期间，监督本级政府、法院、检察院的工作。人民群众有什么意见可以向地方人大常委会提出。法院副院长、审判员，检察院副检察长、检察员也可由地方人大常委会任免。这符合扩大民主，监督政府工作，保持法院、检察院独立性的精神。

1979 年 5 月 17 日，彭真同志向中央写的请示报告中说：关于这个问题现在有三个方案：一是用立法手续把革命委员会体制固定起来。这样做，不赞成的人可能很多。二是取消革命委员会，恢复人民委员会。这样做，在名义上虽然取消了革命委员会，但对于扩大人民民主、健全社会主义法制不一定能有多大实质性的帮助和改进。三是县级以上地方各级人民代表大会设常务委员会，并恢复人民委员会（包括省长、市长、县长等职称），这个方案可能比较好些。三个方案究竟采取哪个？请中央决定。报告还附了季方同志的信和法制委员会的调查报告。

这个报告送给了耀邦同志。耀邦同志当天就转给中共中央主席、副主席阅批。邓小平同志批示：我赞成第三方案，相应的这次人大只修改宪法这一条，其他不动。这个问题建议在人大会前议一下。中央政治局常委讨论同意后，耀邦同志5月31日告彭真同志和程子华同志：地方组织法和选举法请按邓副主席批示原则修改。

法制委员会根据中央的意见，于6月10日提出了地方组织法和选举法草案。五届全国人大常委会第八次会议进行了审议，许多委员又提出将"人民委员会"改为"人民政府"。我记得在人民大会堂二楼委员长会议室，胡绳同志对我说：还是改为人民政府好。我赞成这个意见。因为建国初期我们就叫"人民政府"，人民群众喜欢这么称呼。彭真同志也认为改为人民政府好，并向中央作了报告，提出"取消革命委员会，成立人民政府，不再恢复人民委员会"。中央政治局讨论同意这个意见。

问：这些修改内容，涉及改变1978年宪法的一些规定。这个问题是怎么解决的？

王汉斌：开始时研究，修改宪法可以有三个办法：一是按照小平同志说的，就修改、补充县级以上地方人大设立常委会这一条，其他不一定修改，因为当时已考虑到要对1978年宪法作全面修改；二是对1978年宪法与新制定的地方组织法等法律不一致的地方都进行修改;三是由全国人大作个决议,暂时不对1978年宪法条文进行修改。最初考虑采用第三个办法。因为涉及修改的地方比较多,采用第三个办法比较简便易行。

根据这个意见,起草了一个决议草案。提交五届全国人大二次会议讨论时,代表们同意草案的内容,但有的代表建议把上述内容直接写进修改宪法的条文。同时,有的专家学者对决议草案中关于"本决议与宪法相抵触之处依本决议执行"的规定提出意见,认为这是违反宪法的,因为宪法的法律效力高于一切法律和决议,不应再有高于宪法效力的决议。6月27日,于光远代表还给胡乔木和我分别写了信,提出意见。我把这封信送给彭真同志。彭真同志批示:请即送乌兰夫、胡耀邦同志。乌兰夫批请姬鹏飞、胡耀邦同志审定。胡乔木同志28日也给姬鹏飞写信表示同意于光远的意见。大会主席团认为,上述意见是正确的,决定将用决议修改宪法的形式改为修改宪法部分条文的形式。于是,由全国人大常委会提出了关于修正《中华人民共和国宪法》若干规定的议案,获大会通过。

这次对1978年宪法有关条文的修改,涉及的条款较多,共八条。但从内容来说主要是规定县和县级以上地方各级人大设立常委会,将地方各级革命委员会改为地方各级人民政府,赋予省级人大及其常委会制定地方性法规的权力,将县级人民代表大会代表改为由选民直接选举,将上级人民检察院同下级人民检察院的关系由监督改为领导等。

还要指出的是,在五届全国人大二次会议审议的七部法律草案中,大家比较注意的是刑法和刑事诉讼法,但彭真同志认为,大会议程和公布时的排列顺序应把地方组织法和选举法摆在前面,以显示我们把发展人民民主,保障人民行使管理国家的权利放在优先地位。

问：这次修改的法院组织法，重申了法院独立进行审判，只服从法律。这是怎样考虑的？

王汉斌：法院独立进行审判，只服从法律，是法院行使审判权的基本准则，也是一项重要的社会主义法制原则。1954年宪法和法院组织法都作了这样的规定。但在反右斗争中，把这一条指责为"以法抗党"、"向党闹独立性"，进行了错误的批判。1975年宪法和1978年宪法都取消了这个规定。这次修改法院组织法时，大家认为1954年宪法和法院组织法的规定是正确的、必要的。没有这一条，就没有健全的社会主义法制。因此，重申法院独立进行审判，只服从法律，是拨乱反正的一项重要内容，也是加强社会主义民主和法制建设的一个重要措施。

法院独立进行审判，只服从法律，有的同志担心是不是与党的领导有矛盾？彭真同志在七部法律草案的说明中指出："公安、检察、法院三机关的工作关系是在党的领导下，遵照宪法、刑法和其他法律的规定，为了共同维护社会主义法制而在工作中分工协作和互相制约，以保证准确地打击反革命和其他犯罪行为，保护人民。"这里特别强调了公安、检察、法院都在党的领导下进行工作。法院独立进行审判所依据的法律，是党中央原则批准，由最高国家权力机关制定的。它是党的主张和全国人民根本利益相统一的体现。法院服从法律，就是服从党的领导，服从全国人民。同时，法院独立进行审判，不是想怎么办就怎么办，而是必须以事实为根据，以法律为准绳，严格依法办事。党对法院工作的领导，最重要的是切实保证法律的实施，支持和领导法院依法独立行使职权，而不是代替法院的工作。所以，法院依法独立行使审判权与服从党的领导是不矛盾的，不存在什么"以法抗党"、

"向党闹独立性"的问题。

1983 年通过的关于修改法院组织法的决定，根据 1982 年宪法的规定，将法院独立进行审判，只服从法律修改为法院依照法律规定独立行使审判权，不受行政机关、社会团体和个人的干涉。这同原来的规定原则上是相同的。

问：这次修订法院组织法，还重申了公民在适用法律上一律平等。这也是拨乱反正的一个重要内容。请谈谈它有什么重大意义？

王汉斌：公民在适用法律上一律平等，也是保证社会主义民主和社会主义法制实施的一条基本原则。这次制定的法院组织法、检察院组织法和刑事诉讼法，都规定了这一基本原则。1954 年宪法规定公民在法律上一律平等，同年颁布的法院组织法和检察院组织法规定公民在适用法律上一律平等，两者的含义是相同的。但是，从反右派斗争起，却把这一宪法和法律规定的重要原则作为"超阶级观点"、"资产阶级法律观点"，加以批判。毛主席就说过，无产阶级同资产阶级是没有什么平等可言的，难道工人与资本家、农民与地主能讲平等吗？所以在长达 20 多年的时间里法律平等原则成为一个禁区，1975 年宪法和 1978 年宪法都取消了这一原则。党的十一届三中全会公报写了"人民在自己的法律面前人人平等"，这是拨乱反正的一项重要内容。当时有个别领导的子女违法犯罪，群众反应很大。我们研究时认为，在旧社会还讲"王子犯法与庶民同罪"，我们是社会主义国家，更应如此。所以，这次制定的法院组织法规定："人民法院审理案件，对于一切公民，不分民族、种族、性别、职业、社会出身、宗教信仰、教育程度、财产状况、居住期限，在适用法律上一律平等，不允许有任何特权。"这就不仅恢复了 1954 年法院组织法的规定，而且增加了"不允许有任何特权"的内容。

彭真同志早在 1954 年一届全国人大一次会议的发言中，就对这一原则作了深刻的阐述。他说："我们的国家是工人阶级领导的人民民主国家，人人遵守法律，人人在法律面前平等，应当是也必须是全体人民、全体国家工作人员和国家机关行动的指针，不允许有任何超越于法律之外的特权分子。"这个发言尖锐批判了那种自以为有一点"功劳"或者"苦劳"，就可以超越于法律之外为所欲为的封建特权思想；那种以为法律只是管老百姓和"小人物"的，至于"大干部"、"大人物"遵守不遵守法律无关紧要的思想；那种以为共产党员只要遵守党纪就行，对于法律似乎马虎一点也无关紧要的思想。今天重读这个发言，仍然感到它有很强的现实性和针对性。恢复和重申 1954 年宪法和法院组织法关于公民在法律面前人人平等的规定，是十分必要和重要的。按照这一规定，法院对于任何违法犯罪行为，都要追究法律责任，一律平等地适用法律，依法定罪、量刑和行刑，不允许任何人有凌驾于法律之上或者超越法律之外的特权。不能因为你是工人、农民，或者是领导干部子女，犯了罪就可以判得轻；也不能因为是地主、资本家，犯了罪就可以判得重。对于干部犯了罪，不管他资格多老，地位多高，功劳多大，也都不能加以纵容和包庇，都应该依法制裁。这样才能秉公办案，保证法律正确、有效实施。

问：这次对检察院组织法有什么重要修改？

王汉斌：这次修订检察院组织法，争论很大的一个问题是，对检察机关的职权，要不要保留"一般监督"的规定？1954 年检察院组织法规定，最高人民检察院发现国务院所属各部门和地方国家机关的决议、命令和措施违法时，有权提出抗诉；地方检察院发现本级国家机关的决议、命令和措施违法时，有权要求纠正。人们把检察机关的这一职权，通称为"一般监督"。这是照抄苏联的做法。1978年宪法规定恢复设置检察院，并重申了检察院的"一般监督"权。这次修订检察院组织法，对这一条重新进行了研究。检察机关的一些老同志还是坚持要把"一般监督"写入法里。我们研究认为，最高检察院对国务院各部门的工作是无法监督的，管不了也管不好，过去就没有实行过。而且跟人大对政府的监督是什么关系，也是个问题。因此，不宜保留这个"一般监督"。当时最高人民检察院检察长黄火青同志也不赞成"一般监督"，说我哪能管得了这么多的事啊！所以，新的检察院组织法没有写"一般监督"。对此，检察院有的同志一直有意见。

问：这次修改检察院组织法，把检察院上下级关系由1978年宪法规定的监督关系改为领导关系，是怎样考虑的？

王汉斌：1954年检察院组织法规定，检察机关实行垂直领导的体制，上级检察机关直接任命下级检察机关领导人员。这也是学习苏联的做法。1978年宪法将检察机关上下级关系改为监督关系，这样规定改变了上级检察机关对下级检察机关的领导体制，不利于维护国家法制的统一。但过去实行的垂直领导体制也有问题，因为地方检察院的工作与地方有密切的联系，也要对地方人大及其常委会负责，受其监督。所以，经过研究，把上级检察院对下级检察院的监督关系改为双重领导，就是下级检察院既要接受上级检察院领导，同时又要对同级人大及其常委会负责并报告工作。地方各级检察院的负责人，包括检察长、副检察长、检察委员会委员、检察员，都由本级人大或人大常委会选举或任免，报上级检察院检察长提请该级人大常委会批准。后来考虑报批的范围太宽，上级人大常委会审批有困难，1983年修改检察院组织法时改为只报批检察长。这样规定，可以使各级检察院更好地行使检察权，保证国家法制的统一。

五、惩罚犯罪、保护人民的有力武器

问：彭真同志对制定刑法和刑事诉讼法抓得很紧，他亲自修改这两个草案，加了许多条。请您谈谈这两部法律是在什么样的背景下出台的？

王汉斌：刑法、刑事诉讼法和民法、民事诉讼法，世界各国都是宪法以外最重要的基本法律。建国以后，彭真同志一直非常重视这几部基本法律的起草工作。1954 年全国人大常委会成立后，彭真同志即组织力量，着手起草这几部法律。到 1957 年 6 月，刑法草案已起草出第二十二稿，刑诉法草案已形成初稿，民法也开始进行起草工作。但是反右派斗争后，认为法律会束缚手脚，有了政策就可以不要法律了。这样，起草法律的工作就放松了。有法才能治国，无法就要祸国。"文革"中制造了那么多冤假错案，不能不说与刑法和刑事诉讼法还没有制定出来也有关系。粉碎"四人帮"后，历经"无法无天"祸害的广大干部和群众迫切要求尽快解决随意抓人、关人、判刑的问题。所以，1979 年初就紧急制定了逮捕拘留条例。这个条例只解决了刑事诉讼法中的拘留、逮捕问题，还有起诉、审判等问题没有解决。所以要制定比较完备的刑事诉讼法。刑事诉讼法也只是解决刑事诉讼程序的问题，还必须有实体法。这就要抓紧制定刑法。

问：您前面谈到刑法在"文革"前就有了草案，在 1963

年改出第三十三稿。这次起草时有哪些重要的修改和增加的规定？

王汉斌：法制委员会在抓刑法起草时，经广泛征求各方面的意见，修改中很重要的是总结"文革"的教训，增加了一系列保障公民权利特别是人身权利的规定，主要是：

严禁用任何方法、手段诬告陷害他人。"文革"中林彪、"四人帮"迫害干部群众的一个惯用伎俩，就是捏造事实，伪造证据，任意诬陷某人是叛徒，某人是特务，某人是里通外国分子，进行残酷迫害。他们诬告人的规模之大、干部和群众受迫害之深，都是"史无前例"的。仅据最高人民检察院特别检察厅起诉书指控的，由林彪、江青反革命集团直接诬陷、迫害的党政军领导干部就有425人，受到迫害的有72万多人，被迫害致死的有3万多人。广大干部和群众强烈要求防止这种严重侵犯公民人身权利的行为。为此，刑法规定，凡捏造事实诬告陷害他人的，参照所诬陷的罪行的性质、情节、后果和量刑标准给予刑事处分。这就是说，诬陷要依反坐原则论处，只是没用"诬告反坐"这个词。

严禁聚众"打砸抢"。"文革"中"无法无天"，打砸抢成风。人民群众很担心这种威胁人身生命、财产安全的违法行为还会不会再出现。为此，刑法中规定，对打伤人的就要以伤害罪论处，打死人的就要以杀人罪论处，抢东西的就要以抢劫罪论处。

严禁非法拘禁他人，或者以其他方法非法剥夺他人人身自由。"文革"中任何群众组织都可以随便抓人、关人，搞所谓的"群众专政"。针对这种现象，刑法规定，任何机关、团体、企事业单位和个人不依照法律规定或法律程序拘禁他人都是非法的。这就是说，公民的人身自由不受非法侵犯，"文革"中那种随便拘禁人的行为不允许再发生。

严禁诬陷、诽谤他人。利用大字报诬陷和诽谤好人，并对被诬陷、诽谤的人进行残酷迫害，是"文革"中常用的办法。人民群众对此极为不满，强烈要求制止。为此，刑法就规定了以暴力或者其他方法，包括用"大字报"、"小字报"，公然侮辱他人或者捏造事实诽谤他人的，以诽谤、侮辱、诬陷罪论处。

严禁刑讯逼供。"文革"中刑讯逼供达到了骇人听闻的地步。林彪、"四人帮"一伙为了陷害好人，私设公堂、大兴冤狱，实行肉体和精神折磨，使许多人被迫害致死。

以上这些规定，都是吸取了"文革"的沉痛教训才写出来的。而且，这些规定基本上都是彭真同志亲自起草的。所以，彭真同志常说，没有"文化大革命"，现在的刑法就搞不出来。这些规定，都是保护公民人身权利的极为重要的规定，深受"文革"之害的人都能体会出这些规定的重要意义。人们经常说刑法是惩罚犯罪保护人民的重要法律，这是对的。但我还认为，刑法不仅是通过惩治犯罪来保护人民，很重要的是对保障公民权利作出重要的规定。这是社会主义法制的要求，也是现代刑事立法的很重要的内容。

问：那么，刑事诉讼法是不是也总结了"文革"的教训，对保障公民的人身权利和其他权利作出了规定呢？

王汉斌：是的。针对林彪、"四人帮"横行时期那种滥行逮捕拘留、侵犯干部和群众人身权利的严重问题，刑事诉讼法规定，只有公安机关、检察院、法院三机关才有依照法定程序行使拘留、逮捕的权力，其他任何机关、团体和个人都没有这个权力。这样，"文革"中那种单位和个人随意抓人、关牛棚的行为就是非法的。根据这一规定，过去常常使用的"隔离审查"也不允许了。过去使用的强制劳动和收容审查，也有不符合规定的地方，所以彭真同志出主意，把它并入劳动教养程序，并建议国务院发布了《关于将强制劳动和收容审查两项措施统一于劳动教养的通知》。自此，强制劳动没有了，但收容审查仍然延续下来。上个世纪80年代中期，公安部提出了收容审查条例报人大常委会审议。这个条例规定，公安机关不经检察机关批准，就可以长期关押犯罪嫌疑人。这种做法，在非常时期是可以的，在正常时期这么做对保障公民权利就问题很大。为此，我找了胡启立同志，他说：这件事我再与乔石同志谈谈。后来公安部没有再要求人大常委会审议通过这个条例。但公安部对此仍有意见，有一次在向全国人大常委会作报告时说，收容审查是办案的必要手段，现在收容审查没有法律依据，给我们的工作造成了困难。1996年，修改刑事诉讼法时，对哪种情况不经过检察机关就可以逮捕关押犯罪嫌疑人作了研究。经研究，只对两种人适用，即不讲真实姓名、住址、身份不明和有流窜作案、多次作案、结伙作案的现行犯或重大嫌疑分子。对贪污受贿、经济犯罪的嫌疑犯不能使用收容审查。刑事诉讼法对此作出了具体规定，由此取消了作为行政强制手段的收容审查。这对于保障公民的人身权利有重大的意义。对劳动教养，多年来有些同志也有看法。我认为劳动教养确也存在一些问题，需要进一步研究。

问：刑事诉讼法还对保障被告人的辩护权作出了规定。请问这是怎么考虑的？

王汉斌："文革"中是不允许被告人为自己辩护的，把辩护说成是抗拒，结果出了许多冤假错案。吸取这个教训，刑事诉讼法规定，被告人除自己行使辩护权外，还有权按照自己的意愿委托律师、近亲属、监护人或所在单位的人为他辩护。从此，律师制度得到恢复，并决定由史良、杨秀峰同志负责起草律师条例。

建立辩护制度，保护被告人的辩护权，也是重要的拨乱反正，对保证法律的正确行使，防止冤假错案，有重要的意义。1996 年修改刑诉法时进一步规定，无论是公诉案件还是自诉案件，控、辩双方在法庭上都可以互相辩论，这是辩护制度的进一步发展，也是司法制度改革的一个重要方面。

问：刑事诉讼法还对证据问题作了重要规定。这方面的教训是很多的。林彪、"四人帮"为了逼害干部和群众，大搞逼供信，伪造证据，鼓吹"棍棒下面出反革命"，一人"供"听，二人"供"信，三人"供"定（定案）等等，制造了许多冤假错案。苏联维辛斯基提出依据口供就可以定罪。苏联肃反扩大化，与此有很大关系。请谈谈制定刑事诉讼法时，是怎样从诉讼程序方面保证司法人员客观、全面地收集、审查和判断证据，保证诉讼参与人真实地提供证据，防止逼供信和伪证的？

王汉斌：证据问题是刑事诉讼中一个非常重要的问题。彭真同志对此高度重视。总结我国的经验，针对"文革"的教训，参照国外的经验，刑事诉讼法在证据问题上作出了一系列重要规定。主要是：

第一，重证据，重调查研究，不轻信口供。只有被告人供述，没有其他证据的，不能认定被告人有罪和处以刑罚；没有被告人供述，证据充分确实的，可以认定被告人有罪和处以刑罚。这一条是很要紧的，是为了防止逼供信。

第二，严禁刑讯逼供和以威胁、利诱、欺骗以及其他非法的方法收集证据。证据必须经过查证属实，才能作为定案的根据。针对"文革"中诬告、伪证风行的严重情况，除在刑法中规定了诬陷罪、伪证罪和诽谤罪外，在刑事诉讼法中又规定公安、法院、检察院接受控告、检举时，应当向控告人、检举人说明诬告应负的法律责任。还规定，凡是伪造证据、隐匿证据或者毁灭证据的，无论属于何方，必须受法律追究。

第三，收集证据，不但要收集有罪的证据，也要收集无罪的证据；不仅要收集犯罪情节重的证据，而且要收集犯罪情节轻的证据。

问：诉讼期限问题也是一个很重要的问题，多年来人们对超期羁押很有意见。这次制定刑事诉讼法时，对这个问题是怎样考虑的？

王汉斌：诉讼期限问题，也是涉及保障公民人身权利的重要问题。彭真同志对此也很重视。原来的刑事诉讼法草案规定的侦查、起诉、审判时间太长。当时计算了一下，不管被告有罪无罪，只是一审即要关押半年到 11 个月多，如果加上二审，就要一年多。彭真同志说：关一个人牵涉到全家，还有亲戚朋友，不是小事。还没有宣告人家有罪，就先关这么长的时间，怎么行？要尽量缩短诉讼期限。他要求公、检、法机关各自压缩办案的时间。经与公、检、法机关领导商定，把关押审讯时间缩短为 4 个月到 6 个月。

刑事诉讼法实施后，不少案件不能如期办完。彭真同志考虑，要完全按刑事诉讼法规定的时间办案需要有个过程。根据他的建议，全国人大常委会及时作出了《关于刑事诉讼法实施问题的决定》和《关于实施刑事诉讼法规划问题的决议》，规定：确因案件过多、办案人员不足，不能在规定的期限内办结的，在 1980 年内可以由省级人大常委会批准延长办案期限。并要求各级法院、检察院、公安机关作出逐步实行刑事诉讼法关于侦查、起诉、一审、二审期限等规定的规划。1981 年 9 月，全国人大常委会又作出了《关于刑事案件办案期限问题的决定》，规定：少数案情复杂或者交通不便的边远地区的刑事案件，在 1983 年底以前，可以由省级人大常委会决定或者批准适当延长办案期限。

到了 1983 年后，还是有不少案件不能如期办完。有的公、检、法人员说，现在是 80 年代的要求、50 年代的条件，所以办不到。他们要求不能按期办案的，可以报上级机关批准延长办案时间。我们研究认为，如果这么办，刑事诉讼法的规定就不管用了，就可以任意延长办案期限了。所以，1984 年初，我又组织人到北京市调查，对不能如期办完的案件进行了具体分析。从实际情况看，未能在规定期限内办理终结的案件，主要是工作中的问题造成的。有些同志习惯于以拘代侦、以审代查、先审后查、靠掏口供取证，这是造成羁押超限的主要原因。因此，解决超期羁押的问题，最重要的是转变观念，改进工作，提高办案效率和质量。同时，在有些案件的办理过程中，确有实际困难，难以在规定期限内办结。例如，重大的集团犯罪案件和流窜作案的重大复杂案件等。另外，还有一些涉及办案期限的具体问题，刑事诉讼法没有明确规定，执行中无所遵循。如改变案件管辖机关、进行精神病鉴定等是否列入办案期限和如何计算办案期限不明确。我们还研究一个问题，认为要解决超期拘押问题很重要的是要对被羁押的经济犯罪案件和渎职罪、过失罪等被告，一般没有行凶、杀人、爆炸、放火等危害社会和人身安全的危险的，不能在规定期限内办结，可以采取取保候审、监视居住等办法。这是世界各国通行的办法。有人不赞成，怕这么做被告会串供、订立攻守同盟。我说，你有证据，怕什么呢？调查研究后，起草了《关于刑事案件办案的补充规定》，要求公、检、法机关继续改进工作，实事求是地尽可能缩短办案期限。同时，对实施中的一些特殊的、具体问题，作了补充规定，主要是规定：对被拘押的被告人，采取取保候审、监视居住的办法，对社会没有危害的可以取保候审或监视居住。这就可以有效地避免超期羁押。同时还明确了可以延长办案期限的范围，只限于"重大的集团案件和流窜作案的重大复杂案件"，以及交通十分不便的边远地区的重大复杂案件。并规定了批准或者决定延长办案期限的程序和延长期限，规定对被羁押的被告人，在取保候审或者监视居住期间，不计入刑诉法规定的办案时间。还对刑事诉讼法规定的侦查、起诉、审讯期限不明确的地方，作了明确规定。这就既坚持了对公民的人身权利不得任意侵犯的基本原则，又从实际出发，解决了办案期限规定在执行中遇到的困难。我在六届全国人大常委会第六次会议上就这个法律草案作了说明，得到了热烈的掌声，说明大家很关心解决超期羁押、保障公民人身权利的问题。

但是，超期羁押问题，应该说至今也还没有得到完全解决。近些年来，中央政法委和全国人大常委会都非常重视解决这个问题，要求公检法机关采取切实措施解决超期羁押的问题，情况有了很大改变，许多地方已经基本上解决了。可见，转变观念，改进工作，是解决超期羁押问题的关键。

问：我们注意到，过去经常讲"坦白从宽、抗拒从严"，这次制定的刑法和刑事诉讼法为什么没有作这样的规定？

王汉斌：这个问题在制定刑法和刑事诉讼法时研究过。"抗拒从严"的做法与被告的辩护权是矛盾的。过去取消了律师制度，也不允许被告为自己辩护，把申辩说成是"抗拒"，结果造成了许多错案。总结这个教训，这次刑事诉讼法对被告的辩护权作了充分规定，除了自己行使辩护权外，还可以委托律师辩护。"抗拒从严"的提法，不符合保障被告合法权利的精神。至于"坦白从宽"，原则上是可以的，但片面强调坦白从宽，把审讯变成"打态度"，甚至依靠口供办案，也会造成一些偏差。所以，刑法中没有使用"坦白从宽"的提法，而是规定了自首、立功可以从宽或减刑。这也包含了"坦白从宽"的精神，但提法更精确，比较容易掌握。我在法工委工作时所写的文件中也从不使用"坦白从宽、抗拒从严"的提法。

上述这些规定，都是保护人权的重要规定。"文革"中，林彪、"四人帮"肆无忌惮践踏人权，给广大群众造成了一场严重的灾难。总结这个教训，刑法和刑事诉讼法对保障公民的人身权利和其他权利作出了一系列规定，这就为保护人权提供了重要的法制保障。

问：还有一个问题：这次制定的刑法，规定了类推制度。这是怎么考虑的？

王汉斌：这次制定的刑法，分则只有103条，所追究的都是根据我国实际情况，比较有把握的犯罪行为。但我国地域大、人口多，情况相当复杂，可能有些犯罪行为必须追究，法律又没有明文规定，而又不能不追究。在这种情况下，不得不规定可以采取类推的办法，就是对刑法分则没有明文规定的犯罪，可以比照性质最为相近的犯罪行为定罪判刑。

对于规定类推，当时就有人不同意。我们研究认为，这个意见是有道理的。定罪量刑是很严肃的事情，应当有明文规定。不然，法院判案就会有随意性。规定类推是不得已的过渡办法。为此，刑法对实行类推作了严格的规定，就是必须报最高人民法院核准，地方法院不能作决定。实际执行中，最高人民法院对适用类推的案件控制很严，使用的很少。据统计，从1980年到1993年的14年间，全国按照类推定罪的案件总共只有73件，占全部已判决案件的百分之零点二左右，平均每年仅 5.2 件。1986 年修改治安管理处罚条例时，公安部坚持保留原来的类推规定。我说，刑法上写上类推已经够难受的了，人家对类推有意见，已经很难解释，你们还要写，更会引起反对。他们说，不写类推，有些案件处理不了。我说，治安管理处罚的行为已有 70 多种了，现在还没有发现该处罚的未作规定。如果你们发现还有什么新的必须处罚的行为没有写进去，可以补充，但不要规定类推。再说，不就是治安处罚嘛，暂时不作处罚也不是什么大问题。因此，就没有在治安管理处罚条例中再写类推。

1997 年修订刑法时，刑法分则的条文由 103 条增加到 345 条，对各种犯罪进一步作了明确、具体的规定，取消了类推，明确规定了罪刑法定原则，就是法律明文规定为犯罪行为的，依照所规定定罪处刑；法律没有明文规定为犯罪行为的，不得定罪处刑。这是我国司法制度的重大改革，是法制建设的很重要的事情。

问：刑法、刑事诉讼法公布后，党中央对实施这两部法律采取了什么措施？

王汉斌：刑法和刑事诉讼法通过后，党中央对实施这两部法律很重视。小平同志说，从党中央主席到支部书记，都要遵守和执行这两部法律。中共中央专门发出了关于坚决保证刑法、刑事诉讼法切实实施的指示。这个文件是根据胡乔木同志的建议起草的。

1979 年 7 月 7 日，胡乔木同志写给彭真同志并转胡耀邦同志的信中说："刑法、刑事诉讼法公布以后，建议中央发一指示，着重说明各级党委要保证两法的严格执行（这是取信于民的大问题），并提出其中的几个关键性问题，因为法律条文很多也很难懂，哪些与党委过去习惯作法不合不是一眼就可以看出来的，附件所说的党委批案是其中之一，而且积重难返，非特别纠正不能解决问题。特此建议，当否请酌。"彭真同志 7 月 9 日在胡乔木同志的信上批示："耀邦同志：我同意乔木同志的意见。请你批处。"胡耀邦同志 7 月 9 日在乔木的信上批示："愈明同志注意乔木同志意见。"很快就由中央办公厅起草了这个文件。

中央的《指示》强调，对于国家法律，从党中央委员会到基层组织，从党中央主席到每个党员，都必须一体遵行。必须坚持法律面前人人平等的原则，绝不允许有不受法律约束的公民，绝不允许有凌驾于法律之上的特权。所有共产党员，特别是党的各级干部，都要学习法律，懂得法律，带头遵守法律。

中央的《指示》还明确指出，党对司法工作的领导，最重要的是切实保证法律的实施，充分发挥司法机关的作用。党委与司法机关各有专职，不能互相代替，不应互相混淆。为此，中央决定取消各级党委审批案件的制度。我认为，党委不再审批案件是个很重要的改革，对于促进检察院、法院依法办案是很重要的。当然，对于重大的疑难的案件，党委也不是一概不能过问。如果发现了冤假错案，党委要责成和督促司法机关复查处理。

中央的这个《指示》，对于严格实行社会主义法制有非常重要而深远的意义。

问：这确实是实行社会主义法制的核心问题。您前面谈到少奇同志 1962 年关于法制建设的主张，已有类似的思想，但直到党的十一届三中全会后才成为全党的共识。可见，这种认识的取得并不容易，实行起来就更难。经常听到群众中有这样议论：权大还是法大？党大还是法大？您对这个问题怎么看？

王汉斌：我记得 1979 年彭真同志在中央党校作报告时，就回答了这个问题。他说，法大还是党大？法大。此后，他又多次讲，是法大还是哪一位首长、哪一级地方党委大？我看，法大。因为我国的法律，是在党的领导下，在广泛发扬民主的基础上，由最高国家权力机关制定的。它既反映了全国人民的意志和利益，又体现了党的政策和主张。有谁比党中央还大，比全国人民代表大会还大呢？

六、向世界表明我国对外开放的意向和决心

问：中外合资经营企业法是我国制定的第一部对外开放的法律，当时为什么要抓紧制定这部法？请您谈谈它出台的背景。

王汉斌：党的十一届三中全会提出要集中力量进行社会主义现代化建设。当时面临的一个迫切问题，就是怎样加快发展？总结国内外的经验，要加快发展就必须实行对外开放，闭关锁国只能是发展缓慢，越来越落后。当时看到一些材料，我国的经济和科技水平同周围的一些国家和地区相比，差了一大截。1960 年我国经济总量约相当于日本的五分之四，到了 1978 年只相当于四分之一。亚洲"四小龙"大量利用外资和引进先进技术，经济得到迅速发展，在长达 20 年里年均增长率 9% 左右。世界现代科技的发展和一些国家利用外资带来经济迅速发展的状况，给人们留下了深刻的印象。所以，党的十一届三中全会时就确定，要实行对外开放，打开大门搞建设，吸收和利用国外资金、先进技术和经营管理经验。但是，要做到这一点，光宣布政策是不够的，

还迫切需要制定法律。因为我们过去的政策多变，外国人对政策不放心，他们比较相信法律。所以，当时中央决定制定中外合资经营企业法，表明我们对外开放不是一时的权宜之计，而是一项长期的基本国策。在起草这部法律时，叶帅提出，要写上只有全国人大才能修改这部法律，也是为了使外国人放心。

制定这部法律，当时也有困难。一是老祖宗的理论，认为资本输出是帝国主义侵略的一种新的手段、新的形式。建国以来，我们从来不允许外国人来投资。二是"文革"中"四人帮"借所谓的"风庆轮事件"发难，攻击引进新技术、新设备是"洋奴哲学"、"崇洋媚外"。对此许多人还心有余悸。小平同志让法制委员会从理论上研究社会主义国家能不能利用外资？我们研究了苏俄在十月革命后实行租让制的情况，整理了一份《列宁关于用租让制利用外资的一些论述》，还在政治局会议上印发了。列宁从恢复和加速经济发展的迫切需要出发，提出利用外国资本，批驳了说这样做是"卖国"、"复辟资本主义"等各种误解和责难，指出国家政权在工人阶级手中，没有什么危险。我们研究，资本输出成为侵略手段，是因为他们有治外法权，不受所在国法律的管理，可以控制这些国家的经济命脉。现在不同了，外国人来我国投资，必须服从我国的法律，没有治外法权，所以不存在丧权辱国的问题。东南亚一些国家，在上世纪60年代后大量引进外资，不仅没有丧权辱国，而且大大加快了本国经济的发展，就说明了这一点。

问：当时我们还没有中外合资企业，缺乏这方面的经验。在这种情况下，怎样制定这部法律呢？

王汉斌：当时我国确实没有真正的中外合资企业，我们自己也没有经验。上世纪50年代，我国曾与苏联合营过某些企业，但那是政府之间的合作，不是企业对企业。但是要看到我们自己没有实践经验，可以研究借鉴外国的经验，立法也不能闭关锁国啊！"合资企业"是上世纪60年代广泛发展起来的一种国际经济合作方式。外国在这方面有许多经验，我们收集了许多国家的材料，整理了《一些国家和地区办合资企业的规定》、《关于合资企业的一些情况》等10多份材料，国务院还派人到新加坡考察兴办合资企业的做法和经验。经过对外国经验的了解和分析，根据我国的实际情况，起草了这部法。

由于缺乏实践经验，这部法律写得比较简约，只对一些基本原则作了规定。有些问题，因为没研究清楚，没有写进去。当时就确定，经过一段实践后，还要制定一个实施条例，作出具体规定。彭真同志说，搞合资法是详细点还是搞粗点？太细，就搞不出来；硬搞，要吃亏。所以，是搞了个简单点的。你来，我保护你，但你要拿先进技术投资，不能骗我。过几年有经验了，再搞个条例。1980年，彭真同志亲自主持起草了关于实施中外合资经营企业法的若干规定，由他和李先念副总理联名报国务院定下来。1983年9月国务院作为实施条例正式颁布。条例中规定了合营企业所需场地的使用权，可以作为对合营企业的出资。这实际上是土地使用权转让的开端。由此也创造了一条经验，就是全国人大或全国人大常委会制定的法律，可以规定得原则一些，一些具体问题可以由国务院和省级人大及其常委会根据实际情况和需要制定实施细则或实施办法。不仅是这部法律，其他许多法律也是如此。因为缺乏经验，当时制定的法律还不可能规定得太细、太具体。太细、太具体了，就制定不出来。而现实生活又迫切需要立法。所以只能对比较有把握的、成熟的东西作出规定。这就是小平同志说的，"法律条文开始可以粗一点，逐步完善。""有比没有好，快搞比慢搞好。"

问：在制定这部法律过程中，是不是也有不同的意见？

王汉斌：讨论中外合资经营企业法草案中，争论最大的一个问题是，要不要规定外商投资比例不得超过百分之四十九。按照当时传统的观念和许多人的认识，外商投资比例不能超过百分之四十九，我方要占百分之五十一以上，这样才能把合营企业控制在我方手里。所以，在最初提出的草案中写了"合营企业资本总额中，外国投资者的投资比例一般不得超过百分之四十九"。中央讨论时同意这个方案，但在提交法制委员会讨论时，荣毅仁同志对限制外商投资比例不得超过"百分之四十九"的规定提出了不同意见。1979 年 6 月中旬，他给邓小平同志写信，认为这样规定势必降低外资对我国投资的兴趣，我们亦同样达不到大量吸收外资从事建设的目的。建议在不丧失主权的前提下，以平等互利为原则，争取更多的外资，引进更多的先进技术，为四个现代化建设服务。小平同志批示："我看所提意见颇有道理。"并批送华国锋、叶剑英、李先念、陈云同志。陈云同志批示："我同意荣毅仁的意见，只要外资愿意来中国，我们总有办法对付。"中央政治局常委同意这个意见。这样，提交大会审议的草案中删去了外国合营者投资比例一般"不高于百分之四十九"的规定，并增加了外商投资比例"不低于百分之二十五"的规定。这是为了保证兴办真正的中外合资经营企业，而不能用假投资，骗取合资经营企业的优惠待遇。

代表大会讨论时，对这个问题争论仍很激烈。北京、上海的一些代表建议，还是应对外国投资者的比例不得超过百分之四十九作出规定。彭真同志让顾明同志去说明不作规定的理由。这是彭真同志一贯的做法，有了不同意见，就让我们下去找有意见的同志交换意见，说明为什么这样规定。经过解释，代表们都接受了。后来北京市还提出，允许外商兴办独资企业。对此，许多人不同意，陈希同很紧张，让赵鹏飞半夜打电话给我，问我可不可以让外商办独资企业。我说，宪法和法律规定允许外商来华投资，并没有规定投资比例，没说不能办独资企业。结果北京市在全国较早兴办了外商独资企业。1986 年，全国人大通过了外资企业法，进一步明文规定鼓励兴办外资企业。

还有一个合资企业的税率是高点好还是低点好的问题，也有争论。财政部不赞成低税率，认为中国减免所得税，外国政府仍要对他们本国所得税高于中国所得税的差额征税，投资者并没有得到好处。彭真同志让找工商界的知名人士古耕虞、经叔平等征求意见。他们都认为税率低一点好，可以起到促进外商投资的作用。当时研究，合营企业的所得税税率为百分之三十，附加税为百分之三，在 1980 年制定的中外合资经营企业所得税法中作了规定。从实践看，税率低一点，有利于吸引外资，对于发展中外合资经营企业有促进作用。

在这部法中还写了合营企业董事长由中方担任，就是不管外方投资多大，都不能任董事长，只能担任副董事长。这还是以我为主的传统观念。对这样规定，当时都没有意见，在实践中中外合营者都认为不尽合理。因为按照通常的做法，一般都由投资大的一方担任董事长。1990 年修改这部法律时改变了这一规定，修改为：董事长和副董事长由合营各方协商确定或由董事会选举产生。

这些都说明，我们对兴办中外合资经营企业，有个认识过程。立法也有个解放思想的问题。但在改革开放之初就把这部法律制定出来了，是很不容易的。

问：您上面说到，制定中外合资经营企业法时，收集整理了许多国家关于合资企业的规定。你们当时怎么会有这么多的资料呢？这对于我国立法工作有什么重要作用？

王汉斌：制定法律时，很重要的一项工作就是研究借鉴国外的法律。这是彭真同志一再强调的。他说，研究立法问题，对中国古代的法律要研究，对资本主义国家的法律也要研究，古为中用，洋为中用，取其精华，弃其糟粕和毒素。所以，法制委员会刚成立时，彭真同志就决定设立编译室，调进了懂英、法、德、日、俄语言的人才，专门负责收集、研究外国的法律，还有香港、台湾的法律。1979年3月8日，彭真同志要武新宇同志和我起草发给驻英、美、法、日、西德、罗、匈、苏使馆和驻联合国代表团的电报，请他们收集驻在国的法律、法规。电报是我起草的，我提出以全国人大常委会办公厅的名义向驻外使馆发电报，办公厅说不管这事，彭真说那就用法制委员会的名义发。买这些法典，需要外汇。我找国务院机关事务管理局，他们说没有外汇。我又找了财政部副部长李朋，他是我的老同学，向他要外汇买法典。我说，这些法典对我们法委的工作是必不可少的，这和科研单位买仪器是一个道理。购买一台精密的仪器要用几十万美元，我们要的很少，为什么不给？他说购买国外图书的钱已拨给图书进出口公司了，让我找图书进出口公司，但他们也说没钱。我又找了李朋同志，最后才由财政部批给4万美元。我们买的美国法典最多，有600部，还有英国法律全套200本，日本现行法规200多本，德国法律60卷，以及香港法律60卷，台湾的六法全书等。后来又不断收集各国的法律文件，当时法委的外国法典是国内最齐全的，连北京图书馆都没有我们多。

我们在立法中，一直注意研究外国的法律，特别是西方发达国家的法律。起草或审议每部法律时，都将外国法律、特别是西方发达国家的有关法律规定，还有香港、台湾的法律规定整理成文，供全国人大及其常委会和各专门委员会参考。例如制定刑法时，就收集了外国判死刑的有多少条，哪些罪可以判死刑。制定婚姻法时，收集了各国关于婚龄的规定。制定环保、药品、食品卫生管理等方面法律时，都参考了外国法律的有关规定，不过我们还做不到西方发达国家规定的标准，只能根据我国实际情况作出规定。后来制定海商法、民航法、标准化法、公司法、证券法等法律时，更是大量借鉴了国外有关法律规定。法制委员会整理的这些资料报了彭真同志，他让印发，就出了《法制参考资料》，送给中央各部委、各省、自治区、直辖市领导。这种法制资料是很受欢迎的，一些大学、科研机构都来要。我说不敢扩大范围，因为主要登的是西方国家的，怕说是"放毒"。后来就把这些资料汇编成册，内部发行，各个大专院校和科研机构都可以买。这些参考资料主要是西方国家有关法律的资料。他们搞法制几百年了，法律比较系统、完备。特别是经济的、行政管理等方面的法律，有很多我们可以参考、借鉴的东西。当时摘引苏联、东欧国家的法律很少，因为他们不重视法律，可参考的东西不多。

社会主义民主法制的根本保障

——王汉斌访谈录之二

一、关于修改宪法的过程

题解：我国现行宪法是 1982 年根据党的十一届三中全会以来的路线、方针、政策，适应新时期政治、经济、文化、社会发展的需要制定的。在起草这部宪法过程中，中央政治局和书记处专门召开 8 次会议讨论，宪法修改委员会开了 5 次会议，其中 3 次都是逐章逐节逐条讨论修改，并在全民中进行了 4 个月的讨论，才提请五届全国人大五次会议审议通过的。邓小平同志亲自指导了这次修宪工作。他高瞻远瞩，深思熟虑，果断地提出了修改宪法的建议，对新宪法起草中遇到的重大问题，特别是国家体制方面的一系列问题，都及时、明确地提出了意见，对这部宪法的制定起了决定性的作用。

（一）小平同志提出全面修改宪法

问：1978 年宪法是五届全国人大一次会议通过的，刚经过两年多，为什么又要对宪法作全面修改？

王汉斌：建国以后，在不到 30 年的时间里，先后搞了三部宪法，还不包括建国前夕制定的《共同纲领》，它起了临时宪法的作用。1954 年制定新中国第一部宪法，是一部比较好的宪法。1975 年又制定了第二部宪法，这是"文化大革命"的产物，存在严重的问题。粉碎"四人帮"后，很快又制定了第三部宪法，即1978 年宪法。这还不算 1970 年写有林彪是副统帅和接班人的那部宪法，如果林彪不出事，那部宪法也会出台的。

党的十一届三中全会后提出对 1978 年宪法进行全面修改，主要是因为它已经不能适应新时期的需要。由于制定这部宪法时受历史条件的限制，还来不及全面总结建国以来社会主义建设的经验教训，也来不及彻底清理和消除十年动乱中"左"的思想影响，以至在这部宪法中还保留着一些错误的规定，如继续肯定"文化大革命"，坚持以"无产阶级专政下继续革命"理论为指导等。这表明，它是存在严重缺陷的，显然与党的十一届三中全会制定的路线、方针、政策和国家的现实情况很不适应，而且越来越不适应。所以，对这部宪法进行全面修改是新时期政治、经济、文化、社会生活发展的必然要求。

问：党的十一届三中全会后，1979 年和 1980 年就对 1978 年宪法进行了两次部分修改。请谈谈这两次修改的情况。

王汉斌：这两次对 1978 年宪法作局部修改，第一次是 1979 年重新修订地方组织法时，根据各方面、各地方提出的取消革命委员会、恢复人民委员会，设立地方人大常委会等问题，彭真同志向中央写了请示报告，提出三个方案：一是用立法形式把革命委员会体制固定下来。这样做，不赞成的人可能很多。二是取消革命委员会，恢复人民委员会。这样做，在名义上虽然取消了革命委员会，但对于扩大人民民主、健全社会主义法制不一定能有多大实质性的帮助和改进。三是县级以上地方各级人民代表大会设常务委员会，并恢复人民委员会（包括省长、市长、县长等职称），这个方案可能比较好些。三个方案究竟采取哪个？请中央决定。小平同志很快批示："我赞成第三方案，相应的这次人大只修改宪法这一条，其他不动。这个问题建议在人大会前议一下。"中央政治局常委会讨论同意后，五届全国人大二次会议按小平同志批示的原则修改了宪法和地方组织法等，规定县级以上地方各级人大设立常委会，并根据全国人大常委会组成人员和全国人大代表的意见，将革命委员会改为人民政府等。

第二次是在1980年。当时的背景是：一些人动不动就用"文化大革命"的方法贴大字报，特别是北京西单墙一度大字报贴得很多，引起严重的思想混乱和社会动荡。小平同志提出，要取消1978年宪法中关于"四大"（大鸣、大放、大字报、大辩论）的规定。他指出："四大"只能助长动乱，只能妨碍四个现代化，也只能妨碍民主和法制，作为一个整体看，从来没有产生积极的作用。因此，修改宪法这一条，"在保障国家政治生活的安定方面，也是一个很重要的问题"。

当时，我们还到西单墙去看过大字报，确实乱得很啊！由于按照1978年宪法的规定，不能禁止"四大"，彭真同志想了一个办法：由北京市革命委员会发一个布告，宣布不能在西单墙贴大字报，划出一个偏僻的、人少的地方贴，第一步先这么做。但是，当时形势紧迫，还是取消它为好。邓力群同志让我起草中共中央关于修改宪法、取消"四大"的建议。我们起草了稿子，由他交给胡乔木同志审阅修改。1980年2月，党的十一届五中全会决定向全国人大建议，取消1978年宪法第四十五条中关于公民"有运用大鸣、大放、大辩论、大字报的权利"的规定。五届全国人大常委会第十四次会议讨论了这个建议，认为取消"四大"符合全国人民的意愿，遂向五届全国人大三次会议提出了修改宪法这个规定的议案，于1980年9月10日获得通过。

附带说明一点：关于取消"四大"，有的同志解释说是禁止

"四大"。我认为，不能这样解释，只能说是不提倡"四大"，因为没有明文规定禁止。实践证明，"四大"在历史上没有起过什么好的作用，不应受法律的保护。

这两次对1978年宪法作局部修改，都是小平同志亲自作的决策，解决了当时迫切需要解决的问题。但党中央和小平同志仍然认为，这样修改还是不能从根本上解决问题，有必要进一步全面修改1978年宪法。

问：邓小平同志是什么时候提出全面修改宪法的？他对这次修宪提出了什么要求？

1980年8月18日，小平同志在中央政治局扩大会议上讲话，全面、系统地阐述了党和国家领导制度改革的问题。他提出，中央正在考虑进行的重大改革，第一项就是将向全国人大提出修改宪法的建议。他说："要使我们的宪法更加完备、周密、准确，能够切实保证人民真正享有管理国家各级组织和各项企业事业的权力，享有充分的公民权利，要使各少数民族聚居的地方真正实行民族区域自治，要改善人民代表大会制度，等等。关于不允许权力过分集中的原则，也将在宪法上表现出来。"小平同志这个讲话，实际上为起草1982年宪法确定了重要的指导思想。

（二）成立宪法修改委员会

问：这次修宪，是由哪个单位主持的？

王汉斌：我国1954年制定宪法时，由中央人民政府委员会设立宪法起草委员会，毛泽东同志是宪法起草委员会主席，委员中包括了共产党、各民主党派和无党派的代表人物。1975年修改宪法，宪法修改起草委员会由当时的中央政治局委员、候补委员和各省、自治区、直辖市党的核心小组负责人组成。1978 年修改宪法，虽然成立了一个宪法修改委员会，但成员全部是中央政治局委员、候补委员，实际上还是党中央直接提交全国人民代表大会。当然，在起草过程中，也征求了各方面的意见。

这次全面修改 1978 年宪法，是由全国人大决定成立宪法修改委员会，主持修宪的。

问：宪法修改委员会是什么时候成立的？它的成员包括哪些方面的代表人士？

王汉斌：1980 年 8 月 30 日，中共中央向五届全国人大三次会议主席团提出了关于修改宪法和成立宪法修改委员会的建议。这个建议是我主持起草的。"建议"中说，1978 年五届全国人大一次会议通过的宪法，由于当时历史条件的限制和从那时以来情况的巨大变化，许多地方已经很不适应当前政治经济生活和现代化建设的需要。为了完善无产阶级专政的国家制度，发展社会主义民主、健全社会主义法制，巩固和健全国家的根本制度，切实保障人民的权利和各民族的权利，巩固和发展安定团结、生动活泼的政治局面，充分调动一切积极因素，发挥社会主义制度的优越性，加速四个现代化建设事业的发展，需要对宪法作比较系统的修改。中共中央建议全国人大成立宪法修改委员会，主持宪法的修改工作。9 月 10 日，五届全国人大三次会议通过决议，同意中共中央的建议和中共中央提出的宪法修改委员会名单，决定由宪法修改委员会主持修改 1978 年宪法，提出修改草案，由全国人大常委会公布，交付全民讨论，再由宪法修改委员会根据讨论意见修改后，提交本届全国人大四次会议审议。

宪法修改委员会，由叶剑英任主任委员，宋庆龄、彭真任副主任委员，103 名委员中有中央政治局、书记处的全体同志，副委员长、国务院副总理、政协副主席和各民主党派负责人、无党派的代表人士等。小平同志在审阅宪法修改委员会名单草案时批示："宪法修改委员会名单我同意陈云同志意见。党内人士的比例三七开或四六开均可考虑。" 宪法修改委员会是一个代表性很强的权威机构,它对全国人大负责,任务是向全国人大提出宪法修改草案。

问:宪法修改委员会是从什么时候开始进行工作的?

王汉斌:1980 年 9 月 15 日,宪法修改委员会召开第一次全体会议,叶剑英主任委员主持并讲了话。他说:这次修改宪法要认真总结我国建国以来历次修改宪法的经验,一定要从我国的实际出发,以我国自己的经验为基础,同时也要参考外国的、尤其是社会主义国家的宪法,吸收其中好的东西。我们要努力做到,经过修改的宪法,能够充分体现我国历史发展新时期全国各族人民的利益和愿望。

这次会议决定设立秘书处,负责宪法修改的具体工作。胡乔木同志任秘书长,副秘书长有吴冷西、胡绳、甘祠森、张友渔、叶笃义、邢亦民和我。还请了钱端升当顾问,王力、吕叔湘当语文顾问。当时,胡乔木同志的主要精力是放在起草党的若干历史问题决议上的,秘书处的具体工作主要是胡绳同志抓,我一直从旁协助,张友渔、叶笃义经常来,吴冷西不久就调到广东工作去了。

(三)提出宪法修改草案

问:宪法修改的过程,大体上经历了几个阶段?

王汉斌:从 1980 年 9 月成立宪法修改委员会,到 1982 年

12 月 4 日五届全国人大五次会议通过宪法，历时两年零三个月。大体上可以分为三个阶段：第一阶段是提出修改草案；第二阶段是全民讨论；第三阶段是全国人民代表大会审议。

先从第一阶段谈起吧。这一个阶段的时间比较长。1980 年 9 月 17 日，秘书处召开第一次会议，宣布秘书处正式成立，并决定自即日起开始工作。会上胡乔木同志首先传达了宪法修改委员会第一次会议的精神和对秘书处的要求。大家对秘书处的工作交换了意见，认为从现在起到提出初步修改草稿的时间非常紧迫，必须从现在起有计划地紧张地进行工作。会议还商定，宪法修改委员会秘书处不专设办公室，由全国人大常委会有关办事机构、工作机构兼做办公室的各项日常工作，王叔文、肖蔚云、许崇德等宪法学专家参加修宪工作。从这时起，秘书处工作人员集中到后库办公。9 月 24 日，秘书处召开第二次会议，胡绳同志传达了乔木同志对宪法结构的初步设想和着重讨论的问题的意见。乔木同志考虑得比较系统、周密，当时秘书处就是按照他的这个思路开始工作的。

首先是广泛征求意见。秘书处把 1954 年宪法和 1978 年宪法发给各部门、各地方、各界人士，请他们对这两部宪法哪些留，哪些删，哪些改，哪些加，提出意见。然后，分别找各方面人士，包括中央各机关和民主党派、人民团体的负责人，尤其是法律专家，开座谈会，听取意见。我印象比较深的是宁夏大学有一位教授，叫吴家麟，他比较系统地提出了很好的意见。同时，我们还研究、参考外国的宪法，先后收集了 35 个国家的宪法，还有国民党的中华民国宪法。

从 1980 年 9 月到 1981 年 6 月，秘书处先后邀请了北京和外地一些专家、学者和有关部门负责人开了 13 次座谈会，围绕如何修改宪法的问题，进行了座谈和讨论。同时，还请中共中央有关部门、国务院各部委和直属机构、高检、高法、解放军总政治部和各省、自治区、直辖市人大常委会协助征求意见。在此基础上，秘书处进行了研究和讨论，分成三个组（总纲、国家机构、公民的基本权利和义务）着手起草。由于一些重大问题在当时还没有定下来，起草中对有些章节和条文提出了几个方案。比如，关于宪法的结构，提出有序言和无序言两个方案，还提出增加第五章"宪法实施的保障和宪法的修改"，并把"公民的基本权利和义务"一章移在"国家机构"一章前面；关于四项基本原则的表述，有序言的方案是写在"序言"中，无序言的方案则在"总纲"中设立"政党、人民团体和人民政协"一节；关于全国人大是沿用一院制还是改为两院制，也有两种方案；关于是否设国家主席，也是两个方案；关于检察机关是否保留，关于农村人民公社是否政社分开，关于罢工自由是否取消等，也都写了两个方案。

在此期间，胡乔木同志曾向中央书记处并紫阳、彭真同志写了《关于修改宪法的几个问题》的报告。后来，又写了一个《关于修改宪法的一些问题的汇报》的材料。

1981年6月，党的若干历史问题决议通过后，乔木同志找了小平同志，说他身体不好，需要休养，顾不了修改宪法的工作，建议推迟修改宪法的时间。小平同志认为宪法修改必须抓紧，不能推迟，就找了彭真同志，说：宪法修改工作委托你主持。从1981年7月起，宪法修改工作就由彭真同志主持了。

问：彭真同志是如何主持起草工作的？

王汉斌：1981年7月，小平同志让彭真同志抓宪法修改工作时，就确定了四点：第一，要把四个坚持写进宪法；第二，规定工人阶级领导的、以工农联盟为基础的人民民主专政；第三，规定民主集中制；第四，规定民族区域自治。这就为宪法修改工作明确了指导思想。

7月16日，彭真同志给小平同志写信，请示宪法修改草案完成的时间，是否按时拿出？小平同志回信说，还是要这样。可以看出，小平同志对修宪是抓得很紧的。当时，彭真同志在北戴河把我们几个人找去，具体研究怎样修改宪法的问题。我说，小平同志要我跟他到新疆去。彭真同志说，别的我不管，你走之前要交出个稿子来。按照他的要求，我和项淳一、顾昂然同志用了两天时间，以1954年宪法为基础，研究一年来广泛征求的意见，哪些要保留，哪些要删，哪些要改，哪些要加，勉强整理出一个很不成熟的草稿，算是交了卷。

彭真同志从北戴河回来后，一直考虑修改宪法的问题。国庆前夕，他发高烧住在医院，还把我们找去，说秘书处的人员"十一"后集中到玉泉山。同时，他又觉得力量不够，向耀邦同志提出把参加起草历史问题决议的龚育之、郑惠、有林、卢之超要来参加修宪工作。本来还提出要郑必坚，耀邦说他还要给中央起草文件，未能要来。宪法要体现历史问题决议的精神，调这些同志参加有利于工作。还增加了对经济工作比较熟悉的顾明同志，彭真同志说他是没有任命的宪法修改委员会副秘书长。

彭真同志主持修宪工作后，立即着手研究起草修改宪法的稿子。他说，有不同意见怎么统一？要从中国的实际出发，宪法只能写现在能够定下来的最基本、最需要的东西，尽可能把各方面的意见大体集中起来。

1981年"十一"后，起草班子集中到玉泉山，集中精力修改宪法。要讲效率，这还真是一个好办法。从那时起，可真算是夜以继日，上午、下午、晚上，每天三班倒，日夜伏案起草宪法修改草案。当时分三个部分，一是"总纲"，二是"公民的基本权利和义务"，三是"国家机构"。秘书处分三组分别起草，主要是胡绳同志负责，还有我和张友渔、顾明、项淳一、龚育之、有林等同志。我们集体起草，每起草一章一节，就给彭真同志送过去。他有时改，有时不改，经常把胡绳同志和我找去，谈他的一些意见。

按照五届全国人大三次会议的决议，宪法修改是有时间要求的，即召开下次全国人大会议时提出宪法修改草案。由于宪法修改工程浩大，工作量非常大，到1981年11月底召开五届全国人大四次会议时，还不可能按时完成。那时，已经比较注意依法办事，所以又提请五届全国人大四次会议通过决定，把修改宪法的期限延长到五届全国人大五次会议。彭真同志还就为什么延长期限提出了一份书面说明，得到了大会的批准。

问：宪法修改草案（讨论稿）是什么时候提交宪法修改委员会讨论的？

王汉斌：经过近两个月的紧张工作，1981年11月下旬起草出宪法修改草案初稿。报中央书记处审议后，又作了一些修改和补充。12月19日，彭真同志向小平、耀邦同志并中央写了《关于宪法修改草案几个问题的报告》。12月23日，又对这个报告作了一些修改和补充后，报送中央。报告对16个问题作了说明。这16个问题是：（1）"四个坚持"是宪法总的指导思想，是最根本的问题；（2）人民民主专政是国体，民主集中制是政体；（3）关于国家主席问题，很多人主张设，也有主张不设的。现在的草案大体是照抄1954年宪法的条文，待中央原则确定后，再仔细斟酌条文；（4）关于民族区域自治问题；（5）关于城乡基层政权问题；（6）关于加强和发挥人大和人大常委会的作用；（7）关于任期和会期；（8）关于所有制；（9）关于土地所有权；（10）关于责任制；
（11）关于财政收支平衡、信贷平衡和稳定物价问题；（12）关于
罢工自由问题；（13）关于迁徙自由问题；（14）关于健全社会主
义法制；（15）关于精神文明；（16）关于台湾问题。报告最后说，
这个草案是由工作班子根据中央领导同志的意见，以1954年宪
法为基础，有些问题是按照中央已确定的原则，近两个多月突击
出来的，在党内外都还没有来得及征求意见。建议发给各省、直
辖市、自治区党委第一书记征求意见，待中央政治局审查修改、
原则批准后，即召开宪法修改委员会讨论。

12月中下旬，小平同志两次审阅这个报告，还找了乔木同
志，让他帮助修改宪法修改草案初稿。乔木同志把胡绳同志和我
找去，在勤政殿他的办公室，逐条提出修改意见。乔木同志是很
认真的，胡绳同志也真有办法，乔木同志不论提出什么意见，他
都有办法修改。

宪法修改草案初稿经中央政治局和书记处讨论后，秘书处又
作了修改，然后以秘书处的名义，作为讨论稿，向宪法修改委员
会提出来。这与1954年的做法不同，1954年宪法草案是由中共
中央的名义提交宪法起草委员会讨论的。这次没有作为中共中央
的稿子提出来，目的是为了使大家能更好地发表意见，进行讨论
修改。

1982年2月底到3月上旬，宪法修改委员会召开第二次全体
会议，讨论宪法修改草案（讨论稿）。从宪法修改委员会第一次
会议到第二次会议，相隔约一年零五个月。

问：宪法修改委员会是怎样讨论的？

王汉斌：1982年2月27日下午，宪法修改委员会举行第二
次会议，彭真同志主持，胡乔木同志作了关于宪法修改草案（讨

论稿）的说明。会上印发了宪法修改草案（讨论稿）及关于这次宪法修改的经过和修改条文内容的说明。彭真同志说：大家对秘书处提出的宪法修改草案（讨论稿），可以增，可以减，可以小改，可以大改，也可以推翻。首先请大家考虑，这个稿子是否大体可用？是否可以作为修改的基础？有没有提出新的草案的？如果没有，那么就以秘书处提出的稿子作为基础进行修改。这个讨论稿怎么改？采取什么方针？要从中国的实际情况出发，吸收历史的和外国的经验教训。拿什么作标准？最大多数人民的最大利益。当然，有些问题要照顾少数，例如宗教信仰自由。我们的方针是马列主义普遍真理与中国的实际相结合。

从 3 月 9 日到 16 日，委员们分三个组对草案逐章逐节逐条进行讨论，各省、自治区、直辖市人大常委会的一位负责同志也列席了会议，参加了讨论。讨论中，大家总的认为，这个宪法修改草案（讨论稿）是好的，实事求是，符合国情，可以作为修改的基础，进一步修改、补充和完善。同时，也非常认真地逐句逐字进行推敲、斟酌，提出了许多意见，有的委员还单独或联名提出了书面意见。

与此同时，全国人大常委会部分委员和全国政协常务委员会举行座谈会，讨论这个稿子；中共中央各部门、国务院各部委、解放军各领导机关的负责同志和各省、自治区、直辖市的负责同志，也都对草案讨论稿提出了修改意见。秘书处把这些意见汇编分送了宪法修改委员会各位委员。

根据宪法修改委员会分组讨论的意见和各方面提出的意见，秘书处对《讨论稿》作了修改。其中，"序言"共十一段，有十段作了修改，还增加了一段；在全部条文一百四十条（指《讨论稿》，后来正式通过的宪法为一百三十八条）中，有八十三条作了修改。这还不包括文字性的修改。

4月12日至21日，宪法修改委员会举行第三次全体会议，讨论宪法修改草案（讨论稿）。彭真同志主持会议，胡乔木同志作了关于宪法修改草案（讨论稿）修改情况的说明。这个说明非常详细地汇报了根据大家上次会议讨论的意见，对"序言"和各个章、节和条文作出的修改；对没有采纳的意见，也作了说明。委员们和列席会议的同志，又用9天的时间，逐章逐节逐条地进行讨论修改，提出了一个宪法修改草案。会议通过了宪法修改草案和提交给全国人大常委会的《关于提请公布〈中华人民共和国宪法修改草案〉交付全国各族人民讨论的建议》。

（四）全民讨论四个月

问：为什么宪法修改草案要交付全民讨论？

王汉斌：宪法是全国人民办事的总章程，同全国每个人的切身利益密切相关，需要听取全国人民的意见。有些国家制定、修改宪法采取全民投票的方式。我们没有采取这种方式，而是组织全民讨论。经过全民讨论，才提交全国人民代表大会审议。首先，全民讨论的过程，就是全体人民反复商议的过程，也是党和群众反复商议的过程。党的意见是不是充分集中了人民群众好的意见？只有同他们商量和经过实践检验才能知道。其次，全民讨论也是统一全国人民意见的好形式。经过讨论，人民群众同意了，全国人民的意见进一步统一了，就证明宪法修改草案真正集中了全国最大多数人民的意志。再次，全民讨论也是人民群众直接参加国家管理的一种重要形式。宪法是国家的根本法，人民参加讨论宪法修改问题，就是参加拟订和学习、掌握宪法，就是参与管理国家大事。所以，组织全民讨论是件很大的事情。经过全民讨论，宪法也会更加完善。

问：这次全民讨论宪法修改草案是由谁组织的？

王汉斌：是由各级人大常委会组织的。

4月22日，五届全国人大常委会举行第二十三次会议。彭真同志受叶剑英主任委员的委托，代表宪法修改委员会，向会议作了关于宪法修改草案的说明。经过两天分组讨论，委员们一致同意宪法修改委员会的建议，会议通过了《关于公布〈中华人民共和国宪法修改草案〉的决议》，并决定公布宪法修改草案，交付全国各族人民讨论。

5月4日，全国人大常委会召开各省、市、自治区人大常委会负责人座谈会，彭真同志作了关于全国讨论宪法修改草案问题的讲话。他讲了两点意见：第一，宪法修改草案的全民讨论，由各级人大常委会负责组织。但要做到全国各族人民广泛深入的讨论，提出修改意见，必须在各级党委领导下进行。请你们回去向省、市、自治区党委汇报，请党委抓紧领导。由于党委要管的事情很多，工作很紧张，让党委组织讨论、搜集意见是忙不过来的。因此，要有个主管单位，这就是各级人大常委会。第二，讨论要抓住主要问题。主要问题解决了，其他问题就可以迎刃而解，至少比较容易解决。切不要被次要的、枝节的问题所干扰、纠缠，转移了目标，转移了重点。在讨论中会有各种不同意见，怎么办？正确的意见就接受；明显错误的要适当地解释。这样，讨论中发生的问题，比较容易解决，意见比较容易取得一致，全国各族人民的团结会进一步加强。

问：这次全民讨论宪法修改草案有什么特点？

王汉斌：4月28日，宪法修改草案全文发表。从5月至8月，全国各族人民进行了热烈的讨论。这次全民讨论比较广泛深入，各单位、各地方普遍进行了宣讲和讨论，召开了各种形式的座谈会。参加讨论的人数比较多。通过全民讨论，使广大人民对草案的指导思想、基本精神和基本内容有了了解，提高了对社会主义民主和法制的认识，增强了当家作主的责任感，也推动了生产和各项工作。大家普遍认为，草案科学地总结了我国建国三十二年的经验，体现了党的十一届三中全会以来的路线方针政策，顺乎民心，合乎国情。同时，讨论中也对草案提出了许多修改意见。

问：对这些意见和建议，宪法修改委员会怎样对待的？

王汉斌：全民讨论后，中央和国务院各部门、人民解放军、各民主党派和各人民团体共91个单位都报来了材料，29个省、自治区、直辖市报了两次材料。宪法修改委员会秘书处把各方面的修改意见编成《全民讨论宪法修改草案意见汇集》（共五集），分送宪法修改委员会各位委员。

秘书处根据全民讨论中提出的意见，经过认真研究，对草案进行了修改。许多重要的好的意见都采纳了，原来草案的基本内容没有变动，具体规定作了许多补充和修改，总共有近百处，纯属文字的改动还没有计算在内。还有一些意见，虽然是好的，但实施的条件尚不具备、经验不够成熟，或者宜于写在其他法律和文件中，不需要写进国家的根本法，因而没有写上。

11月4日至9日，宪法修改委员会举行第四次全体会议，听取了胡绳同志关于宪法修改情况的说明，参考全民讨论中提出的意见，对秘书处修改的草案再次逐章逐节逐条进行了讨论，并决定由秘书处根据这次会议提出的意见作进一步修改，提交下次全体会议通过后，提请五届全国人大五次会议审议。

11 月 23 日下午，宪法修改委员会举行第五次全体会议。胡绳同志就宪法修改草案的最后修改情况作了说明，委员们一致同意这个草案和关于草案的说明。最后，宪法修改委员会第五次全体会议通过了关于提请五届全国人大五次会议审议《中华人民共和国宪法修改草案》的议案。

至此，宪法修改委员会完成了自己的任务。它先后召开了五次会议，一共二十五天，有三次会议都是逐章、逐节、逐条讨论修改的。

（五）只有三张弃权票

问：这次宪法修改草案是通过什么程序列入五届全国人大五次会议议程的？

王汉斌：11 月 25 日，五届全国人大五次会议举行预备会议，通过大会议程。议程的第一项就是听取关于宪法修改草案的报告，通过宪法。第二天，大会正式举行。叶剑英委员长主持会议，彭真同志受叶剑英主任委员的委托，代表宪法修改委员会，作了关于宪法修改草案的报告，对宪法修改的经过、指导思想、基本精神和基本内容，都作了说明。

由于宪法修改的具体工作已经由宪法修改委员会秘书处移交到全国人大，所以在大会主席团第一次会议上，决定在主席团领导下成立一个宪法修改工作小组，由胡绳同志任组长、我任副组长，成员有张友渔、项淳一、龚育之同志，负责修宪的具体工作。

问：这次会议审议时又作了哪些修改？

王汉斌：从 11 月 27 日下午起，五届全国人大五次会议开始审议宪法修改草案。各代表团在审议中总的说来对宪法修改草案是满意的。但是也提出了很多修改和补充意见。我印象最深的是，总政治部主任刘志坚代表提出，光讲宪法必须遵守还不行，还得写上"对一切违反宪法的行为，必须予以追究"。我们研究认为，写上这一条好是好，就怕做不到。怎么办？经请示彭真同志，他说：还是应当写上。彭真同志是非常注意听取意见的，不管谁提的意见，什么意见，他都认真考虑。经过研究，在宪法第五条中增加规定："一切违反宪法和法律的行为，必须予以追究。"

对代表提出的其他意见，宪法修改工作小组也都认真、仔细地作了考虑和研究，能采纳的尽量予以采纳。因此，在这次会议上，又对宪法修改草案作了近30处的修改。

在12月3日举行的大会主席团会议上，胡绳同志作了关于宪法修改草案修改情况的汇报，彭真同志作为补充讲话，对根据代表意见作出的修改，一一作了说明；对没有采纳的意见，也说明了理由。主席团的一些同志也发了言。经过主席团讨论，决定将宪法修改草案提交大会表决。

问：五届全国人大五次会议是采取什么方式表决宪法修改草案的？表决结果如何？

王汉斌：12月4日，五届全国人大五次会议举行全体会议。会议首先全文宣读宪法修改草案，以举手表决方式通过总监票人和监票人名单。然后，采取无记名投票方式，表决宪法修改草案。表决结果，到会代表3040名，赞成票3037张，弃权票3张。

会上有人提出要把表决结果公布。我们向彭真同志作了汇报，说我们也倾向于把表决的结果和通过的票数情况都公布。彭真同志表示同意，要我再请示耀邦同志。我到大会堂118厅请示耀邦同志"可不可以公布表决票数？"他说："我看可以公布。"这是全国人大会议第一次公布通过法律的票数。

问：这天全体会议在通过宪法修改草案后，还通过了《关于本届全国人大常委会职权的决议》和《关于中华人民共和国国歌的决议》，这是怎么回事？

王汉斌：通过关于本届全国人大常委会职权的决议，是因为新宪法通过后即生效，但国家主席、副主席要到六届全国人大一次会议才能选出来，在此之前有个空当。怎么办？当时研究认为，需要通过一个决议，决定在六届全国人大一次会议选出国家主席、副主席和六届全国人大常委会之前，本届人大常委会继续依照 1978 年宪法的有关规定行使职权。这是一个法律衔接问题，也是一个依法办事问题，当时是很注意这个问题的。

关于国歌问题。建国前夕，中国人民政治协商会议第一届全体会议单独作了一个决议：在正式国歌未定以前，以《义勇军进行曲》为国歌。这个国歌反映了中国人民的革命传统，多年来已经深入人心。1978 年五届全国人大一次会议通过修改的国歌歌词，有"文革"的影响，代表们很不满意，纷纷提出意见。因此，五届全国人大五次会议专门通过决议，决定恢复《义勇军进行曲》原来的歌词，并进一步决定《义勇军进行曲》为中华人民共和国正式国歌。这也是拨乱反正的一件大事。

（六）修改宪法中遇到的一些问题

起草新宪法要以 1954 年宪法为基础

问：您上面谈了这次修改宪法的经过。请您谈谈这次修宪都遇到了一些什么问题？是怎样研究解决的？

王汉斌：宪法的内容涉及国家政治、经济、文化、社会生活的一系列根本问题。在起草修改草案中，这些问题都提出来了。彭真同志在向中央报告中就列举了十六个问题。对这些问题，反复作了研究，有的作了规定，有的研究后未作规定。

我谈一下这次修宪中首先遇到的两个问题。第一个问题是，这次修宪是以 1978 年宪法为基础，还是以 1954 年宪法为基础？

在通常情况下，修宪应以前一部宪法即 1978 年宪法为基础。但 1978 年宪法没有完全摆脱"文化大革命"的影响，有不少"文革"遗留的内容，难以作为修改的基础。而且，这部宪法比较粗，只有 60 条，许多应该作出规定的没有作出规定。当时，研究了 1954 年宪法，认为这部宪法虽然有的条文已经过时，但它所规定的基本原则是比较适宜的。而且，这部宪法有 106 条，比较完善。经过"文化大革命"，人们还是比较怀念 1954 年宪法。彭真同志考虑还是以 1954 年宪法为基础。他请示小平同志，小平同志赞成这个意见，同时指出：从 1954 年到现在，已有近 30 年了，新宪法要给人以面貌一新的感觉。1982 年宪法继承并发展了 1954 年宪法好的传统和基本原则，废弃了 1975 年宪法和 1978 年宪法中不适宜的内容，是有中国特色的、适应新时期需要的、能够保障社会主义现代化建设顺利进行和国家长治久安的好宪法，也是建国以来最完善的一部宪法。

要把四项基本原则写入宪法

问：那么，您所说的另一个问题是指的什么？

王汉斌：另一个问题是如何把四项基本原则写入宪法。

从开始研究修宪，小平同志就明确提出，一定要把四项基本原则写入宪法。怎样写入宪法？当时研究有两个方案：一个是写入宪法条文；一个是写入序言。经过反复研究，认为写入条文有些难点，比如，很难要求人人都要坚持马列主义、毛泽东思想。建国前夕制定的《共同纲领》和建国后制定的1954年宪法，都没有把马列主义、毛泽东思想和中国共产党的领导写入条文，1954年宪法只是在"序言"有两处提到党的领导。1975年宪法和1978年宪法则在条文中有马列主义、毛泽东思想和党的领导的规定。当时，有些人不赞成把马列主义、毛泽东思想和党的领导写入宪法条文。孙冶方同志还给宪法修改委员会写信，建议取消1978年宪法中关于党的领导和国家指导思想的条文。《邓小平年谱（1975—1997)》中有这样一段记载：1981年12月，小平同志在同胡乔木同志谈修改宪法时强调，宪法序言里要提马列主义、毛泽东思想，条文里不提。乔木同志没有向我们传达小平同志的意见。当时，彭真同志经过反复考虑，提出：要把四项基本原则写入"序言"，从叙述中国近代历史发展的事实来表明坚持四项基本原则比较顺当。他指出：20世纪以来，中国发生了四件翻天覆地的大事：一是辛亥革命；二是推翻三座大山，建立中华人民共和国；三是完成了社会主义改造；四是基本上建成了独立的、比较完整的工业体系。在这四件大事中，除辛亥革命是孙中山领导的外，其余三件都是在中国共产党领导下，在马列主义、毛泽东思想指引下取得的。我们要从叙述本世纪以来中国革命和建设的实践，说明四项基本原则既反映了不以人们意志为转移的客观规律，又是我国亿万人民在长期革命斗争中作出的历史性选择。因此，要采取在"序言"中用叙述历史事实的方式来阐述四项基本原则。彭真同志还亲自执笔起草了宪法"序言"。

实践证明，把四项基本原则用宪法记载下来是完全必要的。这是全国各族人民团结前进的共同政治基础，也是实现国家长治久安、比较能经得起各种风险和顺利进行社会主义现代化建设的根本保证。

问：听说对宪法"序言"是不是有法律效力有争论，您怎么看？

王汉斌：我认为宪法"序言"是有法律效力的。有一次，有位领导同志问我：宪法"序言"有没有法律效力？我说，宪法"序言"是具有法律效力的，只是宪法"序言"对四项基本原则使用的是叙述性的语言，不是规定性的语言，在适用时就有灵活的余地。

宪法体现了党的"一个中心、两个基本点"的基本路线

问：把四项基本原则用国家根本法的形式确定下来，是完全必要和重要的。同时也要看到，新时期的根本任务是以经济建设为中心，实行改革开放的基本方针，这在新宪法中是否有所体现？

王汉斌：你提的这个问题很重要。这个问题在起草修改宪法草案过程中作了考虑，并作出了一系列重要规定。

宪法"序言"中明确规定："今后国家的根本任务是集中力量进行社会主义现代化建设。"这里规定的国家根本任务，就是以经济建设为中心。社会主义的根本任务是解放和发展生产力。我国建国之后，特别是在生产资料所有制的社会主义改造基本完成以后，国家工作的重点应当转移到经济建设上来，党的八大就确定了这个方针。可惜在以后的实践中，没有坚定不移地实现这个转移。党的十一届三中全会总结建国以来正反两方面的经验，重新确定了这项重大的战略方针。彭真同志在关于宪法修改草案

的报告中指出："拨乱反正的一项重大战略方针，就是把国家的工作重点坚决转移到社会主义现代化建设上来。一切工作都要围绕这个重点，为这个重点服务。国家的巩固强盛，社会的安定繁荣，人民物质文化生活的改善提高，最终都取决于生产的发展，取决于现代化建设的成功。今后必须坚定不移地贯彻执行这个方针，除非敌人大规模入侵；即使那时，也必须进行为战争所需要和实际可能的经济建设。把这个方针记载在宪法中，是十分必要的。"

宪法还规定，要"不断完善社会主义的各项制度"，逐步进行经济体制改革。在规定社会主义经济制度的基础是生产资料的社会主义公有制的同时，针对过去过分单一的所有制结构和一再鼓吹"割资本主义尾巴"、严重影响社会生产力发展的情况，又明确规定了个体经济是社会主义公有制经济的补充，国家保护个体经济的合法权益。这就改变了过去只发展单一的公有制经济的模式，还要发展其他形式的经济。

宪法还规定："完善经济管理体制和企业经营管理制度，实行各种形式的社会主义责任制。""国营企业在服从国家的统一领导和全面完成计划的前提下，在法律规定的范围内，有经营管理的自主权。""集体经济组织在接受国家计划指导和遵守有关法律的前提下，有独立进行活动的自主权。"宪法的这些规定，为农村实行家庭联产承包责任制、企业承包制、企业的经营管理自主权、政企分开等各项改革确定了原则，也为进一步改革留下了空间。彭真同志在关于宪法修改草案的报告中指出："当前我们正在进行经济体制改革，并取得了很大的成绩，今后还要全面深入地进行下去"，"按照这个方向前进，我们一定能够建设和发展有中国特色的社会主义经济，使我国逐步地富强起来。"

在对外开放方面，宪法明确规定，允许外国的企业和其他经济组织或者个人在中国投资，同中国的企业或者其他经济组织进行各种形式的经济合作；他们的合法权益受我国法律的保护。这在当时社会主义国家的宪法中是很少见的。它表明对外开放是我国将长期坚持的一项基本国策，是不能轻易改变的。

关于国家政治体制改革，宪法作出了一系列重要规定。这个问题，我在后面还想专门谈。

上述规定表明，这部宪法对党的"一个中心、两个基本点"的基本路线虽然还没有完整地、集中地表述，但党的基本路线的基本内容都得到了体现。

把"公民的基本权利和义务"置于"国家机构"之前

问：这次修宪把"公民的基本权利和义务"一章移到"国家机构"一章之前，是如何考虑的？

王汉斌：我国前三部宪法的结构是相同的，都是除"序言"外，有四章。在"总纲"之后，依次为《国家机构》、《公民的基本权利和义务》这两章。这次修宪过程中，有人提出，应把"公民的基本权利和义务"放在"国家机构"之前。当时大家研究，是先有公民的权利，然后根据公民的授权产生国家机构，还是先有国家机构来规定公民的权利和义务？特别是联系到前三部宪法，都是把"国家机构"放在前面的，因而这就成了一个难以决断的问题。为此，我们请示小平同志。小平同志认为，还是要把"公民的基本权利和义务"摆在"国家机构"前面。这个意见很重要。小平同志考虑问题，总是站得高、看得深的。我们国家的一切权力属于人民，国家机构是根据人民的授权建立的。没有人民的授权，国家机构就失去了权力的基础和来源。在宪法体例设计上，先规定"公民的基本权利和义务"，再规定"国家机构"，能比较充分地体现国家的一切权力属于人民的性质。同时，"公民的基本权利和义务"一章与"总纲"有密切联系，紧接着写，在逻辑上也比较顺当。我们查了一些国家的宪法，多数国家都是把对公民的权利和义务的规定列在对国家机构的规定之前的。

宪法结构的这一变动，表明我们国家对保障公民享有宪法规定的公民权利的高度重视。这次制定的 1982 年宪法，根据小平同志提出的要切实让人民享有充分的公民权利的要求，对公民的各项权利和自由作出了广泛的、充分的规定，同时按照权利和义务相适当的原则，对公民应当履行的义务也作出了明确的规定。

宪法还要不要提阶级斗争

问：宪法"序言"中写了"阶级斗争还将在一定范围内长期存在"一段话，这是怎样考虑的？

王汉斌：当时，对这个问题是经过反复研究考虑的。大家知道，党的十一届三中全会纠正了以阶级斗争为纲的"左"的错误，决定把国家工作的重点转移到社会主义现代化建设上来。在这种情况下，宪法要不要再提阶级斗争？经过反复讨论研究，最后彭真同志提出，宪法还是要提阶级斗争。因为还有阶级斗争，还有敌视和破坏我们社会主义制度的国内外敌对势力和敌对分子。因此，宪法"序言"写了一段很重要的话："在我国剥削阶级作为阶级已经消灭，但是阶级斗争还将在一定范围内长期存在。中国人民对敌视和破坏我们社会主义制度的国内外敌对势力和敌对分子，必须进行斗争。"

实践证明，宪法关于阶级斗争的阐述是非常必要和重要的，具有深远的意义。多年来，西方一些国家从未放弃对我进行"和平演变"的策略，企图对我进行"西化"、"分化"；国内也有极少数顽固坚持资产阶级自由化立场的人，企图否定共产党的领导和社会主义制度。这种斗争将会长期存在，有时还会激化。我认为，西方国家特别是美国对我实行的颠覆和"和平演变"的政策，如果不从阶级斗争去考虑，是解释不了的。

关于人民民主专政的提法和实质

问：这次修改宪法，将过去惯用的"无产阶级专政"改为"人民民主专政"，是怎样考虑的？

王汉斌：建国前夕制定的《共同纲领》和1954年宪法，写的都是"人民民主专政"。1975年宪法改为"无产阶级专政"，1978年宪法延用了"无产阶级专政"的提法。这次修改宪法重新恢复为"人民民主专政"。为什么要改？一是，因为无产阶级专政在"文化大革命"中被林彪、"四人帮"歪曲践踏了。那时不是"无产阶级专政"，而是对广大干部和群众的专政。因此，广大人民群众更愿意使用"人民民主专政"的提法。二是，从我国的实际情况看，工人阶级是领导阶级，还有广大农民、知识分子和其他劳动者。使用"工人阶级领导的、以工农联盟为基础的人民民主专政"，更符合我国实际情况，也更能表明我国人民民主的政权有广泛的阶级基础，不是单一的工人阶级的民主专政，而是包括农民、知识分子和其他劳动者、爱国者在内的占人口总数99.97%的人对极少数人的专政。这个提法，是在制定刑法时彭真同志提出的，他给中央专门写了报告，中央同意，五届全国人大二次会议通过的刑法就采用了"人民民主专政"的提法。后来，党的十一届六中全会决议中肯定了这一点。

彭真同志在关于宪法修改草案的报告中指出："人民民主专政的提法，确切地表明我国的这种阶级状况和政权的广泛基础，明白地表示出我们国家政权的民主性质。"

由于我们在过去长期习惯使用"无产阶级专政"的提法，马、列经典著作中使用的也是这个提法，宪法"序言"又写了"人民民主专政，实质上即无产阶级专政"，以便和过去的提法相衔接，也避免引起我们不要"无产阶级专政"的误解。

问：还有人提出，宪法只写"人民民主"就行了，不必写"人民民主专政"。当时，对这个问题是怎样考虑的？

王汉斌：在讨论宪法修改草案过程中，有人从"文化大革命"中任意对干部、群众专政、"关牛棚"考虑，提出宪法只写"人民民主国家"，不要再写"人民民主专政国家"。当时，我们研究，党的十一届三中全会总结建国 30 年正反两方面的经验，特别是十年动乱的教训，提出发展社会主义民主、健全社会主义法制是我们国家的一个根本目标和根本任务。但是，能不能只要民主，不要专政呢？这显然是不行的，因为正如前面所说的，还有阶级斗争，还有敌视和破坏我国社会主义制度的国内外敌对势力和敌对分子。在人民内部实行最广泛的民主与对人民的敌人实行专政是统一而不可分的整体。小平同志在 1979 年党的理论务虚会上的讲话中就强调指出："发展社会主义民主，决不是可以不要对敌视社会主义的势力实行无产阶级专政。我们反对把阶级斗争扩大化，不认为党内有一个资产阶级，也不认为在社会主义制度下，在确已消灭剥削阶级和剥削条件之后还会产生一个资产阶级或其他剥削阶级。但是我们必须看到，在社会主义社会，仍然有反革命分子，有敌特分子，有各种破坏社会主义秩序的刑事犯罪分子和其他坏分子，有贪污盗窃、投机倒把的新剥削分子，并且这种现象在长时期内不可能完全消灭。……对于这一切反社会主义的分子仍然必须实行专政。不对他们专政，就不可能有社会主义民主。这种专政是国内斗争，有些同时也是国际斗争，两者实际上是不可分的。因此，在阶级斗争存在的条件下，在帝国主义、霸权主义存在的条件下，不可能设想国家的专政职能的消亡，不可能设想常备军、公安机关、法庭、监狱等等的消亡。它们的存在同社会主义国家的民主化并不矛盾，它们的正确有效的工作不是妨碍而是保证社会主义国家的民主化。事实上，没有无产阶级专政，我们就不可能保卫从而也不可能建设社会主义。"

关于土地所有权问题

问：宪法中对土地所有权问题是怎样规定的？

王汉斌：土地所有权问题，过去的几部宪法和法律都没有明文规定。这次修改宪法，第一次在宪法中对土地所有权作出了规定。城市的土地属于国家所有。农村和城市郊区的土地，除由法律规定属于国家所有的以外，属于集体所有。讨论中，对规定城市的土地属于国家所有，没有什么不同的意见。对农村的土地是归全民所有还是集体所有，则有不同的主张。有的主张，农村土地全部归全民所有，由集体和农民使用，理由是国家要进行建设，搞建设就要征用土地，规定归国家所有，有利于需要时征用土地。

经过反复考虑，农村土地还是归集体所有为宜，法律规定属于国家所有的除外。苏联农村的土地，列宁当时决定归国家所有，农民有永久的使用权。我国在土地改革中，按照党中央的决策，把土地分给农民所有。这是非常正确的。后来搞合作化，土地也没有收归国有，还是集体所有。

我国农民对土地有特殊的感情，如果把土地规定归国家所有，虽然由农民长期使用，但在农民的心理上还是不一样的，很可能产生强烈的影响，会影响他们的生产积极性。所以，我们没有像苏联那样规定农村土地归国家所有，而是规定：农村土地除法律规定属国家所有的以外，属于集体所有。国家建设需要土地，可以依照法律规定对土地实行征用。1988 年的宪法修正案规定土地的使用权可以依法转让，将土地的所有权和使用权分开，更好地解决了土地资源的合理使用问题。

关于罢工自由

问：这次修宪，取消了 1978 年宪法规定的"罢工自由"，是怎样考虑的？

王汉斌：1954 年宪法没有规定"罢工自由"。1975 年和 1978 年宪法规定了"罢工自由"。在征求对修改宪法的意见时，多数人包括一些老工人主张不写"罢工自由"。有些人则主张保留"罢工自由"，理由是前两部宪法都有规定，取消了影响不好，同时，为了反对官僚主义，也有必要写上。

秘书处研究认为，我国是社会主义国家，国营企业属于全民所有，工人是主人，一部分工人罢工，就等于自己罢自己的工，而且会影响全民的利益。因此，罢工自由与全民所有制企业的性质是有矛盾的。而且，工厂、企业是相互有牵连的，电厂一罢工，许多工厂就不能生产；铁路工人罢工，货物就不能运输。这与宪法关于"国家依法禁止任何组织或者个人扰乱社会经济秩序"等规定也有抵触。至于反对官僚主义，有各种途径，有党的领导，有党的纪委，有政府监察机关和国家检察机关等，宪法还规定了公民有言论、出版、集会、结社和游行示威的自由。因此，这次修改宪法没有写上"罢工自由"。

这里需要说明的是，宪法没有规定"罢工自由"，但也没有规定禁止罢工。

关于迁徙自由

问：1954年宪法中规定了"迁徙自由"，这次修宪为什么没作这样的规定？

王汉斌：关于迁徙自由，1954年宪法虽有规定，但实际上并没有做到。这次修宪，有人提出要恢复1954年宪法的这一规定。我们研究后没有采纳，因为实际上做不到。宪法没有规定"迁徙自由"，但也没有禁止迁徙。近些年来，随着社会主义市场经济的发展，流动人口越来越多。应当看到，市场经济就得允许人口流动。我国的户籍制度改革，是滞后的。

关于台湾问题

问：这次修宪，对台湾问题作了哪些重要规定？

王汉斌：台湾问题，是这次修改宪法中遇到的一个重大问题。小平同志提出，宪法要对此作出专门规定。宪法在两处作了规定。在序言中写了："台湾是中华人民共和国的神圣领土的一部分。完成统一祖国的大业是包括台湾同胞在内的全中国人民的神圣职责。"这里没有用"台湾回归祖国"的提法，主要是考虑这个提法从政治上讲容易懂，但从法律上讲不很确切。因为第二次世界大战后，台湾已经回归祖国，早已是我国的一部分，如果现在还说"回归"，等于法律上认为台湾还不是我国的一部分，可能为搞"台独"的人所利用。

为了给处理台湾问题有法律上的根据，而又不必修改宪法，同时又有利于对台谈判，宪法第三十一条规定："国家在必要时得设立特别行政区。在特别行政区内实行的制度按照具体情况由全国人民代表大会以法律规定。"并相应地在第六十二条关于全国人大职权中规定："决定特别行政区的设立及其制度。"这是根据小平同志提出的"一国两制"的伟大构想，为解决台湾问题所提供的宪法依据。

问：当时为什么没有提香港、澳门回归祖国的问题呢？

王汉斌：当时中英关于香港问题谈判刚刚开始，中葡关于澳门问题的谈判还没有开始。因此，彭真同志在关于修改宪法草案的报告中只能提台湾，没有提香港、澳门，但又说了"这是我们处理这类问题的基本立场"。这就明显地把香港、澳门包括在内了。在起草香港特别行政区基本法时，有些香港人士有顾虑，认为在香港实行不同于社会主义制度的资本主义制度不符合宪法，要求相应地修改宪法，明文规定在香港实行"一国两制"。香港基本法起草委员会初期开会时，香港记者向姬鹏飞同志提出要修改宪法的问题，姬鹏飞同志让我回答，我答复记者说：宪法第三十一条就是专门为香港实行不同于社会主义制度的资本主义制度即实行"一国两制"而作的特别规定，因而不需要再修改宪法。在这之后，为了进一步解除香港某些人的疑虑，1990年全国人大在审议通过香港特别行政区基本法时，还通过了关于香港特别行政区基本法的决定，明确规定香港基本法是根据宪法、按照香港具体情况制定的，是符合宪法的。现在香港、澳门已经回归祖国。实践证明，小平同志提出的"一国两制"，对于维护香港、澳门的稳定、繁荣和发展，具有非常重大的意义。

关于宪法用语的规范问题

王汉斌：最后，我还想谈一点，就是宪法用语的规范问题。起草宪法时，胡绳同志强调宪法用语要科学、准确、严谨，不用形象化或简化的语言。比如，有的同志提出要把"百花齐放"、"百家争鸣"写入宪法。秘书处经反复考虑，认为不宜这么写，而是写了公民有进行科学研究、文学艺术创作和其他文化活动的自由。又如，胡绳同志不赞成写"德、智、体"全面发展，而是写了"国家培育青年、少年、儿童在品德、智力、体质等方面全面发展"。他也不赞成在宪法中用什么"重要的"、"长期的"一类形容词。

此外，还有人建议在"公民有言论、出版、集会、结社、游行、示威的自由"的前面加上"依照法律"。我们研究认为，这一章已有专门的条文（第五十一条）作了适当的规定，因此这里没有必要再加上"依照法律"。

二、宪法关于国家政治体制的重要改革和规定

题解：这次修改宪法，根据党中央和邓小平同志要搞政治体制改革的精神，总结建国以来的经验教训，对国家具体的政治制度和政治体制改革进行了比较深入的研究和探讨，作出了一系列新的规定。这对于健全国家体制，保证

人民当家作主，实现国家机构的高效、合理运转，具有重要的现实意义和深远的历史意义。

（一）扩大全国人大常委会的职权

问：汉斌同志，您在这次修改宪法过程中，一直是重点负责国家机构一章的起草工作。请您谈谈修改后的宪法对国家具体的政治制度作了哪些改革？有哪些新的规定？

王汉斌：这方面可以谈的内容很多，我想先从健全人民代表大会制度讲起。

人们常说，人民代表大会制度是我国的根本政治制度。为什么说是根本政治制度呢？因为宪法规定，中华人民共和国的一切权力属于人民，人民行使国家权力的机关是全国人民代表大会和地方各级人民代表大会；全国人民代表大会和地方各级人民代表大会都由民主选举产生，对人民负责，受人民监督；国家行政机关、审判机关、检察机关都由人民代表大会产生，对它负责，受它监督。这个规定说明，人大是国家政权机关运作的中心。离开人大，国家机器就难以正常运转。当年设立深圳经济特区时，赵紫阳让我帮李灏研究深圳的政治体制。李灏同志跟我提出来不设人大，不开人民代表大会会议。我就说，你不设人大，市长怎么产生？他说可以由省政府任命。但是省政府任命市长不能成为制度，宪法和地方组织法都没有这样的规定。还有，深圳的法院、检察院怎么产生？这说明，没有人大，国家机器的运转就发生了问题。所以，几经周折，深圳还是设立了人大。

还有的同志提出，人民代表大会实行民主集中制原则，因而民主集中制是我国的政体。我认为这个提法不能充分体现人民代表大会制度的性质，没有体现人大是国家权力机关，全国人大是最高国家权力机关、立法机关的性质。应该说，我国的国体是人民民主专政，政体是人民代表大会制度。

彭真同志在关于宪法修改草案的报告中说：我们国家政治体制的改革和国家机构的设置，都应当是从政治上和组织上保证全体人民掌握国家权力，真正成为国家的主人。

因此，修宪一开始，大家就把关注的焦点放在如何加强和改善人民代表大会制度、发挥国家权力机关作用的问题上。党的十一届三中全会后，中央提出要使各级人大及其常委会成为有权威的国家权力机关。如何做到这一点？各方面、各地方都提出了许多建议和方案，概括起来，主要是两种意见，一种意见认为，应减少全国人大代表人数，使它能够经常开会，讨论决定国家的重大问题。另一种意见认为，我国地域大、人口多，各阶级、各阶层、各民族、各地方、各方面、各政党在全国人大都需要有适当数量的代表，全国人大代表人数少了不行。怎么办？经过反复研究，确定还是从扩大全国人大常委会职权和加强它的组织两方面来更好地发挥最高国家权力机关的作用。

问：这次修宪从哪些方面扩大了全国人大常委会的职权？

王汉斌：全国人大常委会是全国人大的常设机关，是最高国家权力机关的组成部分。它的组成人员是由全国人大从它的代表中选举产生的，可以说是常务代表，是代表各方面的，人数又比较少，便于经常开会讨论决定问题。这次修宪主要从以下几个方面扩大了人大常委会的职权：（1）扩大全国人大常委会的立法权，它可以制定除基本法律以外的所有法律；（2）全国人大常委会有权监督宪法实施，并解释宪法；（3）全国人大常委会可以在全国人大闭会期间审查和批准计划、预算在执行过程中所必须作的部分调整方案；（4）它可以在全国人大闭会期间，根据国务院总理的提名，决定所有的部长、委员会主任和审计长、秘书长的人选。

问：立法权是国家的一项很重要的职权。过去规定全国人大是"行使国家立法权的唯一机关"。这次修宪对国家立法体制作了什么重大改革？

王汉斌：1954年宪法规定，只有全国人大才能制定法律，全国人大常委会只能制定法令。宪法实施后，很快的就发现这样规定有问题。全国人大一年才开一次会，每次会开半个月左右，怎么能够适应立法工作的需要呀？所以，1955年全国人大就通过了一个决议，授权全国人大常委会根据实际需要，适时地制定部分性质的法律，即单行法规。这次修改宪法，规定全国人大和全国人大常委会共同行使国家立法权。刑事、民事、诉讼、国家机构的和其他的基本法律，由全国人大制定；其他法律，都可以由全国人大常委会制定，全国人大常委会还可以对全国人大制定的法律进行部分补充和修改，这是我国立法体制的一个重大改革。实践证明，扩大全国人大常委会的立法权，把大量的立法工作放在全国人大常委会，对于加快立法步伐，提高立法质量，起了重大作用。这部宪法实施以来，我国制定的法律80%以上是由全国人大常委会审议通过的。即使是全国人大审议通过的法律，事先也都经过全国人大常委会审议，有的还经过多次审议，在比较成熟后才提交全国人大审议通过。如果没有这一项改革，我国的立法工作不可能取得如此显著的成绩，也不可能适应改革开放和现代化建设的需要。

此外，这次宪法修改，还扩大了地方人大常委会的权力，省级人大及其常委会可以制定地方性法规。

问：那么，是不是可以说，我们现在实行的是中央和地方两级立法体制？

王汉斌：可以这样说。过去，立法权集中在中央，地方没有立法权，这是不能适应我们国家国土辽阔、各地区情况不同的实际需要的。1979年，彭真同志主持修订的地方组织法，就赋予省级人大及其常委会有一定的立法权。这次修宪进一步肯定了这一规定，并在修改后的地方组织法中规定：省、自治区人民政府所在地的市和国务院批准的较大的市的人大及其常委会，在不同宪法、法律、行政法规和本省、自治区的地方性法规相抵触的前提下，可以制定地方性法规，报省、自治区人大常委会批准后施行。这是我国立法体制的又一项重大改革。彭真同志说：我们国家大，各地情况千差万别，什么都统到中央不行，都由国家制定法律，而没有地方性法规作补充，不能很好地适应各地的需要。现在规定地方有一定的立法权，有利于因地制宜，发挥地方的主动性、积极性，加速整个国家建设。地方性法规是国家法律的重要补充，它在法制建设中起了重要作用。

这里，还要说一点，就是：彭真同志在抓紧制定法律时，又反复考虑，认为根据实际需要，立法要搞得快一些、好一些，需要在实践中逐步建立必要的立法体制、立法制度和立法程序。过去制定的具有法律效力的规范性文件的地位和效力不够规范，有的称法律，有的称法规，有的称法令，有的称政令，界限不很明确。在起草宪法时，彭真同志主持研究，明确规定了法律规范的不同层次、地位和效力，就是：全国人大及其常委会制定法律，国务院制定行政法规，省级人大及其常委会制定地方性法规，国务院各部委和省级政府制定规章。这对于建立国家统一的立法体制和法律体系，具有非常重要的意义。

问：您刚才说的全国人大常委会有权审查和批准国民经济和社会发展计划、国家预算在执行过程中所必须作的部分调整方案，是怎么回事？

王汉斌：根据以往的经验，计划和预算经全国人大批准后，在执行过程中有时需要根据实际情况进行部分调整。全国人大每年开一次会，而全国人大常委会又没有批准计划和预算的权力，怎么办？只好在全国人大批准计划、预算时再专门作个决定，授权常委会在大会闭会期间，可以对计划、预算作适当的调整。过去，实际上已经这样做了。比如，1956年12月，全国人大常委会对当年预算进行了调整；1959年8月，全国人大常委会对当年计划的主要指标进行了调整。总结过去的经验，这次修改宪法明确规定，全国人大常委会在全国人大闭会期间可以对计划、预算作部分的调整。

问：全国人大常委会在大会闭会期间，对国务院组成人员的任免权有改变吗？

王汉斌：过去，在大会闭会期间，全国人大常委会只能任免个别的国务院组成人员。现在，除总理、副总理、国务委员外，常委会有权任免国务院的部长、主任、审计长、秘书长，不是个别任免，是全部都可以任免。但对副总理、国务委员，过去规定常委会可以个别任免，现在规定只能由代表大会决定任免。这一条是彭真同志提出的。鉴于"文化大革命"中随意打倒副委员长、副总理的教训，为了保证国家领导人员的稳定，作出这样的规定是必要的。有一次，荣毅仁同志提出，常委会还是可以任免个别副总理。彭真同志让我去说明，我就是这样解释的：鉴于"文革"的教训，国家领导人不能轻易变动。1985年底，国务院提出要任命乔石同志为副总理，问全国人大常委会能不能任命？

我们答复说人大常委会无权作这个决定，只能等大会。于是等了几个月，在1986年3月召开的六届全国人大四次会议上才通过这项任命。

问：全国人大常委会在大会闭会期间，对国务院总理提出辞职采取什么程序办理？

王汉斌：1987年11月，赵紫阳当选中共中央总书记后提出，他不再担任国务院总理的职务，法律手续由你们办理。国务院秘书长陈俊生找我商量如何办理。我们研究提出辞职的程序：由赵紫阳向国家主席李先念呈送辞去总理职务的请求和由国务院副总理李鹏任代总理的建议。李先念主席给全国人大常委会来文，将赵紫阳辞去国务院总理职务的请求和由国务院副总理李鹏任代总理的建议，提请审议。11月24日，六届全国人大常委会第二十三次会议审议通过了《关于接受赵紫阳辞去国务院总理和李鹏任国务院代总理的决定》。由于国务院总理人选是由全国人民代表大会决定的，因此，全国人大常委会在决定中提出：同意赵紫阳辞去国务院总理职务，报请七届全国人大一次会议确认。1988年3月25日，七届全国人大一次会议开幕，通过了《关于确认赵紫阳辞去国务院总理职务的请求的决定》。

在起草1982年宪法时，没有考虑到会有总理辞职的问题，因而在宪法中没有关于总理辞职的规定。这在国家体制方面是有缺陷的。因此，制定全国人大议事规则时，对国家机构组成人员的辞职程序作了规定。

问：在修改宪法中，对全国人大常委会的职权还提出了哪些问题？

王汉斌：当时提的比较多的是，一些重大建设项目和重大决策要不要经过全国人大或全国人大常委会。我们研究时，许多同志认为，宪法应规定特别重大的建设项目需要人大批准，但对多大项目属于"特别重大"？不好界定。最初设想 10 亿元或 20 亿元以上的属于特别重大项目，这在当时不是个小数，因为国家财政收入一年才一千亿呀！后来，彭真同志出了个点子：对特大项目的审查已经包括在预算里面了，预算不是有个目录细表吗？可以不必单独规定了。

问：有些特大项目并不是在预算表中都能包括的。1955 年，邓子恢副总理在向一届全国人大二次会议作的关于综合治理黄河的报告中说：这项工程涉及的不只五年，它的第一期工程（包括三门峡水利枢纽工程）就要到 1967 年才能完成，所以需要作为第一个五年计划以外的单独问题向人大报告。

王汉斌：我个人认为有些特别重大的建设项目还是经过人大为好，包括重大援外项目。例如，兴建长江三峡工程是经七届全国人大五次会议批准的。这样做，效果是好的。美国政府的对外援助款是经过国会的，有个缓冲余地呀。过去阿尔巴尼亚等国家一再要我们援助，钱少了还不满意。你可以说我们得经过人大，我作不了主。像援建坦赞铁路，得花 10 亿多美元，苏联不干，英国、美国也不干，我们的领导人答应了。我看，这个项目要提到全国人大或全国人大常委会审议，大家不一定会赞成的，起码可以反映一下争议，让中央知道也有好处。

还有一些与人民群众利益密切的重大决策、重大改革措施，经过人大，恐怕只有好处，没有坏处。前些年一些地方的房改方案提交人大常委会讨论，效果就很好。

这次修改宪法时，政治体制改革刚开始，党政职能分工等问题还没有解决，所以有些事情当时还不好作规定。我看，随着政治体制改革的深化，这些问题可以逐步明确起来。

（二）加强全国人大及其常委会的组织

问：这次修改宪法，在加强全国人大及其常委会的组织方面作出了哪些新的规定？

王汉斌：主要是三项：（1）规定全国人大增设专门委员会，在全国人大及其常委会的领导下，负责研究、审议和拟订有关议案；（2）规定常委会的组成人员不得担任行政、审判、检察机关的职务，这样规定有利于加强常委会对行政、审判、检察机关的监督，也有利于逐步做到多数常委会组成人员是专职的；（3）规定由委员长、副委员长、秘书长组成委员长会议，处理常委会的重要日常工作。

我先谈专门委员会的问题。设立专门委员会是加强全国人大及其常委会工作的一项重要组织措施。人大及其常委会要审议各项议案，如果没有专门委员会来研究，就很困难。外国议会一般都设有各种委员会，包括常设委员会、临时委员会和特别委员会等。议会的许多工作都是先在委员会研究讨论，然后交付议会全体会议审议通过的。所以，这种委员会被称为"行动中的议会"。

我国 1954 年宪法规定设立四个委员会，但预算审查委员会和代表资格审查委员会只在大会期间进行工作，闭会期间就没有什么活动了。所以，实际上只有两个常设委员会，一个是法案委员会，一个是民族委员会。1956 年下半年，为了加强全国人大及其常委会的立法和监督等经常性工作，刘少奇委员长提出设立"八大委员会"。为此，彭真副委员长兼秘书长率全国人大代表团访问苏联和东欧五国，考察这些国家苏维埃或议会工作的情况，历时七十九天。回来后，根据我国实际情况，研究提出了设立"八大委员会"的方案，并向中央写出报告。但不久反右派斗争开始了，不仅方案被搁置了，而且参加研究方案的一些同志还受到批判，说什么主张设各种委员会，是为右派夺取党的领导权大开方便之门。"文化大革命"中，强加在彭真同志身上的"罪状"就有一条：提出设"八大委员会"，企图篡党夺权。

问：这次修改宪法中对设立哪些专门委员会是怎样决策的？

王汉斌：这次修改宪法时，对设立哪些专门委员会讨论得很热烈。各方面提出要设的专门委员会有二十几个。秘书处研究时考虑，由于我们对专门委员会如何工作还缺乏经验，开始时不要设得太多，以后还可以根据需要增加。所以最初提出设十个专门委员会的方案，在草案中作了明文规定。中央书记处讨论时，认为宪法明文规定设立的还是少一点好，决定减去五个，定了五个。后来廖承志同志提出并坚持要求增加华侨委员会。有的同志对他说：设了，你也当不了全国人大华侨委员会主任委员（因他当时任国务院侨办主任）。廖承志说，我不当也要设。中央书记处经过考虑，同意加上华侨委员会。这样，修改后的宪法就规定全国人大设立民族委员会、法律委员会、财政经济委员会、教育科学文化卫生委员会、外事委员会、华侨委员会和其他需要设立的专门委员会。

七届全国人大根据我写的请示报告，增设了内务司法委员会。八届全国人大增设环境与资源保护委员会，是万里同志提的。后来增设农业与农村委员会，是田纪云同志提的，我是赞成的，把它从财经委员会分出来，很有必要。农业与农村问题是我们国家非常重要的问题，应该有个委员会专门研究，为农民说话。

问：专门委员会的主要工作是什么？它有没有最后的决定权？

王汉斌：秘书处认真研究了这个问题，在宪法修改草案中作了原则规定，就是各专门委员会在全国人大及其常委会领导下，研究、审议和拟订有关方案。专门委员会可以做的事情很多，归纳起来就是"研究、审议、拟订"六个字，它没有最后决定权。所以，对专门委员会没用"职权"两字，用的是"工作"。宪法通过后，根据这个精神，我主持起草了全国人大组织法，对专门委员会的工作作出了具体规定。

在人大会议期间，专门委员会主要管两件事：一是管议案，对有关国家机关和代表提出的议案进行研究、审议，或者拟订有关的议案；二是管质询案，审议对国务院及各部、委和最高人民法院、最高人民检察院提出的质询案。经过这一道工作程序，大会主席团对有关问题可以考虑得更周到些，使大会作出的决定可以更切实可行。

在人大会议闭会期间，专门委员会开展经常性的工作，研究、审议和拟订有关议案，协助人大常委会开展立法和监督工作。专门委员会人数较少，便于分门别类地讨论问题。而且它的组成人员对有关问题比较熟悉，研究问题可以考虑得更深入、更周到些。

专门委员会是人大的重要工作机构。但它不是一级权力机构，没有最后决定权。它审议后，向大会主席团或人大常委会提出审议报告，由大会主席团或者人大常委会作出决定。在国外，有些国家的专门委员会有否决权。如美国，法案必须先经专门委员会讨论，它可以搁置法案，而法案一旦被搁置，就到不了议会全体会议，实际上是否决了。我们在起草宪法时，研究过这个问题，认为我国不能采取美国那样的办法。如果那么做，国务院、高法、高检就很难办了。当时有人主张设立与国务院各部门对口的专门委员会，赵紫阳就有保留，他说：我只能听勤政殿（指党中央）的，不能有两个婆婆。后来有的同志说，专门委员会有监督权。我说，这么说恐怕不合适，宪法和全国人大组织法都没有规定专门委员会的监督职能，说它协助全国人大及其常委会进行监督工作是可以的。

问：专门委员会是怎样组成的？这些年好像对专门委员会组成人员的产生办法有些意见？

王汉斌：专门委员会由主任委员、副主任委员若干人和委员若干人组成。它是由全国人大从代表中选举产生的。不是代表，不能成为专门委员会的组成人员。全国人大产生专门委员会组成人员时，采取整个名单合并表决的办法，有的代表对此有意见，要求逐个表决。有位领导同志也说：干脆一个一个地表决算了。我想这里有一个问题，外国议会议员人数较少，几乎每个议员都参加一个甚至几个委员会。他们也并没有采取逐个表决的办法，一般是由各政党协商产生的。而我国人大代表人数多，参加专门委员会工作的代表人数很少，所以，对谁参加专门委员会就比较重视。后来由于逐个表决太麻烦，还是采取整个名单合并表决的办法。

全国人大组织法还规定，专门委员会可以根据需要，任命专家若干人为顾问，顾问由全国人大常委会任免。六届、七届全国人大时，专门委员会设了顾问，委员长会议还有两个特邀顾问：一位是武新宇，一位是胡绳。后来实际上取消了设顾问的规定。据说是一些领导干部争着当顾问，组织部门不好平衡，只好不设了。看来，即使制度设计是好的，实行起来也会走样。

问：规定常委会组成人员不得担任行政、审判、检察机关职务，有什么重要意义和作用？

王汉斌：这也是加强人大常委会组织建设的一项重要措施。人大常委会要监督行政、审判、检察机关的工作，它的组成人员不担任这些机关的职务，有利于加强监督。同时，这样规定可以使常委会组成人员专职从事人大工作，集中精力把人大常委会的工作做好。胡乔木同志在关于修改宪法草案（讨论稿）的报告中说：如果做不到这一点，就无法改变人大"橡皮图章"的形象。人大常委会专职后干什么？主要是参加专门委员会的工作，参加拟订、审议和研究议案，作系统的调查研究，提出可供选择的方案等。这些工作没有相当数量的委员专职去做，是不行的。

这里需要说明一点，就是：人大常委会组成人员不得担任行政、审判、检察机关的职务，不仅仅指中央一级国家行政、审判、检察机关，而且包括各级国家行政、审判、检察机关；不仅仅指领导职务，而且包括这些机关的所有职务。有人问：律师担任了人大常委会组成人员以后，还能不能继续从事律师工作？我们研究认为，律师在担任人大常委会组成人员期间，是不宜再做律师工作的。因为他既做人大工作，又当律师，同时担任两个职务，有个利益冲突的问题。如同既当运动员又当裁判一样不合适。

这些年来，有的同志既不愿辞去人大常委会委员的职务，又要在行政机关或审判、检察机关担任一定的职务，这是违反宪法规定的。遇到这种情况，我们提出，他必须作出选择，或者辞去人大常委会委员职务，或者辞去行政、审判、检察机关职务。

问：过去没有委员长会议吗？设立委员长会议是从什么时候开始的？

王汉斌：从1954年宪法到1978年宪法，都没有规定设立委员长会议。人大常委会要开会，由委员长决定，办公厅发通知。现在按照宪法规定，由委员长、副委员长、秘书长组成委员长会议，处理常委会的重要日常工作。人大常委会开会前，由委员长会议集体讨论，提出议程草案，其他一些重要的日常工作也要委员长会议讨论。这对于加强人大常委会的工作很有好处。当然，委员长会议不是一级权力机构，它不能代替人大或人大常委会行使职权、决定问题。

同时，修改后的宪法还肯定了县级以上地方人大设立常委会的规定，肯定了省级人大及其常委会制定地方性法规的权力，还规定设区的市以上地方人大可以设立专门委员会，县级以上地方各级人大常委会设立主任会议等。这些规定，对于健全人民代表大会制度，发挥国家权力机关的作用，都有重要而深远的意义。

问：地方人大常委会设立后，它同全国人大常委会是什么关系？

王汉斌：一些地方人大常委会提出，要明确全国人大常委会和地方人大常委会是领导关系或者是指导关系。彭真同志指出，按照宪法规定，各级人大都是向选民或选举单位负责的，不是向上级人大负责的，并且都在各级党委领导下进行工作。因此，全国人大同地方人大之间不能有领导关系，也不能有指导关系。比如，省级人大选举、罢免或者决定任免省级国家机关领导人员，全国人大都不能过问，也无法过问。只是在法律监督方面，全国人大常委会同地方人大常委会有工作上的联系，可以有某些指导关系，因为全国人大常委会有监督宪法和法律实施的职责。此外，彭真同志还提出，要规定省级人大常委会主任或者一位副主任列席全国人大常委会会议，以反映地方的情况和意见，使全国人大常委会制定的法律和通过的决定能够更好地符合实际。地方人大的同志也可以更好地了解全国人大常委会制定的法律和决定，便于贯彻执行。同时也可以参照全国人大常委会的工作，加强地方人大常委会的建设。这个办法从 1980 年五届全国人大常委会第十四次会议开始执行，并载入了全国人大组织法和全国人大常委会议事规则，是一项行之有效的制度。

（三）坚持人民代表大会一院制

问：据说在修改宪法时，有些人提出"两院制"，这个问题是怎样决定的？

王汉斌：我记得在开始研究修改宪法时，胡乔木同志就提出要考虑两院制的问题。在宪法修改委员会秘书处第二、三次会议上，不少人认为：实行两院制，人数少，便于深入讨论、解决问题；能使代表更好地代表人民，使通过的法律更严密，实行的监督更有效，能起制约、平衡作用，有利于政局的稳定。另一种意见认为，外国的两院制有其产生的历史条件，我们国家过去实行的是一院制，实践中并没有什么问题，还是继续实行一院制为好。当时，北大和人大法律系国家法教研室、全国人大常委会办公厅政法室和社科院法学所的有关同志，还在一起共同研究，提出了两院制的具体方案。在秘书处召开的座谈会上，钱端升、钱伟长、程思远、叶笃义等同志都主张实行两院制，有的提出政协应为上院。但也有些同志不赞成设两院，我就不赞成两院制的方案。

1980 年 12 月 5 日，胡乔木同志向中央书记处并赵紫阳、彭真同志写的《关于修改宪法的几个问题》的报告中说，大家认为，全国人大及其常委会应当成为真正的最高国家权力机关。为此，除加强和改善党的领导外，还应从组织上、制度上进行改革：一是现在全国人大代表人数过多，不利于大会讨论决定问题，行使最高国家权力。因此，全国人大代表可考虑减到与第一届全国人大代表人数大致相等，即一千二百人。二是关于全国人民代表大会的组织，可考虑分设"地方院"和"社会院"。"地方院"由各省、自治区、直辖市和各少数民族的代表组成。"社会院"由各界和各行各业的代表组成。两院人数相等（每院六百人），任期相同，享有平等的权利。这样，可以使代表们更好地从各方面反映人民的意志和利益，不仅能对政府起监督、制约作用，而且两院可以互相制衡，使通过的法律更为严谨、准确，实行的监督更为有效。报告还提到了另外两个方案，但讲得都很简单。一个方案是我国的人民代表大会历来只有一院制的传统，干部和群众已经习惯了，还是可以按照原来一院制的方案办。另一个方案是把全国人大代表减少到五六百人，全部改为专职，经常进行工作。

对这个问题，彭真同志认为还是按1954年宪法规定比较好，不要搞"两院制"。叶帅对修宪中的其他问题没有发表什么意见，但这次他讲话了，他说：可不能搞"两院制"。小平同志的意见是：还是不要搞"两院制"，如果两家意见不一致，协调起来非常麻烦，运作很困难。他说：我们还是搞一院制，就是人民代表大会制，全国人大是最高国家权力机关，这样，国家机构运作比较顺当。所以，在提出的宪法修改草案（讨论稿）中没有采纳"两院制"的方案，采取了扩大全国人大常委会职权和加强它的组织的措施，来加强人民代表大会制度建设和人大工作。

问：当时人有提出政协为上院，还有一些人提出要把政协的地位和作用写进宪法。这个问题是怎样处理的？

王汉斌：1954年制定宪法时，就有人提出政协为上院的意见。毛泽东主席对此表明了见解并作了解释。他首先强调了协商的必要性和人民政协的作用，批驳了那种认为实行人民代表大会制度后政协就没有作用的看法。同时，他又强调不能把人民政协搞成国家权力机关，批驳了那种认为应使人民政协成为国家权力机关或半权力机关的意见。他说，人大和国务院是国家权力机关和国家管理机关，如果把人民政协也搞成国家权力机关，就成为二元论了，这样就重复了，分散了，民主集中制就讲不通了。

这次修改宪法，也有人提政协为上院的问题。上面已经说了，没有采纳这个意见。在就宪法修改草案（讨论稿）征求意见时，有些政协委员强烈要求把政协要起"政治协商、民主监督"的作用，写进宪法。秘书处研究认为，把上述意见写进宪法不合适。胡乔木同志在宪法修改委员会第三次会议上说明了未采纳的理由。他说：这个话（指"政治协商、民主监督"）是完全正确的，可是写到宪法里就变成了一个法律性的问题了，政协同人大、政协同国务院的关系在法律上就复杂化了。国务院要受人大和人大常委会的监督，这是国家的基本结构，是宪法上规定的。如果宪法上同时规定，政协也实行"民主监督"，那么这个"民主监督"的对象当然首先是国务院了。这样，国务院的工作要发生很多困难。另一方面，人大和人大常委会的决定就不具有法律上最高权力机关决定的意义了，还要在政协就同样问题再作决定，结果国家就变成两个最高权力机关了。

在此之前，邓小平同志还有几次批示和讲话。1980 年 9 月 27 日，他在为全国政协章程修改委员会第一次会议准备的一个文件上批示："在修改章程中，不要把政协搞成一个权力机构。政协可以讨论，提出批评和建议，但无权对政府进行质询和监督。它不同于人大，此点请注意。"11 月 12 日，又在乌兰夫、刘澜涛的信上批示："原来讲的长期共存、互相监督，是指共产党和民主党派的关系而言。对政府实施监督权，有其固定的含义，政协不应拥有这种权限，以不写为好。"9月29日，小平同志在政协章程修改委员会第一次会议上讲话中指出：人民政协应当在我们国家政治生活中充分发挥它的重要作用。它是巩固和扩大我国革命的爱国统一战线的重要组织，也是我国政治体制中发扬社会主义民主和实行互相监督的重要形式。我们应当很好地总结经验，使实践中证明是有益的东西，在修改后的章程中得到反映。

所以，这次修改宪法，在"序言"中写了中国人民政治协商会议是有广泛代表性的统一战线组织，过去发挥了重要的历史作用，今后在国家政治生活、社会生活和对外友好活动中，在进行社会主义现代化建设、维护国家的统一和团结的斗争中，将进一步发挥它的重要作用。这样规定，既充分肯定了政协的地位和作用，又没有将它同国家权力机关相混淆。

1993年在对宪法作部分内容修改时，又增加了"中国共产党领导的多党合作和政治协商制度将长期存在和发展"。这是孙起孟同志提出的。

问：记得孙起孟同志提出的是"中国共产党领导的多党合作和政治协商制度是我国的一项基本政治制度"。为什么通过的宪法修正案没有用"基本政治制度"的提法？

王汉斌：这是考虑到1982年宪法只规定了社会主义制度是我国的根本制度，并未规定根本政治制度是什么。根据刘少奇同志1954年关于宪法草案的报告，人们通常称人民代表大会制度是我国的根本政治制度。如果在宪法上规定共产党领导的多党合作和政治协商制度是"我国的一项基本政治制度"，那它与国家的根本政治制度的关系就难以解释，而且两者也难以并立。当时，宪法修改小组给中央写了报告，中央同意不用"基本政治制度"的提法。

问：政协还提出要列席人大会议和人大常委会会议，参加审议法律草案，这个问题是怎样解决的？

王汉斌：上世纪 80 年代初，政协提出列席人大会议和人大常委会会议。彭真同志考虑到政协与人大性质和职能不同，说要慎重掌握。有一次，荣毅仁同志跟彭真同志说，政协章程要规定政协委员列席全国人大会议。他认为这样规定不妥。彭真同志说，政协不能作这样的规定，人大开会是邀请你列席，你怎么规定必须列席呢？跟请客吃饭一样，是我请你吃饭，但你不能说我必须请你吃饭。彭真同志让我去找刘澜涛同志谈。我找澜涛同志，说：人大开会请什么人列席，要由人大来决定，政协委员列席人大会议是多年的规矩，这个没问题，但政协章程规定政协委员必须列席人大会议恐怕有问题。澜涛同志很客气，他说：你这个意见很重要，政协章程可以不规定，但人大要作规定。至于全国人大常委会开会，政协要求列席的事，我记得 1982 年时有过一两次，请政协委员列席了。后来，政协再写报告要求列席，彭真同志就拖着没有回答。耀邦同志出了个点子，就是在人大常委会作的报告，又在政协作，两边都作一模一样的报告。从那以后，政协委员就再没有列席人大常委会会议听报告了。

人大常委会审议的法律草案，要不要事先征求政协的意见？开始，我们是发给政协机关征求意见，就跟征求民主党派、人民团体的意见一样。有一次，钱正英、王厚德同志来找我，说现在法律草案送给政协机关征求意见，但没有规定必须送政协征求意见，他们写了报告，让我看看。我说，这个事情太大，我得想想才能回答。我就拖着，打"太极拳"，没有回答。后来，中共全国人大常委会党组和委员长会议，讨论了这个问题。我说，有些法律草案送给党中央和国务院有关部门、各民主党派、人民团体征求意见，也送给政协机关征求意见，是征求这些机关、组织、团体有关同志的意见，不是要他们代表党中央、国务院、政协提意见。人大常委会通过的法律不是必须经过政协同意啊！如果必须经过政协讨论，他提出不同意见，人大常委会怎么决定？人大常委会通过了，政协就会说我们提的意见还有什么用啊？那是很麻烦的事。会上，还有人说以后不要再送政协机关征求意见了。我认为，法律草案送给民主党派、人民团体和政协机关征求意见，还是有好处的。

（四）还是要设国家主席

问：1954年宪法规定设国家主席，1975年宪法和1978年宪法却取消了国家主席的职务。这次修改宪法是怎样决定恢复设国家主席职务的呢？

王汉斌：在发生林彪事件和"文化大革命"刚结束不久的大背景下，设不设国家主席是一个敏感的问题。因为当时认为设国家主席是林彪的反党纲领，所以修改宪法时，对设国家主席很有争议。秘书处在征求意见中，多数同志认为，可以参照1954年宪法的规定，设国家主席，这样不仅可以对外代表国家，便于国际交往，而且一些问题如改变1978年宪法规定的武装力量由党中央主席统帅、国务院总理由党中央提名等事项，也可以得到顺利解决。另一种意见，不赞成设国家主席，主张由全国人大常委会委员长行使国家主席的职权。

彭真同志在主持起草宪法修改草案时，就是否设国家主席问题向小平、耀邦同志并中央写了报告。报告中说，1954年宪法规定的国家体制，比较适合我国的情况。现在主张设国家主席的人很多，也有主张不设的。主张设的理由是：（1）像我们这样的大国，对外需要有主席代表国家。（2）由国家主席统帅全国武装力量，可以在政权组织形式上直接体现军队属于人民，属于国家，有国家主席，解决了国家体制方面军队的统帅权问题。（3）总理由国家主席提名，避免了直接由党中央提名，也不必差额选举。（4）从建国到1975年，我国一直是有国家主席的。主张不设主席的理由，主要是不赞成叠床架屋，又多了一个头，还是由全国人大常委会作为集体元首。现在的草案大体是照抄1954年宪法的条文，待中央原则确定后，再仔细斟酌条文。小平同志1981年3月18日在谈到宪法修改时说，还是要恢复国家主席。我们是个大国，这样对国家有利。但当时也有中央领导同志不赞成设国家主席。

中央政治局在讨论彭真同志报告和宪法修改草案（讨论稿）时，确定还是设国家主席。小平同志说，我们这样大的一个国家，还是需要设国家主席。国家主席对外代表国家。但他提出国家主席的职权要规定得"虚"一点，不管具体事务，不作具体决定，不干涉政府的行政事务。根据这个精神，拟订了宪法修改草案。胡乔木同志在宪法修改委员会第二次会议上作说明时说：过去是一种不正常的情况下，取消、剥夺了国家主席的权力，而且在修改宪法时又取消了国家主席职务。现在我国从各方面都恢复了正常。因此，从恢复国家多年的惯例着想，还是在修改宪法时恢复设国家主席比较适宜。这是表明国家的正常化，国家的稳定。国家主席有一些特别需要的地方。一种是对内，国家主席是国家的一个象征。对于国外，很多国家有国家元首，我们不设国家主席对外交往就不方便。但是，现在规定的国家主席跟 1954 年的规定有不同的地方，就是他是个象征性的职位，他不干涉政府工作，不承担行政责任，他也不召集最高国务会议和国防委员会。

所以宪法规定，国家主席根据全国人大和全国人大常委会的决定，公布法律，任免国务院组成人员，派遣和召回驻外全权代表等。这些都不是国家主席自行决定的。

问：当时是不是有人提出，国家主席对通过的法律可以退回人大重新讨论决定？

王汉斌：有些国家的国家元首有权把议会通过的法律退回议会重新讨论决定。当时，我们也研究过要不要作这样的规定。根据小平同志的指示精神，最后没有作这样的规定。人大通过的决定和法律需要由国家主席颁布的，就由国家主席颁布施行，没有授权国家主席退回的权力。我记得，先念同志当国家主席的时候，有一次，他在西班牙访问，还打电话回来说，人大通过了，你就给我盖章吧。尚昆同志当国家主席时，图章就放在人大，交给全国人大常委会副委员长兼秘书长彭冲同志保管，让他代行盖章。他说，主席没有什么个人决定的事，都是人大和人大常委会决定的。人大或人大常委会通过的决定和法律，你就给我盖个章就行了。

还有一个问题：主席对外代表国家，他能不能代表国家签订条约呢？外交部起草的缔结条约程序法草案提出，国家主席可以签订条约。我找了一些宪法专家征求意见，他们都说不可以。国家主席的职权是宪法明确规定的，不能在单行法律里面再增加主席的职权。当时，有人说刘少奇同志当国家主席时签订过中波领事条约，就这么一次。我说，这样的条约还要主席签吗？1950

年中苏友好条约是非常重要的，毛主席是要周总理去签署的，他自己不签，这是什么道理？

再补充一点：当时有的领导同志不赞成设国家主席，说是要设国家主席，只能由小平同志担任，但小平同志不愿意担任，那就只好不设。小平同志说，那好办，我不当，还有别人可以担任。

（五）国务院实行总理负责制

问：这次修改宪法，对国务院的领导体制是否作了改革？

王汉斌：修改后的宪法明确规定，国务院实行总理负责制，各部、委员会实行部长、主任负责制。这是宪法第一次作出这样的规定，是为了加强行政机构和提高行政工作效率所采取的一项重要措施。这样规定，也吸收了西方一些国家的经验。法国、德国的行政首脑都有最后的决定权，美国的总统更是如此。在讨论宪法修改草案时，大家对实行总理负责制意见比较一致，但对实行部长、主任负责制有一些意见，认为各部、委员会的重大问题应由党组决定，党组不同意就不能做。后来还是明确了部长、主任的地位，就是部长、主任对本部、委员会的工作负全责，有最后的决定权。

这样规定，是不是不要民主集中制，所有问题都由个人说了算？不是。国务院有全体会议和常务会议。国务院工作中的重大问题，必须经过国务院常务会议或者全体会议讨论决定。国务院全体会议包括各部部长、各委员会主任，加上总理、副总理、国务委员，人数比较多，不便于讨论决定问题，所以需要有个常务会议。起草宪法时，研究国务院常务会议的组成，对那些"超级"部、委的部长、主任是否参加，意见不一致，最后确定就到秘书长为止。也就是说，由总理、副总理、国务委员、秘书长组成国务院常务会议，实际上是内阁的核心。它的人数比较少，便于讨论决定问题。这也是国家机构运作的一项重要措施。

国务院实行行政首长负责制，相应的省、市、县、区、乡（镇）也都是行政首长负责制，有很重要的意义和作用。彭真同志在关于宪法修改草案的报告中指出，我们的国家机构的设置和职责权限的规定，要体现这样的精神：在法律的制定和重大问题的决策上，必须由国家权力机关，即全国人大和地方各级人大，充分讨论，民主决定，以求真正集中和代表人民的意志和利益；而在它们的贯彻执行上，必须实行严格的责任制，以求提高工作效率。这种责任制对于发展社会主义民主，保证人民行使国家权力，是不可缺少的。人民通过国家权力机关作出决定以后，只有这些决定得到行政机关的迅速有效的执行，人民的意志才能得到实现。所以，人大实行集体负责制，行政机关实行首长负责制，两者对于国家机构的合理、高效运转都是必要的。

此外，修改宪法时，为了避免副总理职数过多，曾考虑规定"副总理二至四人"，后来鉴于别的领导机关都未规定副职人数，这个规定就删去了。1982年修宪以来，实有副总理人数最多时6人，最少时3人，比过去大大减少了。国务院组织法规定，各部、委设副职二至四人。1982年以前，国务院51个部、委，平均每个部、委有副职领导人员11人，最多的冶金部有21个副部长。减少副职人数，也是为了提高工作效率。

问：这次修宪，对国务院职权有什么新的规定？

王汉斌：新宪法规定的国务院职权更加强了。1954年宪法规定的国务院职权有17项，1975年宪法只规定了一项，1978年宪法规定了9项，这次18项。

　　新增加的很重要的一项规定，是国务院可以制定行政法规。过去只是规定国务院可以制定行政措施或者发布政令。1979年后，随着社会主义法制建设的发展，迫切要求把行政管理纳入法制化的轨道，而现代行政管理的多样化、复杂化，也要求强化它的职能，扩大它的权力。因此，新宪法规定国务院可以制定行政法规。在我国开始进入全面经济体制改革和对外开放的新形势下，有一系列新的问题需要及时作出有法律效力的规定。但是，有些重大问题涉及面广，情况复杂，还缺乏实践经验，立法条件还不成熟。这就产生了一个问题：经验不成熟的不能立法，实际工作又不能等。怎么办？彭真同志经过反复思考，研究了几个方案，最后提出了一个办法，就是授权立法。1985年六届全国人大三次会议通过了关于授权国务院在经济体制改革和对外开放方面可以制定暂行的规定或者条例的决定。这是从我国当时的实际情况出发加强社会主义法制建设的一项重要措施，也是全国人大根据宪法规定授予国务院的一项重要职权。

　　新宪法规定的国务院职权中还增加了一项新的规定，就是：中央和省、自治区、直辖市的国家行政机关的职权要有具体的划分，以利于明确责任，提高工作效率。国务院可以通过制定行政法规等办法对这种职权划分作出规定。这也是一件很重要的事，修改宪法时专门研究过这个问题。我们国家这么大，不解决中央和地方分权的问题，什么事都统到中央来，中央也管不好。毛主席说过，欧洲有那么多国家，开发得迟，比我们发展快，他们的经验值得我们研究。像瑞士就搞联邦制，州的权力很大。美国称合众国，为什么叫合众国？因为国家的联合是 State，我们翻译成州，他们州的权力很大。孙中山先生是主张地方自治的，他的思想很了不起。分权最重要的是划分财权，哪些收入归中央，哪些归地方。后来制定的预算法，对中央和地方的预算收入作了划分。

还有一点，宪法修改草案中写了国务院领导和管理经济、教育、科学、文化、卫生、体育等工作，对侨务工作没有用"领导和管理"，而是写了"保护华侨的正当的权利和利益"。我的老朋友洪丝丝，他长期在侨联工作，就说什么也不同意，坚持要改为"领导和管理华侨事务"。我们研究认为，华侨事务有个涉外问题，比如东南亚一些国家就害怕我们利用华侨事务来干预他们的事务，写上"领导和管理华侨事务"可能会引起一些误解，产生不必要的麻烦。洪丝丝同志坚持 1954 年宪法中用的"管理华侨事务"的提法，一直不同意改。彭真同志亲自做工作，他说：宪法现在的写法谁也挑不了碴。第一，我们维护华侨的正当权利，国际上都是这么做的；第二，我们保护归侨和侨眷的合法权利，这是我们国内的事，他挑什么？华侨事务当然要管，做而不写，免得引起不必要的麻烦。

（六）设立中央军事委员会

问：1982 年 2 月提交宪法修改委员会第二次会议讨论的宪法修改草案（讨论稿）规定，国家主席统帅全国的武装力量，后来又改为国家设立中央军事委员会领导全国武装力量，这是怎样考虑的？

王汉斌：1954 年宪法规定国家主席统帅全国武装力量，担任国防委员会主席。1975 年宪法和 1978 年宪法取消了国家主席职务，规定中国共产党中央委员会主席统帅全国武装力量。这就发生一个问题：没有明确军队和国家的关系。这次修改宪法，要不要规定国家主席统帅全国武装力量呢？我们研究了许多国家宪法的有关规定。英国的、美国的、法国的、日本的，我们都做了研究。英国大家知道，英王是虚设的，他不兼军队统帅。美国就有所不同，总统就是总司令，法国也是这样。小平同志提出，国家主席和军委主席还是分开比较灵活，可以是国家主席兼任中央军委主席，也可以不兼任。

当时确定国家主席和军委主席由两位同志担任，不是由一个人兼任。那么，宪法条文怎么写？大家经过研究，在"国家机构"一章中增加一节，对中央军委作出规定。我们起草了条文草稿，经过彭真同志修改后报小平同志审核。据王瑞林同志说，小平同志把稿子放在办公桌上整整考虑了两天，到了第三天，他把有关同志找去了，有彭真同志和尚昆同志。小平同志的意见，就写两条：一条是中央军委领导全国武装力量，军委实行主席负责制；另一条是规定中央军委主席对全国人大及其常委会负责。宪法中这一节是小平同志亲自拟订的。

问：这个和你们报上去的区别大吗？

王汉斌：我记得我们起草的要更多一些，比如还提到军委的组织和职权另行规定。小平同志的语言很简洁，他改过的条文给军委的工作留下了较大的空间，灵活性比较大。关于中央军委的名称，最初有一个方案是叫国家军事委员会。我专门找了尚昆同志，他说，最好还是和中共中央的军事委员会名称一致起来，也称中央军事委员会。宪法规定国家设立中央军事委员会领导全国武装力量，并规定中央军事委员会主席由全国人大选举，中央军事委员会其他组成人员由全国人大和全国人大常委会根据中央军事委员会主席提名决定任命，军委主席向全国人大及其常委会负责，这就从法律上明确了军队是国家的军队。

起草宪法时，有的同志还提出，要写上"野战部队、地方部队和民兵三结合"。我们考虑，把这个形式固定下来可能会有问题，特别是地方军，战争时期地方军发挥了很大作用，和平时期地方军干什么？有公安武警部队嘛。所以，没有写上。现在看来，没有写上是对的。武警也不是地方军，是公安部队。

还有，军委主席要不要授衔？我们考虑，实行军衔制后，小平同志担任军委主席，他不要授衔，所以未写。后来又有些军队同志提出军委主席是最高统帅，他们找我，要加上这一条规定。我说，条文是小平同志起草的，他没有用"最高统帅"这个语言，用的是"领导全国武装力量"，是中央军事委员会领导全国武装力量，不是军委主席一个人领导全国武装力量。

问：中央军委领导全国武装力量和党对军队的领导是什么关系？

王汉斌：我们的军队是党领导的军队，这是肯定的，不可动摇的。宪法规定全国人大选举、任命中央军委组成人员，中央军委主席对全国人大及其常委会负责，军委既是国家的军委，又是党的军委，实际上是一套人马两块牌子。所以，不会影响党对军队的领导，而且明确了军队同国家的关系，用国家的中央军委名义进行工作对军队的工作是有好处的。起草条文时，军队有些同志就担心设立国家的中央军委以后会影响党对军队的领导，而且这个意见还比较多。为了解除这个担心，大家建议配合宪法修改由党中央专门发一个通知，说明为什么宪法规定要设立中央军事委员会以及宪法规定国家设立中央军委不会影响党对军队的领导，尚昆同志表示同意。我问："是否由军委代党中央起草这个通知？"尚昆同志说：不用了，就由你们起草吧。这个通知就由我起草。

还有的同志一再提出，要专门写一条党对军队的领导。华楠同志就一再坚持要写上党对军队的绝对领导。我们就这个问题请示了小平同志。小平同志说，不必再写了，"序言"中已写了党的领导，当然包括军队在内。所以没写。这可是大事啊，没有小平同志拍板，是谁也不行的。

前些年有些单行法律在起草过程中，都有人要求写上党的领导条文，我们根据宪法的精神没有写。实际上各个国家机构和各方面的工作都是在党的领导下进行的，都是依据党的基本路线进行的，不必一一在法律中作规定，免得挂一漏万，反而引起不必要的误解。

问：宪法中关于中央军委的规定是不是太简单了？规定中央军委主席对全国人大及其常委会负责，包括不包括报告工作？

王汉斌：这个问题，在五届全国人大五次会议上也有代表提出过。一般说，世界上各种类型的国家的宪法，对于军事制度规定得都很简单。以法国宪法为例，它就只规定了两条，一条是总统为军队最高统帅，总统主持最高国防会议和国防委员会，至于具体如何主持，都没有规定；还有一条是政府掌管武装力量。军队和它的职能有特殊性，一般不宜在宪法中规定得过于详细。彭真同志说：军委是领导军队的，打起仗来怎么搞，谁作统帅，还说不定。规定太细了，到时候不变吧，不适合情况；变吧，又有规定。打起仗来，不可能开全国人大会议，全国人大常委会也不能改变宪法。

还有的代表提出军委要向全国人大常委会报告工作，对军委也可以质询。当时，我们专门研究过这个问题，认为不作这样的规定比较好。因为军事工作涉及国防机密，质询起来，可能会造成泄密，对国家不利。所以，宪法上没有写军委向人大报告工作和接受质询。那么，是不是军委的所有工作都不能向人大报告呢？我不这么看。六届全国人大期间，有的常委会委员提出军委向人大常委会报告工作，我跟尚昆同志汇报了。尚昆同志认为可以考虑。这件事后来没有再提。

（七）废除国家领导职务终身制

问：这次修改宪法，规定国家主席、副主席，全国人大常委会委员长、副委员长，国务院总理、副总理、国务委员，最高人民法院院长、最高人民检察院检察长，连续任职不得超过两届，废除了实际存在的国家领导职务终身制。您能谈谈起草这个条文的具体情况吗？

王汉斌：1980年2月召开的党的十一届五中全会讨论党章草案时，就提出了废除干部领导职务终身制。小平同志在1980年8月所作的《党和国家领导制度的改革》的著名讲话中，系统地讲了这个问题。他说：干部领导职务终身制现象的形成，同封建主义的影响有一定关系，同我们党一直没有妥善的退休解职办法也有关系。这是一个失策。现在看来，小平同志强调废除领导干部职务终身制、领袖终身制，确实是解决过去政治体制弊端的一个重大问题。毛主席到了连画圈都画不了的时候，什么事都还要经过他决定。这正常吗？

大家认为，小平同志的意见非常重要，必须写进宪法。开始起草宪法草案时，写的是：国家主席、副主席，委员长、副委员长，总理、副总理，最高人民法院院长、最高人民检察院检察长等可以连选连任，但连任不得超过三届。讨论时，许多同志建议改为两届。当时，秘书处研究认为，国务院总理、副总理连续任职不得超过三届，其他领导人连续任职改为不得超过两届。因为国家主席、委员长当选时的年龄一般都较大一些，而国务院总理、副总理是国家最高行政领导人员，他们的年龄应该比较轻，连任三届，可以积累经验，保持政策的连续性。这个方案提交宪法委员会第二次会议讨论时，不少同志都主张，总理、副总理的任期应同国家主席、副主席和委员长、副委员长一致起来。方毅同志说：总理、副总理的任期也以不超过两届为好。废除终身制，这是从十年内乱的惨痛教训中得出的，连任三届就是半终身制。任期十五年，人民不敢向他提意见，怕给小鞋穿。法国总统一届任期七年，可连任一届，与我们不一样，他们有反对党，天天找碴，很难连任三届。我们党是执政党，掌权的时间越长越容易出问题。如果说要显示政绩，不能服人。要显示政绩，任职三十年更好，干脆变为终身制算了。大家相信中国是有人才的，赞成到了年龄就退休。

根据宪法修改委员会第二次会议提出的意见，国家领导人的任期一律改为"不得超过两届"。这一规定具有深远的历史意义，对于健全国家领导体制，建设社会主义民主政治，发挥了重要的作用。当时，对军委主席、副主席没有作这样的规定，是因为考虑到军委可能会有些特殊情况，不作规定，可以有灵活的余地。

问：当时还提出过部长、省长以及人大常委会委员的连续任职也不得超过两届，为什么没有作规定？

王汉斌：从实际情况看，部长、省长连续任职超过两届的极少，作这样的规定实际意义不大。更为重要的是，当时小平同志已经提出了建立干部离退休制度，明确了部长、省长到65岁就退休，副部长、副省长到60岁就退休。所以，对他们可以不作规定。

宪法修改委员会讨论时，也有同志提出，对人大常委会委员的任期也应作规定。杨秀峰同志说，人大代表、特别是人大常委会委员，不是荣誉职务。有的年纪很大了，甚至连会都不能开，该退休就退休，像现在这样不行。宪法对代表的年龄和人大常委会委员的任期不作规定，就同政治体制改革、提高工作效率和干部退休制度不相适应了。他讲的是有道理的，常委会委员也应逐步年轻化。对这个意见，当时作了研究，一是考虑到选举法规定，年满十八周岁的公民除依法被剥夺政治权利的人外，都有选举权和被选举权，对代表的年龄没有限制；二是觉得外国宪法对议员的年龄、任期都未作规定，因此，我国也可以不作规定。

（八）还是民族区域自治制度好

问：修改宪法时，对实行民族区域自治制度是怎样讨论决定的？

王汉斌：在修改宪法过程中，对民族问题讨论得很热烈。首先遇到的一个最重要的问题是，我们国家是实行民族区域自治制度还是实行联邦制？过去，我们党也曾经主张建立联邦共和国。1949年准备召开中国人民政治协商会议、起草《共同纲领》时，毛泽东同志提出：要考虑到底是搞联邦制，还是搞统一共和国，少数民族区域自治。当时，经过党中央酝酿研究，并同党外人士协商，决定不搞联邦制，而是在少数民族聚居的地方实行民族区域自治。所以，在《共同纲领》中规定实行民族区域自治。这次修宪，彭真同志说：我们国家就是实行民族区域自治，不搞联邦制，不搞加盟共和国，不搞民族自决。因此，宪法中规定："各少数民族聚居的地方实行民族区域自治，设立自治机关，行使自治权。"同时规定："中华人民共和国是全国各族人民共同缔造的统一的多民族的国家"，"各民族自治地方都是中华人民共和国不可分离的组成部分。"对这后一句话，当时一些少数民族人士提了意见，认为不存在这个问题。经过研究，这句话还是要写上。这样规定，绝不是无的放矢，可有可无，而是具有重大现实意义的。达赖鼓吹"西藏独立"，新疆某些民族分裂分子鼓吹"东土耳其斯坦共和国"，使我们更加清楚地看到，宪法这一规定对维护国家统一和领土、主权完整，具有多么重大的意义。前些年，在苏联东欧发生剧变时，小平同志一再强调，还是我们实行的民族区域自治的办法比较好。

问：民族自治机关是怎样组成的？它有些什么自治权？

王汉斌：在起草宪法过程中，有的同志提出实行区域自治的民族在自治机关中应占主要成分。我们研究认为，这个提法也有问题，"主要成分"指什么？是指自治机关主要领导干部应由自治民族的公民担任，还是自治机关各部门主要领导干部应由自治民族的公民担任，还是自治机关干部大多数应是自治民族的公民，还是包括这三方面的内容。大家认为，任用干部还是要根据德才条件。如果不顾德才条件，规定必须任用自治民族的干部，对民族自治地方的发展未必有利，但在自治机关的组成方面也应体现民族自治地方的特点。因此，宪法增加规定：自治区主席、自治州州长、自治县县长由实行区域自治的民族担任；人大常委会中应有实行民族区域自治的民族的公民担任主任或副主任。由于宪法已经规定政府实行首长负责制，规定自治地方行政首长由实行民族区域自治的民族的公民担任，这是实行民族区域的民族享有的一项很重要的权利。当时，也曾考虑是否规定人大常委会主任也由自治民族的公民担任，李维汉同志不同意。他说：规定自治民族的公民担任自治区主席就可以了，已经体现了自治民族的权利，再规定人大常委会主任由自治民族的公民担任不合适。

讨论中，有的同志搬出毛主席讲过的一句话，就是自治地方的党委要民族化。在"文革"前，内蒙古、宁夏和新疆等自治区的党委书记就曾经由自治民族的同志担任过。大家并不清楚毛主席完整的话是什么。彭真同志有办法，他对乌兰夫、杨静仁同志说：你们起草个条文，再研究。小平同志当时就讲，自治地方的干部还是要讲共产主义化。后来乌兰夫、杨静仁同志没有起草出条文来，这件事也就不再提了。

还有人提出，要规定自治地方的法院、检察院也是自治机关。秘书处研究认为，把法院、检察院作为自治机关，恐怕有问题。列宁虽然采取加盟共和国的制度，实行民族自决，但还规定检察机关实行垂直领导，下级检察机关的领导人员由上级检察机关检察长任命，这是为了保证法制统一。由此可见，规定自治地方的法院、检察院也是自治机关，是不合适的。

民族自治地方依照宪法规定的权限行使自治权。它可以根据本地区实际情况贯彻执行国家的法律政策，有权制定自治条例和单行条例；有管理地方财政的自治权；可以自主地管理本地方的教育、科学、文化、卫生、体育事业；依照国家的军事制度和当地实际需要，经国务院批准，可以组织本地方维护社会治安的公安部队。这些规定，体现了国家充分尊重和保障各少数民族行使管理民族内部事务的民主权利的精神。

问：关于反对大民族主义和地方民族主义的问题是怎么考虑的？

王汉斌：宪法规定，"在维护民族团结的斗争中，要反对大民族主义，主要是大汉族主义，也要反对地方民族主义。"当时，有人主张只写反对大汉族主义，不要写反对大民族主义。秘书处研究认为，反对大汉族主义是完全必要的、正确的，但在实行民族区域自治的地方，实行区域自治的民族也要警惕和克服对其他少数民族的大民族主义。也有人鉴于过去反对地方民族主义有严重扩大化的错误，主张不要再提反对地方民族主义。秘书处研究认为，还是得写。因为地方民族主义也是客观存在的，有时还可能发展成严重的对抗性矛盾。宪法规定的反对地方民族主义，如同反对大民族主义一样，一般地都属于思想认识问题和思想教育问题。至于鼓吹民族分裂或者勾结外国势力进行叛乱和分裂祖国活动，则是必须坚决禁止、依法制裁的。

（九）保留人民检察院

问：据说修改宪法时，对是否保留检察机关有不同意见，这个问题是怎样解决的？

王汉斌：在修改宪法过程中，有位领导同志提出，为了精简机构，检察机关可以同司法部合并，不再设立独立于行政部门之外的人民检察院，像美国、日本那样，检察机关属于司法部，司法部部长就是总检察长。台湾的检察机关是设在法院，但它是独立的，同法院不是隶属关系。我们国家的检察制度是学苏联的，采取列宁的主张，设立检察院，保证法制的统一。在苏联，检察机关的权力是很大的。

秘书处研究认为，作为精简机构是有道理的。但是，恐怕不能取消检察机关。当时我主持研究，写了八九条理由，最主要的是两条：一条是我们建国以来一直是检察机关独立于行政部门之外，这么多年的实践表明并没有什么大的问题和不可行的地方；

另一条是，检察机关独立于行政部门之外，有利于行使职权。因为检察机关除了刑事案件外，还要对国家工作人员的违法、渎职行为，进行侦查起诉，包括像贪污罪、贿赂罪，还有公安机关刑讯逼供、虐待犯人等。检察机关独立于行政部门之外，就能使办案超脱一些，有利于行使职权，保证司法公正。我当时拉着张友渔同志，联名写了个意见，建议保留人民检察院。彭真同志审阅修改后，报小平同志审核。小平同志批示：检察院仍维持现状，不与司法部合并。

（十）设立审计机关

问：这次修改宪法，规定设立审计机关，这是建国以来从未设立过的一个新机构。请您谈谈为什么要设立审计机关？

王汉斌：审计机关是专门对国家预算执行情况进行监督的。目前，世界上大多数国家都有这样的机构。如美国的审计署，工作人员5000多人，其中3000多人是专家，它是美国国会最大的一个机构。日本叫会计检查院，有1226人。西班牙的审计机构历史最悠久，早在中世纪就有这样的机构。1523年议会曾通过一项议案，指责王室开支过大。

我国历史上也曾设立过审计机关。第二次国内革命战争时期和抗日战争时期，中国共产党领导的根据地政权中就设有审计机关。但建国之后，一直没有设立过这样的机关。这次修改宪法时，胡乔木同志提出设立审计机关，隶属于人大，对国家预算的执行和财政收支进行监督。

问：后来为什么设在了国务院呢？

王汉斌：开始时曾考虑，审计机关归人大常委会领导，因为人大负责审查批准国家财政预算，并监督预算的执行。后来研究，在现行体制下，审计机关归人大领导，遇到问题很难解决，把它设在国务院，有利于深入开展工作，当然也可能产生消极的因素。为此，宪法规定审计机关在国务院总理领导下，依照法律独立行使审计监督权，不受其他行政机关、社会团体和个人的干涉。当时，也参考了一些国家审计机关设立的情况。据33个国家的材料，有的设在议会，有的设在政府，有的是既不属于议会又不属于政府的独立机构。但不管是哪种方式，审计机关每年都要向议会提出审计报告。在讨论这个问题时，我一直主张审计署每年要向全国人大作一次报告。从1996年起这样做了。当时还研究，审计署审计长的地位应当高于部长、委员会主任，但宪法没有写，以便有灵活余地。

问：设立审计机关的确是健全国家体制的一个重要方面，但它的工作难度也很大吧？

王汉斌：实际操作起来，难度不小，主要是财政部门不愿意接受审计机关的监督。当时，国务院财政部门的一位领导同志说，没有想到设了个审计署，自己给自己下了个套。审计署的主要任务是监督中央预算的执行，对财政收支进行审计。这就是说，主要审计的对象是财政部门，而不仅是其他部门或企业。现在，每年财政部门都向人大常委会作决算报告，审计署向人大常委会提出对预算执行和其他财政收支的审计工作报告，我认为后者作用更大。

我最近看到一个报道：加拿大总审计长希拉·弗雷泽向议会提交一个报告，揭露自由党政府在20世纪90年代通过一项资金高达2.5亿加元的赞助项目贪污和滥用国家钱财的行为，引起轰动。加拿大总理保罗·马丁对此事作出了十分迅速的反应。他首先撤销原工程部长盖格连诺现任驻丹麦大使的职务；接着向议会提出了政府处理这一问题的具体措施：一是对这一丑闻进行独立的公开调查；二是众议院公共财务委员会立即对总审计长的报告进行核实；三是任命一位特别法律顾问对被滥用的资金进行核查；四是采取措施保证以后不再发生类似事件。这说明，审计机关要向议会提出报告，就是对预算的执行情况进行审计监督。这是很重要的事啊！

（十一）设立监察机关

问：1982年宪法没有规定设立监察机关，但后来建立了各级监察机关，请您谈谈这是怎么回事？

王汉斌：建国初，我国在政务院设了人民监察委员会，负责监察政府机关和公务人员是否履行职责。1979年后，彭真同志一直主张设立监察机关，以保证国务院各部门、各级政府贯彻执行国务院的决定。他认为，这也是一个健全国家体制的重要问题。在我们国家，党有党纪，违反党纪的，有中纪委管；违法犯罪的，有法院、检察院等司法机关管。唯独违反政纪的，却没有一个机关管，这是国家行政体制的一个缺陷。

根据彭真同志的指示，在起草修改宪法草案时，我先后写了三次请示报告，建议设立监察机关，彭真同志的设想是设立国家监察委员会，权力大一些，可以监督各部部长、各委员会主任。为此，还起草了条文，准备写进宪法。但有位领导同志不同意，认为设立监察委员会与中央纪律检查委员会的职权重复，有了中纪委就不需要再设监察机关了。当时想哪怕是与中纪委一个机构两块牌子呢，有个监察机关管政纪问题总是有好处的。结果还是没有得到认可。但在宪法第八十九条中，规定国务院领导和管理民政、公安、司法行政和监察等工作，这就为设立监察机关留了个口子。当时，国务院设了民政部、公安部和司法部，分管民政、公安、司法行政工作，唯独监察工作没有主管部门。

问：后来怎样设立了监察机关呢？

王汉斌：1986 年，党中央再次强调加强反腐败斗争。小平同志指出，腐败一部分是党内腐败，有些是政府官员腐败，还有的是党外的，现在处理腐败问题都由中纪委管，会使人误认为腐败都是党风腐败。他说：纠正不正之风、打击犯罪活动中，属于法律范围的问题，要用法制来解决，由党直接管不合适。党要管党内纪律的问题，法律的问题应该由国家和政府管。这是一个党和政府的关系问题，是一个政治体制的问题。小平同志提出，国务院还是要设监察机关，专管政纪问题。

这时，胡启立同志找我，要我再写一个报告。报告经中央批准后，国务院秘书长陈俊生找我研究具体设立监察机关的问题。我说，是设立监察委员会，还是设监察部？彭真同志的意见是最好设监察委员会，如果有不同意见也可以设监察部。陈俊生同志表示，恐怕还是先设监察部较为易行。这样，就由国务院提请全国人大常委会审议，通过了设立监察部的决议。我记得当时是乔石同志代表国务院作的说明。他说：行政监察机关检查监察的对象是国家行政机关及其人员、国家行政机关任命的国营企事业单位的领导干部。监察机关实行双重领导体制，地方监察机关既受所在人民政府的领导，又受上级监察机关的领导。其任务是：检查监察对象贯彻实施国家政策和法律法规的情况，监督处理监察对象违反政策、法律、法规和违反政纪的行为等。

问：设立行政监察机关是健全国家行政体制的一项重大措施，后来又制定了行政监察法。这个问题是解决了吧？

王汉斌：制定行政监察法时，我认为监察机关最重要的是监察政府决定的执行情况，检查违反政令的情况，保证政令畅通。有人说监察机关只管办案，我说不是，监察机关的主要职能是监察不执行或者违反政府决定的情况；其次才是处理违反政纪的案件。当时曹庆泽同志找我说，监察部要在各部委设派出机构。我认为，监察部不是要了解各部、委的一般工作情况，而是要了解违反政纪的情况，是事后监督，不是事前监督，可以由监察部集中力量直接对违反政纪的情况进行监察，保证政令畅通。是否还要在各部、委设派出机构，从精简考虑，似可再斟酌。

（十二）健全农村基层政权建设

问：1978 年宪法规定，人民公社是基层政权组织，又是集体经济组织，实行政社合一。这次修改宪法，改变了农村人民公社政社合一的体制，设立乡政权。这是怎么考虑的？

王汉斌：首先要说，1954 年宪法规定乡设人民代表大会和人民委员会，作为基层政权组织。后来成立人民公社，改变了农村基层政权体制，是违反宪法规定的。实践证明，办人民公社是失败的，政社合一不利于基层政权建设。这次修宪一开始，在征求意见时，多数同志主张政社分开，设立乡级政权。也有的主张谨慎从事，先行试点，逐步推广，暂时不宜急于作这样大的变动。

彭真同志主持起草宪法修改草案时，对农村基层政权建设非常重视。他认为，基层政权是整个人民民主专政的国家政权的基层组织，也可以说是它的细胞，如同党的细胞是支部，军队的基础是连队一样。它是党和国家各项工作的一个重要落脚点和联系群众的纽带。必须把基层政权搞好，由人民直接选举、监督，并有权罢免，使基层政权真正掌握在人民手中，自己管理自己的公共事务，参加管理国家事务。只有这样，社会主义民主才有坚实的基础，全国十亿人民才能更好地全面地组织起来。彭真同志这个思想是很重要的。

加强基层政权建设，就要解决政社分开，恢复设立乡人民代表大会和乡人民政府的问题。为此，法制委员会副主任邹瑜同志带领调查小组专门到一些农村去调查研究，大家都赞成政社分开，设立乡人民代表大会和乡政府。1981 年 12 月，彭真同志在向小平、耀邦同志并中央的报告中，专门汇报了关于实行政社分开的问题。报告中说，这样做的好处很多，既有利于加强基层政权建设，也有利于集体经济的发展。同时指出，各地要从实际出发，因地制宜，有领导、有计划、有步骤地进行，不要引起混乱和损失。他建议中央在宪法修改草案公布前发一个通知，使干部群众有思想准备。胡乔木同志让我代中央起草这个通知。

问：在修改宪法时是否考虑到人民公社要取消？为什么宪法条款中还保留了人民公社？

王汉斌：当时对人民公社要不要保留，是有争议的。有人主张按照 1978 年宪法规定写上"三级所有、队为基础"；有人不赞成。我说：保留 1978 年宪法的这个规定，就是要保留人民公社，这显然是有问题的。因为当时许多人认为人民公社制度需要改变，写上就变不了啦。但宪法也不好规定取消人民公社，因为人民公社当时还是普遍存在的，一下子取消了，可能会在农村引起混乱，人民公社的财产、生产资料、生产秩序就可能像成立人民公社时那样引起混乱和破坏。要取消人民公社，也还需要有过渡期。为此，我们代中央起草了一个通知，说明宪法修改草案规定设乡人民代表大会和政府，就是要政社分开。人民公社原有的一套机构，还有它的财产，不能动。公社的企业、生产资料、生产程序，都不能动。这个通知就是为了保证这个变动能稳定有秩序地进行。

宪法第八条中保留了"人民公社"，但它是这样规定的：农村人民公社、农业生产合作社和其他生产、供销、信用、消费等各种形式的合作经济，是社会主义劳动群众集体所有制经济。这就把农村人民公社跟农业生产合作社等各种形式的合作经济并列了，表明人民公社不是唯一的农村合作经济组织，这就为以后取消人民公社制度留下了余地。随着政社分开和逐步实行"大包干"，人民公社也就自然废除了。1993 年修改宪法时就把"农村人民公社"删去了。

问：乡镇基层政权建设是个很重要的事情。现在法律规定，乡镇人大和其他几级人大一样也是一年开一次会。实际上，有的乡镇一年连开一次会也不能保证，有篇文章说"人大会议在有些乡镇悄悄撂荒"。您对此有何看法？

王汉斌：我认为，农村基层政权建设问题，需要引起足够重视。我国的社会主义民主政治建设，既要从上面做起，也要从基层做起。毛泽东同志在第二次国内革命战争时期，就很重视乡苏维埃建设，他亲自写了《长冈乡调查》、《才溪乡调查》和《乡苏维埃怎样工作？》的文章。彭真同志在抗日战争时期，对晋察冀边区的基层政权建设非常重视，提出了一些至今看来仍很有见地的主张。我们现在对农村基层政权建设，也需要很好地研究落实。

开好乡镇人大会议，是一件大事。法律规定乡镇人大每年至少举行一次会议，但不限于一次，根据需要可以多开几次。建国初制定的乡人民代表会议组织通则，规定每月开会一次。1954年制定的地方组织法，规定乡镇人大每三个月举行一次会议。现在，有的省、市制定的地方性法规，也规定了乡镇人大每年举行两次会议。有人说开人大会议没有什么可审议的议题。我看这是缺乏民主、法制观念。

问：近几年，有的地方搞乡镇长直接选举试点，您对此有什么看法？

王汉斌：我到深圳时，他们向我讲了这个事。我认为，是可以试验的。当然，他们搞的镇长直选还只是选镇长的候选人，最后还是由镇人大选举才算数。如果要由选民直接选举产生镇长，那要对宪法和有关法律作出修改。

我认为，如何发展基层民主，是个大题目，需要很好地研究和实践。这次修改宪法，规定城市和农村按居民居住地区设立的居民委员会、或者村民委员会是基层群众性自治组织。这是基层民主政治建设很大的事。

（十三）确立宪法的最高权威和社会主义法制的统一

问：党的十一届三中全会提出，发展社会主义民主、健全社会主义法制是国家的一项根本任务。这次修改的宪法是怎样体现这个精神的？

王汉斌：修改后的宪法，总结历史的经验，特别是"文化大革命"的沉痛教训，在"序言"最后一段，增加了很重要的规定，指出：宪法"是国家的根本法，具有最高的法律效力。全国各族人民、一切国家机关和武装力量、各政党和社会团体、各企业事业组织，都必须以宪法为根本的活动准则，并且负有维护宪法尊严、保证宪法实施的职责。"这段话是胡乔木同志写的。这里所说的一切国家机关，包括国家权力机关、行政机关、审判机关和检察机关；所说的各政党，包括中国共产党和各民主党派。

宪法"总纲"中进一步规定："国家维护社会主义法制的统一和尊严。""一切法律、行政法规和地方性法规都不得同宪法相抵触。""一切国家机关和武装力量、各政党和各社会团体、各企业事业组织都必须遵守宪法和法律。一切违反宪法和法律的行为，必须予以追究。""任何组织或者个人都不得有超越宪法和法律的特权。"这就是说，宪法具有最高的权威和法律效力。一切法律法规都要依据宪法来制定，不得同宪法相抵触；一切组织和个人都必须在宪法的范围内进行活动，不得有超越宪法之上或者超越宪法之外的特殊地位和权力，宪法的权威高于任何个人的权威。

同时，党的十二大通过的新党章规定："党必须在宪法和法律的范围内活动。"胡耀邦同志在党的十二大报告中强调，这是一项极其重要的原则。从中央到基层，一切党组织和党员的活动都不能同国家的宪法和法律相抵触。

宪法和党章的这些规定，对于正确处理党同宪法、法律，党同国家、党同人民的关系，推进政治体制改革，建设社会主义民主政治，有重要的指导意义。

三、关于宪法的实施

题解：如何维护宪法的权威，保证宪法的实施，是这次修宪中给予高度重视的一个问题。总结建国以来制定宪法和实施宪法的经验教训，从我国的国情出发，新宪法对如何保障宪法的实施作了一系列新的重要规定。彭真同志指出，保障宪法的实施，最重要的是依靠党的领导和广大人民群众，同时全国人大及其常委会要履行好监督宪法实施的职责，地方各级人大及其常委会要在本行政区域内保证宪法和法律的遵守与执行。

（一）人们担心宪法能否真正实施

问：为什么1954年宪法实施几年后就不被重视了，到"文化大革命"实际上就被废弃了？主要原因是什么？

王汉斌：1954年制定第一部宪法时，毛泽东同志在中央人民政府委员会第三十次会议的讲话中说：宪法通过后，全国人民每一个都要实行，特别是国家机关工作人员要带头实行，首先在座的各位要实行。不实行就是违反宪法。刘少奇同志在关于宪法草案的报告中指出：中国共产党是我们国家的领导核心。党的这种地位，决不应当使党员在国家生活中享有任何特殊的权利，只是使他们必须担负更大的责任。中国共产党的党员必须在遵守宪法和一切其他法律中起模范作用。一切共产党员都要密切联系群众，同各民主党派、同党外的广大群众团结在一起，为宪法的实施而积极努力。应该说，宪法颁布后，最初几年的实施，情况是比较好的。1957年以后，情况就变了，不再重视宪法了，后来干脆不再提宪法了。只是在1964年底中央工作会议召开前，负责会议组织工作的邓小平同志考虑到这次会议是一般性质的工作会议，曾向毛泽东同志提出，如果事情忙，可以不参加会议。同时在一次会议上，毛泽东同志在刘少奇同志讲话时插话，由于刘少奇同志没有意识到毛泽东同志准备讲的话比较长，毛泽东同志只讲了个开头就被刘少奇同志打断了。这两件事使毛泽东同志非常不满。他特意拿了两本书到会，一本是《中国共产党第八次全国代表大会文件》，一本是《中华人民共和国宪法》。毛泽东同志讲了一段很严厉的话："请你们回去找党章看一下，宪法第三章也看一下，那是讲民主自由的。""不要犯法呀，自己通过的，又不遵守。""我们这些人算不算中华人民共和国的公民？如果算的话，那么有没有言论自由？准不准许我们和你们讲几句话？"毛主席在这里提到宪法，是为了批判刘少奇同志和其他中央领导同志，并不是重视宪法。还有刘少奇同志 1967 年被揪斗时，拿出《中华人民共和国宪法》说："我是中华人民共和国主席，你们怎么对待我个人无关紧要，但我要捍卫国家主席的尊严。谁罢免了我的国家主席？要审判，也要通过人民代表大会。你们这样做是在污辱我们的国家。我个人也是一个公民，为什么不让我讲话？宪法保障每一个公民的人身权利不受侵犯，破坏宪法的人是要受到法律制裁的！"但是，这时宪法已经不起任何作用了。

1954 年宪法实施几年实际上就被废弃，主要原因是我们国家经历了几千年的封建专制社会，缺乏民主和法制传统，没有树立宪法具有最高权威和最高法律效力的观念。不少人仍然把党的领导置于宪法之上，党组织和党员没有自觉遵守宪法和维护宪法实施的观念。加上宪法本身对维护宪法的尊严、保障和监督宪法的实施，缺乏有效的规定。因而，在"左"的思潮下，当有的领导人鼓吹"无法无天"时，没有受到党和人民群众应有的抵制。这是"文化大革命"这场灾难得以发生并延续十年之久的一个重要原因，是深刻的历史教训。

问：经历了"文化大革命"这场灾难后，不少人对宪法能不能真正贯彻实施仍然心存疑虑。在这次修宪中，对这个问题是怎么考虑的？

王汉斌：从修宪一开始，不少人就担心有了一部好宪法，会不会还像 1954 年宪法那样得不到实施。他们说，1954 年宪法是比较完善的，但颁布没几年，宪法中的有些原则就遭到批判，到"文化大革命"开始时宪法实际上被废弃了。这个教训应该认真总结，在宪法中对维护宪法的权威、保障宪法的实施作出刚性规定。在全民讨论宪法修改草案中，许多人流露出对宪法的落实缺乏信心，主要有三个担心：一是担心"文化大革命"中"无法无天"的现象重演；二是担心宪法流于形式，"束之高阁，成为一纸空文"；三是担心"权比法大"的问题难以解决。他们说，宪法虽好，还要看今后执行得如何。过去有宪法，但有的领导人可以任意违反，脑子一热，就把宪法一脚踢开。这是造成十年浩劫的一个沉痛教训。这种现象再也不能允许发生了。

针对这个问题，起草宪法修改草案时，对如何维护宪法的尊严，保证宪法实施，非常重视，作出了一系列新的重要规定。

（二）1982 年宪法关于保障和监督宪法实施的规定

问：请您谈谈这次修改宪法，对保障和监督宪法的实施作出了哪些新的重要规定？

王汉斌：1982 年宪法对如何保障和监督宪法的实施，作出了比前三部宪法更加明确和较为完备的规定。主要是：

第一，确认了宪法的国家根本法地位并赋予其具有最高的法律效力。在宪法"序言"中规定宪法是"国家的根本法，具有最高的法律效力"。在"总纲"部分还规定："一切法律、行政法规和地方性法规都不得同宪法相抵触。"我国前三部宪法都没有作出这样的规定。

第二，规定了一切组织和个人都负有严格遵守宪法、维护宪法和保证宪法实施的职责。我国前三部宪法都在"公民的基本权利和义务"部分把遵守（服从）宪法和法律列为公民的一项基本义务。这次修改的宪法除规定"中华人民共和国公民必须遵守宪法和法律"外，还强调了"一切国家机关和武装力量、各政党和各社会团体、各企业事业组织都必须遵守宪法和法律。一切违反宪法和法律的行为，必须予以追究"。"任何组织或者个人都不得有超越宪法和法律的特权"。如果说前面规定的是宪法高于一切法律法规的话，那么这里规定的是宪法大于一切组织和个人。

第三，对负责监督宪法实施和解释宪法的机关作了进一步的规定。1954年宪法规定全国人大监督宪法实施，全国人大常委会只能解释法律。这次修改宪法，除继续规定全国人大监督宪法的实施外，增加规定全国人大常委会解释宪法和监督宪法的实施。这项规定解决了在全国人大闭会期间如何监督宪法的实施的问题。

第四，解决了对违宪的法律、法规的处理问题。规定全国人大有权改变或者撤销全国人大常委会不适当的决定；全国人大常委会有权撤销国务院制定的同宪法、法律相抵触的行政法规、决定和命令；撤销省级国家权力机关制定的同宪法、法律和行政法规相抵触的地方性法规；国务院有权改变或撤销各部、各委员会发布的不适当的命令、指示和规章，改变或者撤销地方各级国家行政机关的不适当的决定和命令，等等。这些规定都为纠正违宪的规范性文件提供了根据。

（三）是否设立宪法委员会的讨论

问：据说，修改宪法时曾考虑成立一个宪法委员会，后来并未设立。这个问题是怎样考虑决定的？

王汉斌：是否设立专门的机构来保障宪法实施，从修宪开始到最后通过宪法修改草案，一直是讨论最热烈的一个问题。从世界各国情况看，保障和监督宪法实施的主管机关，主要有三种类型：第一种是由国家最高法院管，如美国、日本、加拿大等。第二种是由最高国家权力机关管，如前苏联和东欧的一些社会主义国家，我国也是如此。第三种是由专门的宪法实施监督机构主管，如德国的宪法法院，法国的宪法委员会等。当时研究，较多的意见倾向于设立宪法委员会。

对如何设立宪法委员会，有三种方案：一种是直属全国人大的宪法委员会；第二种是在全国人大及其常委会领导下的宪法委员会；第三种方案是设立与全国人大平行的宪法委员会，由负有威望的人组成，类似于法国的宪法委员会。当时，"文化大革命"那场灾难刚刚结束，对于如何防止刘少奇同志那样的悲剧重演，大家都在从健全国家制度上想办法。这种宪法委员会就是从不能再发生刘少奇冤案来考虑的。"文化大革命"中批斗少奇同志，宋庆龄同志就曾对总理说，少奇的事这么大，是不是提到人大？还有章士钊同志给毛主席写了信，对批判少奇同志的做法提了意见。在这种非常情况下，如果设立宪法委员会就有权提出意见。

问：后来怎么决定的？

王汉斌：几种方案报上去后，有的领导同志不赞成，认为有了这个机构很难办。于是，就搁置了。

问：后来在五届全国人大五次会议上，又有许多代表提出设立监督宪法实施的专门机构问题，是怎样解释的？

王汉斌：五届全国人大五次会议审议宪法修改草案时，很多代表团又提出设立宪法委员会的意见。宪法修改工作小组进行了研究，由胡绳同志在主席团会议上作了说明。他说，是不是要设立一个专门的机构来保证宪法实施呢？这个问题在起草宪法过程中，宪法修改委员会是讨论过的。设立一个专门的机构，如果参照外国的经验，是有这样搞的。有的国家设立了宪法法庭或者宪法委员会。现在在我们国家要保证宪法实施，设立一个什么样的最高权力机构合适呢？实际上还只能是全国人大常委会。在我们国家不可能在全国人大常委会以上再有一个什么更高的权力机关。所以现在我们的宪法规定，全国人大常委会负有监督宪法实施的责任。过去50年代的宪法是把这个职责归于全国人大，但是全国人大每年才召开一次会议，所以它要来监督是困难的，而全国人大常委会可以比较经常地来执行这个职务。而且这一次又规定设立各个专门委员会，它可以审议全国人大常委会交付的被认为与宪法相违背的法规和决议。而且宪法又规定，对全国人大常委会制定的不适当的规定，全国人大可以提出意见加以纠正。这样一套制度实际上已经起了某些国家宪法法庭、宪法委员会的作用。

彭真同志对此作了补充讲话。他说，大家关心宪法能不能执行的问题。是不是搞一个有权威的机构来监督宪法的实施？外国有的是宪法委员会，有的是大法官，像美国、巴基斯坦就是大法官。我们是不是也采用这样的形式？这个问题，在起草宪法的过程中反复考虑过。大家所想的，就是"文化大革命"把1954年宪法扔到一边去了。实际上，在当时无论你搞一个什么样的组织，能不能解决这个问题呢？不见得。恐怕很难设想再搞一个比全国人大常委会权力更高、威望更高的组织来管这件事。按照宪法规定，全国人大和它的常委会设六个专门委员会，凡是人大和它的常委会认为有违反宪法的问题，就可以交有关的专门委员会去研究。违宪的，全国人大常委会组成人员可以提出来，代表也可以提出来，每一个公民、每一个单位也可以检举，由常委会交专门委员会去研究，这在组织上讲比较理想。另外，地方各级人大常委会也有这样的责任。当然，随着情况的发展，是不是可以搞一些具体的规定，那要等将来再说。

彭真同志和胡绳同志说明后，代表们表示理解。五届全国人大五次会议通过的宪法没有规定设立宪法委员会，只是在宪法条文中根据代表提出的意见，增加了"一切违反宪法和法律的行为，必须予以追究"的规定。这个规定很得人心，只是落实起来难度很大。

问：宪法公布后，又有不少人尤其是法学界人士提出设立类似全国人大专门委员会性质的宪法委员会的建议。对此，您怎么看？

王汉斌：我看可以考虑。六届全国人大时，曾考虑设立一个类似其他专门委员会的宪法委员会，协助全国人大及其常委会监督宪法的实施。1993年对宪法部分内容进行修改时，一些人提出全国人大设立专门委员会性质的宪法监督委员会，建议在宪法第七十条中增加这方面的规定。中共中央在《关于修改宪法部分内容的建议的说明》中认为，根据宪法第七十条的规定，全国人大可以设立专门委员会性质的宪法监督委员会，宪法可以不再作规定。

（四）保障宪法实施最重要的是依靠党的领导和人民群众

问：您认为保障宪法实施的关键是什么？

王汉斌：彭真同志在关于宪法修改草案的报告中指出，保障宪法的实施，最重要的是两条：一是依靠党的领导，二是依靠广大人民群众。同时，全国人大及其常委会应履行好监督宪法实施的职责，地方各级人大及其常委会要在本行政区域内保证宪法和法律的遵守和执行。

党中央一再指出，党领导人民制定宪法和法律，党也要领导人民遵守和执行宪法和法律。党的十二大报告强调指出："特别要教育和监督广大党员带头遵守宪法和法律。新党章关于'党必须在宪法和法律的范围内活动'的规定，是一项极其重要的原则。从中央到基层，一切党组织和党员的活动都不能同国家的宪法和法律相抵触。"现在的关键是要抓落实。我们常听到人们反映，有法不依、执法不严、违法不究的现象还比较严重。解决这个问题的关键是党委要抓宪法和法律的实施。小平同志在五届全国人大二次会议党内负责人会议上讲话中说："确实要搞法制，特别是高级干部要遵守法制。以后，党委领导的作用第一条就是应该保证法律有效、生效。没有立法以前，只能按政策办事；法立了以后，就要坚决按法律办事。"怎么抓？我想可以考虑，今后党委在处理决定重大问题时，首先要了解三个问题：一是了解宪法和法律对这个问题有什么规定；二是了解按照宪法和法律的规定应该怎么办；三是了解党委的决定是否有不符合宪法和法律规定的地方。

还有，我认为党委对那些明显违宪违法的事不能不管。比如，北京市丰台区法院判决丰台一家国有企业要赔偿，区委书记硬是决定不赔。我给陈希同（当时任市委书记）写信说，区委书记无权作这样的决定。

谈到这里，我还想起了两件事。一件是，有一次中央政治局开会，谢非同志坐在我旁边，当时广东提出"以法治省"，我对谢非同志说，建议改为"依法治省"，"以"字跟"依"字有所不同，"以"是你用法律来管理人家，"依"是老百姓和官员都得依法办事。谢非同志听了，马上就出去打电话，让改为"依法治省"。我说这个事，意思是不要把宪法和法律看作仅仅是管老百姓的，更重要的是管我们这些当官的。当然，要各地政府包括党委机关都能依法办事，不是一下子可以做到的。这要有一个过程。比方说地方保护主义就是不依法办事的典型。为此，我专门给朱镕基总理写过信。我说，一个地方不准别的地方的商品到你这里来卖，这是违法行为。朱总理批示说，这种行为既害人又害己，必须纠正。

另一件事是，1996年初，江泽民同志主持中央举办的法制讲座，听了法学所王家福同志关于依法治国、建设社会主义法制国家的理论和实践的报告后，在讲话中着重讲了要依法治国。这是一件很大的事。当时，国务院准备提交全国人大审议的政府工作报告稿中讲了"依法治国"，但没有提"建设社会主义法制国家"。在中央政治局会议讨论时，我说既然提"依法治国"，必然是要"建设社会主义法制国家"，建议完整地写上依法治国、建设社会主义法制国家。李鹏同志采纳了这个意见。

问：新宪法公布后，还强调在人民群众中进行宪法的宣传教育，这是怎么考虑的？

王汉斌：要保证宪法的实施，除依靠党的领导外，还要依靠广大人民群众。彭真同志反复讲，要把宪法和法律交给全国人民掌握。宪法和法律一旦为广大群众所掌握，就会变成强大的物质力量。为此，他提出，要采取各种形式，广泛地进行宪法的宣传教育，做到家喻户晓，十亿人民都养成人人遵守宪法、维护宪法的观念和习惯，同违反和破坏宪法的行为进行斗争。

怎样把宪法和法律交给人民？就要开展普法教育活动。1985年，邹瑜同志建议由全国人大常委会通过一个关于在公民中基本普及法律常识的决议。我赞成。他们起草的决议草案中，讲了公民要学法、守法。我们研究认为，只要求公民怎么做是不够的，还要加上"学会运用法律武器，同一切违反宪法和法律的行为作斗争，保障公民合法的权利和利益"的内容。真正这样做了，宪法和法律的实施就会形成有力的保障。

邹瑜同志还建议规定"宪法日"，也提出了草案。中央讨论后未同意，认为现在规定的这个节日、那个节日已经太多了，不再搞了。我以为，世界上许多国家都有"宪法节"或"宪法日"，我们规定"宪法节"或"宪法日"还是有好处的。后来国务院有关部门把12月4日宪法通过那天作为"法制宣传日"，我认为还是叫"宪法日"好。

（五）全国人大常委会负有监督宪法实施的重要职责

问：新宪法公布后，全国人大常委会在监督宪法实施方面做了许多工作，但人民群众还不很满意。对此，您怎么看？

王汉斌：新宪法公布施行后，全国人大常委会为促进宪法的实施，的确做了大量工作。首先是，全国人大常委会自己要严格按照宪法办事。我记得，六届全国人大时彭真同志经常讲，在人大工作中最重要的是按宪法办事，决不允许出现不符合宪法规定的做法。他还说，我这个委员长如果违反宪法，我就辞职；你们要是违反宪法，也要辞职。他讲得是很严肃的，所以当时大家都非常注意学习和遵守宪法，遇事先看看宪法是怎样规定的。时任副委员长的王任重同志说，我过去当省委书记，对宪法就没有好好学。到人大工作后，感到不熟悉宪法和法律不行。违反宪法，乱说一通，那还不出洋相吗？我现在考虑问题，特别是重大方针政策问题，都要把宪法翻一翻，看看有没有违反宪法。怎么做是违法，怎么做不违法，都要搞清楚。为了搞清楚，就要学习。我出差都要带着宪法。

其次是，要求各个国家机关都要检查一下，有没有不符合宪法的问题。彭真同志在中央政法委扩大会议上的讲话中，提出各政法部门，特别是公安、检察、法院等执法、司法机关，必须严格维护宪法的尊严，成为执行宪法的模范。政法各部门要尽先主动地、系统地检查一次工作中有没有同宪法不符合的问题。凡是同新宪法不符合的，要抓紧认真纠正，不要等到全国人大开会时代表提出来哪个机关违宪了，那时再检查就被动了。他还在委员长会议上说，如何对待违反宪法和法律的问题，已经紧迫地提到我们议事日程上来了。对违反宪法和法律的事情不能老是提醒、打招呼，到了需要处理的时候了。该处理而不处理，我们就有愧职守。

1985年鞍山市台安县检察机关在基本事实和证据不足的情况下，就判了一起强奸案。台安县三位律师为当事人辩护，被扣上"包庇罪"，抓了起来，还被抓去游街示众。这件事是信访局李铁流同志向我反映的。这位同志干信访工作既负责任又有魄力，他组织人去作了调查，反映三律师案是一件错案，但检察机关拒不纠正。彭真同志对纠正这个错案的态度是明确而坚决的。几经周折，在邹瑜同志担任内务司法委员会主任委员时，终于纠正过来，维护了宪法和法律的尊严。

对选举和决定任免方面违背法律的一些事，常委会也很重视。如内蒙古自治区提名的经贸厅厅长人选，区人大常委会还没有通过时，区党委书记却坚持公布了。区人大常委会负责人提出意见，还受到这位书记的批评。这件事反映到全国人大常委会后，委员长和党员副委员长进行了研究，向中央书记处反映。习仲勋同志批评了这位书记。又如，1990年三个省的省长调动，没履行法律手续就公布了。彭冲同志找组织部门谈，他们说忽视了。看来，依法办事，的确不容易。再如，1991年安徽省金寨县两河乡的人代会上，上级领导提出的乡长候选人落选了，代表联名提出的候选人以超过半数的票数当选为乡长，有关领导竟称这样选举的乡长"不能算数"，拒不承认。在全国人大常委会干预下才得到解决。万里委员长在人大常委会会议上讲话说：类似的事情恐怕不是个别的。解决这个问题，需要各个部门共同努力。人大常委会要负起监督法律实施的重要职责。

对有的地方非法干预人大代表行使职权，甚至未经任何手续就逮捕、审讯人大代表或限制人身自由，全国人大常委会发现后要求各地作出严肃处理。如湖南省邵阳县换届中，代表联名提候选人，党委说人家串连，要追究责任。他们把6位县人大代表强行带到县里，采取隔离、监视、限制人身自由的办法，逼令交代提名候选人搞了些什么活动，串连了哪些人。这件事引起当地干部群众不满，40多位代表提出辞去代表职务。又如，长春市公安局少数干警越权插手经济纠纷问题，不惜千里南下，非法拘禁了正在出席蚌埠市人代会的周家良代表（周为安徽怀远梅桥粮油工业供销公司法人）。当他们知道周是人大代表后不仅不终止拘禁，依然我行我素，对其进行残酷折磨。这两件事，在全国人大常委会的督促下，迅速得到严肃处理，对当事人分别给予行政处分和刑事处罚。《人民日报》、《法制日报》和电台、电视台还作了跟踪报道。

当时，全国人大常委会办公厅的《工作通讯》上刊登了一些地方不依法办事的事例，大都作出了严肃处理。这表明，对于不符合宪法和法律的事，人大常委会就要加以监督。

当然，我国监督宪法实施的制度还不够完善。比如，宪法规定："一切违反宪法和法律的行为，必须予以追究。"要落实这一条，就需要进一步研究制定具体的制度和措施。

问：还有个宪法解释问题。宪法解释与宪法监督是什么关系？

王汉斌：我认为，宪法解释主要是针对是否符合宪法作出的具有法律效力的解释。在对违宪活动的审查过程中，往往由于对宪法条款的含义有不同理解，发生争执。为解决这种争执，就需要全国人大常委会作出宪法解释。因此，宪法解释与宪法监督是密切相关的，对保证宪法的实施有很重要的作用。

四、关于宪法的稳定和修改

题解：宪法是国家的根本法，必须保持稳定。宪法的稳定是国家稳定的基础。修改宪法必须严格按照法定程序。这次起草 1982 年宪法时就考虑，要注意维护宪法的稳定，同时随着改革开放和社会主义现代化建设事业的不断发展和情况的变化，也会对宪法作出必要的修改。

（一）宪法的稳定

问：请您谈谈维护宪法稳定的重大意义。这次修宪中对这个问题是怎么考虑的？

王汉斌：宪法规定了国家的根本制度和根本任务，是国家的根本法，具有最高的权威和法律效力，必须保持长期稳定。国际、国内经验告诉我们，维护宪法的稳定，是维护国家稳定的基础。我国从1975年到1982年，七年中间接连搞了三部宪法，反映了当时国家处于极不稳定的状态。

世界上第一部成文宪法——美国宪法，自1787年制定至今，在议会中提出的宪法修正案有5000多件，议会通过的只有30件，最后批准实施的仅17件、26条。其中有10条被称为人权法案的第一修正案，是1791年宪法实施时一次通过的。此后200多年来只通过了16条，每个修正案只修改一条。日本现行宪法是战后美军占领时期制定的，到现在没有修改过。日本执政党自民党有些人一再鼓吹修改宪法的非武装条款，都由于反对党的强烈反对和自民党内部意见不一致没有正式提出来。法国则是世界上颁布宪法最多的国家之一。从1789年"人权宣言"开始，在100多年间先后有1791年君主立宪宪法，1793年建立资产阶级政权的宪法，1799年的拿破仑宪法，1848年的《第二共和国宪法》，1875年的《第三共和国宪法》，1946年的《第四共和国宪法》，1958年的《第五共和国宪法》，表明法国政局动荡。但从1958年后，注意维护宪法的稳定，至今还是这部宪法。这些资产阶级国家之所以不轻易修改宪法，是为了维护资产阶级国家的稳定和资本主义制度。对于社会主义国家来说，维护宪法的稳定，对于维护国家的稳定和国家的根本制度，同样具有极其重要的意义。

1989 年春夏之间，有些人曾经在社会上鼓吹全盘修宪，企图取消四项基本原则，为动乱制造舆论。1990 年前后，原苏联和东欧一些国家对宪法的修改，则促成了这些国家的解体和社会动乱。这些事实告诉我们，维护宪法的稳定是维护国家长治久安的根本法律保障，是关系我们党和国家前途命运的大事。

（二）对现行宪法部分内容的修改

问：1988 年以来，对 1982 年宪法部分内容进行了 4 次修改，这是怎样考虑的？

王汉斌：宪法要保持稳定，同时，随着我国改革开放和社会主义现代化建设的发展和情况的变化，也会有需要对宪法作出必要的修改。

问：根据中共中央的建议，1988 年 4 月七届全国人大一次会议对宪法个别条款作了修改。请谈谈这次修宪是怎样考虑的？

王汉斌：1988 年 2 月 8 日，党中央总书记把彭冲同志和我找去了。他说：这次大会要对宪法作修改，规定允许私营经济的存在和发展。别的还有什么修改的，你们考虑去。我想，修改宪法这么大的事情，时间太紧了。张友渔同志也有意见，说不修改宪法也允许私营经济存在和发展，宪法没有禁止呀！我去向彭真同志汇报，彭真同志说：还是改吧。

2 月 10 日，经同有关部门和法律专家研究，我们提出五条修改意见：（1）增加"我国处于社会主义初级阶段"；（2）对关于按劳分配原则的规定进行修改，增加规定允许其他分配方式；（3）把不得出租土地的规定改为土地使用权可以转让；（4）增加允许私营经济存在和发展的条款；（5）将"计划经济"修改为"有计划的商品经济"。

2月11日，委员长会议讨论修改宪法的问题。大家认为，修改宪法要非常慎重，严格掌握，可改可不改的不改，只对非改不可的才进行修改。彭冲同志提出，就改两条，一条是允许私营经济的存在和发展；另一条是修改土地不得出租的规定。关于这后一条，在制定中外合资经营企业法实施细则时就规定了，中方可以用土地入股。外商在中国投资需要土地，不然他怎么建厂啊？所以土地使用权转让是先从对外开放角度考虑的，后来随着商品经济的发展就不限于外商投资企业了。最后，就确定修改这两条。有的同志还建议将"允许私营经济的存在和发展"改为"允许有利于国计民生的私营经济存在和发展"。我说，这个限制就免了吧。

问：1993年修改宪法部分内容时，您是中共中央宪法修改小组成员和全国人大常委会副委员长，请谈谈这次修改宪法部分内容的情况和做法。

王汉斌：1992年10月召开的党的十四大，根据邓小平同志视察南方讲话的重要精神，确定了建立社会主义市场经济体制。宪法中关于实行计划经济和市场调节辅助作用相结合的规定显然已不适应现实需要。中共全国人大常委会党组向党中央写了关于修改宪法的建议的报告。中央同意这个报告，决定成立中共中央宪法修改小组，由乔石同志任组长，成员有彭冲、王汉斌、胡绳、薛驹、曹志。经征求各方面意见，宪法修改小组于12月18日提出了关于修改宪法部分内容的初步意见：增加"我国正处在社会主义初级阶段"和"坚持改革开放"；删去"人民公社、农业生产合作社"；第十五条的两款全部删去，改写为："国家实行社会主义市场经济"；县、不设区的市、市辖区人民代表大会每届任期由三年改为五年。此外，还提出将"国营经济"、"国营企业"改为"国有经济"、"国有企业"；将在人民中进行"国际主义、共产主义"教育修改为"社会主义"教育。

12月28日，中共中央政治局会议讨论，原则同意关于修改宪法部分内容的初步意见，并提出在宪法序言中增加"建设有中国特色社会主义的理论"；在第八条第一款中增加"家庭联产承包为主的责任制"；在第十五条中增加"国家加强经济立法"。宪法修改小组据此对"初步意见"作了修改。12月30日，中共中央向各省、自治区、直辖市党委，中央各部委和各机关党组，军委总政治部，各人民团体发出通知，请他们对政治局会议原则通过的关于修改宪法部分内容的初步意见组织讨论，并可就此征求全国人大代表的意见。

各中央机关和各省、自治区、直辖市党委讨论后，向中央写了报告，对修改宪法部分内容的初步意见表示基本赞同，同时也提出了一些具体意见。宪法修改小组对这些意见逐条进行了研究，确定采纳以下建议：（1）将宪法序言中"把我国建设成为高度文明、高度民主的社会主义国家"，修改为"把我国建设成为富强、民主、文明的社会主义国家"；（2）保留宪法第十五条中关于"禁止任何组织或者个人扰乱社会经济秩序"的规定，同时，增加规定"改善宏观调控"；（3）有17个单位和香港地区全国人大代表提出，"国际主义、共产主义"教育以不删为好，以免引起误解。中共中央政治局常委会同意宪法修改小组的意见。

1993年2月14日，中共中央向全国人大常委会提出了关于修改宪法部分内容的建议。2月22日，七届全国人大常委会第三十九次会议讨论同意这个建议，通过了中华人民共和国宪法修正案草案，提请八届全国人大一次会议审议。

在全国人大常委会讨论时，有的委员提出应将中国共产党领导的多党合作和政治协商制度写入宪法。万里同志认为这个意见很重要，建议宪法修改小组研究。3月1日，中国民主建国会中央委员会向中共中央建议，将这一内容载入宪法。同时，全国总工会提出，将宪法第十七条原修改建议第二款的"集体经济组织依照法律规定实行民主管理"，修改为："集体经济组织实行民主管理，依照法律规定选举和罢免管理人员，决定经营管理的重大问题。"还有些人提出，宪法第十五条原修改建议第二款中的"改善宏观调控"修改为"完善宏观调控"。这一款中的"依法禁止任何组织或者个人扰乱社会经济秩序"，修改为："国家依法禁止任何组织或者个人扰乱社会经济秩序"。

3月9日，宪法修改小组开会，确定采纳上述意见，并向中央写了关于修改宪法部分内容的补充建议的报告。中央政治局常委会讨论同意后，于3月14日向八届全国人大一次会议主席团提出了中共中央关于修改宪法部分内容的补充建议。

3月29日，八届全国人大一次会议通过了宪法修正案。共有九条，主要内容是：（1）增加"建设有中国特色社会主义的理论"和"我国正处于社会主义初级阶段"、"坚持改革开放"。（2）将中国共产党领导的多党合作和政治协商制度载入了宪法。（3）把家庭联产承包为主的责任制在根本法肯定下来。（4）确立国家实行社会主义市场经济。（5）更加突出国有企业和集体经济组织的自主权。（6）将县级政权的任期由三年改为五年。

1999年和2004年，又对宪法进行了两次修改，共通过二十条宪法修正案。

（三）修改宪法的程序

问：为了保持宪法的稳定，1982年宪法对宪法修改的程序是否作了规定？

王汉斌：修改宪法是全国人大的职权，只有全国人大才能修改宪法，其他任何机关、组织都没有这个权力。而且，修改宪法必须由全国人大以全体代表三分之二以上的多数才能通过，其他法律过半数就可通过。1954年宪法就是这样规定的。这次秘书处向宪法修改委员会提出的宪法修改草案（讨论稿）沿袭了这一规定。宪法修改委员会讨论时，钱昌照委员提出，对修改宪法的程序应作严格的规定。宪法修改草案（讨论稿）第六十四条只规定"宪法的修改由全国人民代表大会全体代表的三分之二以上的多数通过"，而未规定多少代表提议才能提交大会，应有这样一个规定，不然，三四个代表提议，也可提出来讨论。耿飚委员说，第五十八条规定临时召集全国人大会议必须要有五分之一以上的代表提议，建议修宪也应这样。费彝民委员说：修宪至少应有五分之一代表提议。荣毅仁委员说，修改宪法，可由全国人大常委会提出，大会期间可由大会主席团提出。后来经过研究，增加规定：宪法的修改，由全国人大常委会或者五分之一以上的全国人大代表提议。没有规定大会主席团可以提出修宪提议。

我记得，在宪法委员会第二次会议讨论时，程思远委员有个发言，讲得很好。他说：世界各国都把违宪作为最大的违法行为。我国1966年爆发"文化大革命"，宪法未经任何程序便无形中被废止了。这在世界宪法史上是很少见的。要教育子孙后代，记取这一教训，维护宪法尊严。宪法一经制定，就不要轻易修改。美国建国200多年，只有一部宪法。之后，尽管有10多次修改，宪法本身没有变。法国大革命至今有7部宪法，法国司法部部长也认为宪法经常修改不好。我国建国32年，连这次已有4部宪法。我的意见，对于宪法修改的程序要从严规定。

修改宪法是极为严肃的事情，修改程序必须非常严格。1993年修宪时发生了一个问题，就是中共中央向全国人大常委会提出了关于修改宪法部分内容的建议，七届全国人大常委会第三十次会议通过了关于宪法修正案草案，决定提请八届全国人大一次会议审议后，一些常委会组成人员和民建中央向中共中央建议，在宪法"序言"中增加关于共产党领导的多党合作和政治协商制度等内容。中共中央采纳了这个建议，随后于1993年3月14日向八届全国人大一次会议主席团提出了关于修改宪法部分内容的补充建议。

这时，全国人大常委会已经来不及再开会讨论了，无法由全国人大常委会提出宪法修正案草案，而大会主席团又无权提出宪法修正案草案。怎么办？开始时曾以为多数代表在讨论时表示同意就等于五分之一以上代表提议了，没有好好考虑法律手续是否完备。讨论中，吴阶平、郝诒纯等代表提出中共中央关于修改宪法的补充建议还是应由五分之一以上代表联名提出宪法修正案草案由大会审议为好。我找了一些法律专家研究，大家认为修改宪法要严格依照法律程序，如果来不及召开人大常委会会议提出建议，还是要由五分之一以上代表联合签名的方式提出。我把这个意见提到大会党的领导小组和主席团常务主席会议讨论，有人表示不同意，认为这是自找麻烦，多数同志则表示赞成，认为这么办，法律手续比较完备。这样就采取由北京市等32个代表团的2383名代表签名，联合提出对宪法修正案的补充草案。这就弥补了修宪中可能出现的一个漏洞。

（四）修改宪法的方式

问：1988 年修改宪法，采取了修正案的方式。这是我国第一次采取这种方式，请问，当时是怎样考虑的？

王汉斌：宪法修改采取什么办法？1988 年修宪时，我们研究还是采取美国的办法，就是采取通过宪法修正案附在宪法之后，即宪法附宪法修正案而不直接修改宪法的文本。在委员长会议上，彭冲同志和我对实行这种修宪方式作了说明。彭真同志说：这次对宪法的修改采取宪法修正案的方式，这是美国的修宪方式，比法国、苏联和我国过去的修改宪法办法好。委员长会议和常委会组成人员都同意采取这种方式。从此，这种修宪方式就肯定下来了。

美国是最早采取宪法修正案方式修改宪法的。南斯拉夫在 1974 年之后也采取了这种修宪方式，现在世界上采取这种修宪方式的国家越来越多。这是因为，这种修宪方式有利于维护宪法的稳定和尊严。但是，这种方式看起来也不大方便。所以，为了便于使用，还附印一种按照修正案修改的宪法文本。

问：这就出了一个问题：两种宪法文本，哪一种文本是法定文本呢？

王汉斌：需要明确，1982 年全国人大通过的宪法和宪法修正案，是法定的文本。根据修正案修正的宪法文本不是法定文本。美国官方出版的宪法文本，没有按照修正案把原文改过来，而是 1787 年通过的宪法附修正案。1993 年我们修改宪法时，对此专门作了研究，确定出版两个文本：一个是 1982 年通过的宪法并附宪法修正案；一个是按照修正案修正后的宪法。前一个是法定文本，后一个是工作文本，是为了便于使用查看。

问：还有人提出，美国宪法制定至今 200 多年来只通过了 26 条修正案，而我国 1982 年宪法颁布至今已通过了 31 条修正案，是否修改过于频繁？

王汉斌：我觉得这个意见可以考虑。

关于选举制度的重要改革和规定

——王汉斌访谈录之三

题解：1979 年以来，全国人大及其常委会在修改选举法和地方组织法中，对选举制度作了一系列重要改革。包括实行差额选举，把直接选举人大代表的范围扩大到县一级，适当减少代表人数，规范代表名额，改革农村和城市每一代表所代表的人口数不平等的制度等。这是我国政治体制改革的重要内容。

一、实行差额选举

　　问：选举是人民当家作主的基本权利，是人民代表大会制度的基础。您主持了 1982 年、1986 年和 1995 年三次对选举法和地方组织法的修改。请谈谈我国选举制度有哪些重要改革和规定？

　　王汉斌：在选举制度改革进程中，影响最大、争论也最激烈的是差额选举。1953 年制定的选举法，没有规定差额选举，实行的是等额选举。这是照抄苏联的办法，弊端很多。1979 年重新修订选举法和地方组织法时，程子华同志最先提出差额选举的问题。民政部起草的选举法规定，党派团体可以联合或单独推荐代表候选人，任何选民或代表有三人以上附议也可以推荐代表候选人，党派团体提名的候选人不能超过应选人数。这次修订选举法和地方组织法，第一次规定差额选举人大代表和地方国家机关领导人员。

1980 年，党的十一届五中全会通过的《关于党内政治生活的若干准则》，规定党内选举应实行候选人多于应选人的差额选举办法，或者是采用差额选举的办法产生候选人作为预选，然后进行正式选举。党内和人大都这样规定，是我们党和国家总结历史的经验，对选举制度进行的一项重大改革。实践证明，实行差额选举，有利于选举人根据自己的意愿行使民主权利，有利于发扬民主，也有利于对干部的监督。

但是，各地党委纷纷提出意见，不同意差额选举。1982 年修改选举法和地方组织法时，虽然继续规定对人大代表和地方国家机关领导人员要实行差额选举，但规定比较原则，即一般要实行差额选举，可以通过预选采用候选人数多于应选人数的办法确定正式候选人，在正式选举时可以差额选举，也可以等额选举。事实上各地在正式投票时还是实行等额选举。1983 年春，广西自治区人大选举全国人大代表时，主席团把代表提的候选人全部勾掉了，提交大会选举的候选人名单都是主席团提出的。一些代表向全国人大常委会反映这个问题。习仲勋同志同杨尚昆、彭冲同志研究，认为广西的做法不妥，代表提出的候选人不列入候选人名单是违法的。习仲勋同志亲自给区委书记打电话，批评他们的做法违法，要求他们纠正。

1986 年修改选举法和地方组织法时，围绕要不要实行差额选举，争论很大。据说中央开会时有 60 多位中央委员发言不同意差额选举，京津沪三市党委负责同志也不赞成差额选举，认为差额选举打乱了他们安排干部的格局，不利于党的领导。彭冲同志主持召开修改两法座谈会，较多的意见认为等额选举可以保证党委或者上级提名的候选人当选，但是，如果多数或者大多数代表不赞成，也一定要保证当选就有问题。差额选举有利于选出群众比较满意的人选，对激励当选的人做好工作，努力贯彻党的路线方针政策有积极作用。

1986年12月通过的关于修改选举法和地方组织法的决定，删去了关于预选的规定；明确规定人大代表和地方国家机关副职领导人员必须差额选举产生，并规定了差额比例，对正职领导人员的规定则比较灵活，即如果提名的候选人只有一人，也可以等额选举。

问：1987年至1988年上半年进行的换届选举，各地认真执行修改后的选举法和地方组织法，在实行差额选举方面迈出了切实的步伐。在这之后，围绕差额选举的争论是否减少了？

王汉斌：这时各地对人大代表实行差额选举容易接受，也能办到。争论最大的是政府副职领导人员要不要差额选举的问题。

宪法和地方组织法规定，地方各级政府正、副职领导人员由本级人大选举产生。有些同志（主要是地方党委和政府的同志）主张政府副职领导人选改由正职领导人员提名，本级人大决定任命，改变副职领导人员实行差额选举和代表联名可以提出候选人的办法。主要理由是：（1）宪法规定，国务院实行总理负责制，国务院副总理和其他组成人员由总理提名、全国人大决定任命；地方各级政府也是实行省长、市长、县长、乡长负责制，地方各级政府副职领导人也应由正职提名、本级人大任命。（2）副职领导人员实行差额选举，代表10人以上联名可以提出候选人，难以保证党委推荐的人选全部当选，有可能打乱党委经过反复研究配备的领导班子的合理结构。

有些同志（主要是地方人大的同志和代表）主张维持现行做法不变。主要理由是：（1）从1954年以来，地方各级政府正、副职领导人员一直由本级人大选举产生，副职领导人选从来不是由正职领导人提名，这同国务院副总理和其他组成人员一直由总理提名是不同的。（2）这几年地方各级政府副职领导人员实行差额选举，代表10人以上联名可以提出候选人，人大代表和群众是满意的，认为这是发展社会主义民主的一个重要步骤。（3）从上次换届选举的结果看，党委推荐的政府副职领导人当选的是大多数，省级占98%强；代表联名提出的候选人当选的很少，省级只占2%弱，总的是保证了党委推荐的人选当选，个别由代表联名提出的候选人当选，实际上是对党委推荐人选的补充，对发展社会主义民主还是有好处的。

上述两种意见，我们倾向于后一种意见。是否改变地方各级政府副职领导人员产生办法，核心问题在于是否坚持实行差额选举的原则。我们认为，地方人民政府副职领导人员改由正职领导人提名，虽然也是可以考虑的，但是这几次换届选举的实践表明，实行差额选举，让群众和代表在选举中有民主选择的余地，适应了发展社会主义民主的需要，效果是好的。因此，宪法和地方组织法规定的地方各级政府副职领导人员的现行选举制度还是以不变为好。我们将上述意见报告中央，中央同意不作改变。

问：1995年修改选举法和地方组织法时，在差额选举问题上还有哪些争论？取得什么进展？

王汉斌：除了上面讲的政府副职领导人员要不要实行差额选举外，还涉及两个重大问题：

一是政府正职要不要规定差额选举？1986年修改两法时，考虑到正职候选人不大容易提出来，作了灵活规定。而在实际选举中，许多地方都有代表提出了候选人，甚至还出现了两个省党委提名的省长候选人没有当选的情况。有的地方提出，这样选举，临时换了党委提出的候选人，整个工作都受影响。当时彭冲同志主持，与中组部一起研究，提出个办法，就是如果提出候选人，就做候选人本人的工作，要候选人请求不提名他做候选人，代表尊重本人意见，就解决了另提候选人的问题。

这次修改两法时，中组部提出将正职领导人员的选举修改为：县级以上地方人大常委会主任、政府正职领导人实行等额选举。我们研究后认为，现行地方组织法已经考虑到正职选举的重要性和特殊性，对正职选举作了灵活规定。这样规定既照顾到了现阶段的实际情况，也考虑到了进一步发展民主的需要。从实际情况看，县级以上地方各级人大常委会主任、政府正职领导人的选举，绝大多数因提不出差额，实行的是等额选举。差额选举是党的十一届三中全会以来一直坚持的，各方面反映很好，是发展社会主义民主的好形式。在征求修改意见中，各级地方人大都赞成坚持差额选举。在向中央汇报两法修改时，江泽民同志说：既然原来的规定比较灵活，并不是要求非差额不可。另外，整个人事安排确需某人当省长，也可以通过做工作来实现，还是有灵活的余地。因此，原则上维持了原来的规定。

争论的另一个问题，也是与差额选举有密切关系的问题，即人大代表联合提候选人的问题。由于实行差额选举，有的主席团提名的候选人落选，代表联合提名的候选人当选。于是一些地方党委、政府的同志要求取消关于代表 10 人联合提名候选人的规定，而地方人大同志认为，代表 10 人联合提名，是代表的民主权利，是社会主义民主的重要体现，是社会主义民主政治制度的发展。征求意见时，各地人大代表都提出要坚持代表联合提名制度，但对联合提名人数可以研究作一些改变。经反复调查研究，作了一些修改，主要是考虑各级人大代表的人数不同，各级人大代表提候选人的联合人数也可以有所不同，所以作了不同规定：省 30 人联名、设区的市和自治州 20 人联名、县乡 10 人联名。

实践中发现，有的地方规定代表联名，限制在代表团的范围内，不能跨代表团联名。说这是"串联"，是"非组织活动"。这是不对的。需要明确，既然允许代表联名，就可以跨代表团联名。可以在整个人大会议代表的范围内联合提出。这次修改地方组织法，对这个问题作了明确规定：不同选区或者选举单位选出的代表可以酝酿、联合提出候选人。

还有一点说明，无论是主席团还是代表联合提名，都不要超过应选名额。有的同志担心这样规定提不出差额。从历次换届选举看，只要放手发扬民主，让大家敞开提名，副省长也好，人大常委会副主任也好，差额是能够提出来的。

二、县级以下人大代表的直接选举

问：我国人大代表的选举为什么要采取直接选举和间接选举两种方式呢？

王汉斌：1953 年制定的选举法规定，省、县和设区的市的人民代表大会代表由下一级人民代表大会选举产生；乡、镇、市辖区和不设区的市人民代表大会代表由选民直接选举产生。1979 年修订的选举法，把直接选举人大代表的范围扩大到县一级。这是发展社会主义民主迈出的一个重大步骤。当时民政部一位副部长还提出把直接选举的范围再扩大，比如扩大到省、设区的市。我们研究认为，暂时不好再扩大了。这是因为我们的具体国情，我国有民主党派、社会知名人士、妇女、少数民族等，都要在人民代表大会中有一定的比例的代表，直接选举很难做到这一点。我跟外宾谈话时就讲这个道理：为什么要间接选举？就是为了照顾方方面面。

斯大林说的选举的四原则 ---- 普遍、平等、直接、无记名投票，我认为还是对的。直接选举是今后发展的方向，我们也要逐步扩大直接选举的范围。

现在我国国家机关领导人员都是经本级人民代表大会选举产生的，也都属于间接选举。尚昆同志担任国家主席时，不止一次地跟我讲，你想办法把国家主席改为直接选举。我说这个事情我办得了吗？

问：我们注意到，1983年3月全国人大常委会通过了关于县级以下人大代表直接选举的若干规定。当时为什么要专门作出这样一个规定？

王汉斌：直接选举人大代表的范围扩大到县一级，操作起来是有难度的。1980年和1981年在全国范围普遍进行了县级以下人大代表的直接选举，实践中提出了一些新的问题，要求作出法律规定。当时民政部一再提出修改选举法，制定全国统一的选举法。我们研究认为，这些规定基本上都是有关县级以下直接选举的问题，全国和省、自治区、直辖市以及自治州、设区的市人大代表选举中的问题，选举法已有规定。所以这部分规定不一定放在选举法里，可以另外制定一个关于县级以下人大代表直接选举问题的规定。这个规定是我在1982年起草的，当时宪法修改草案还没有通过，乡政府尚未建立，对乡级选举还不能做出法律规定，所以留在第二年3月即新宪法通过后的第一次全国人大常委会审议通过的。

这个规定解决了县级以下直接选举中的许多问题。首先，规定县、乡设立选举委员会主持直接选举工作。县选举委员会受县人大常委会领导，并指导乡选举委员会工作。选举委员会的主要职权是：（一）主持本级人大代表的选举；（二）进行选民登记，审查选民资格，公布选民名单；受理对于选民名单不同意见的申诉，并做出决定；（三）划分选区，分配各选区应选代表的名额；（四）根据较多数选民的意见，确定和公布正式代表候选人名单；（五）规定选举日期；（六）确定选举结果是否有效，公布当选代表名单。

其次，规范了选区划分。过去对选区划分不规范，多少人选一名代表，没有一定的准则。这次规定，选区的大小，应按照每一选区选一至三名代表划分。1953年选举法是按单位和居住地区来划分选区的，重点是按单位。1986年修改选举法时，觉得按单位有问题，所以强调按地区划分选区，规定中把居住地区放在前面。实践中，在县级人大代表换届选举时，有些地方比较重视按单位划分选区。有的一个很小的单位，特别是县直机关，也选一名县代表，而有的街道选区，人数很多也只选一名代表，两者很不平衡。因此，在1995年修改选举法时，强调城镇各选区每一代表所代表的人口数应当大体相等，不能相差太悬殊。比如城镇测算下来2万人选一名代表就按2万人划一个选区。不能有的一千人是一个选区，有的几万人是一个选区。这样不行。

从世界各国的情况来看，选区都是按照居住地区来划分的，很少有按单位划分的。按单位划分是我们从产业工人按工厂单位选举来考虑的，真正讲还是应当按居住地区来划分选区。当然，大的单位，够选举一名代表的人口数，也可以单独划分一个选区。

第三，关于选民登记，选举法对什么人有选举权，什么人没有选举权已经作了规定。但是，对被羁押正在受侦查、起诉、审判的，受刑事处罚而没有附加剥夺政治权利的，以及正在被劳动教养和受拘留处罚的人，因为他们的人身自由受到不同程度的限制，是否可以行使选举权利，选举法没有具体规定。在实际执行中，各地除对被劳动教养的和受拘留处罚的人做法不大一致外，其他几种人都是暂停行使选举权利。当时我们觉得过去都是这么办的，还得维持这个办法。胡乔木同志不同意，他说宪法没有可以暂停选举权的规定，这样做不符合宪法。我陪南斯拉夫代表团去杭州时，到彭真同志那里去汇报。他想了两天，说：乔木同志意见是对的，宪法没有暂停行使选举权的规定，所以不能这样做。这次规定：因反革命案或者其他严重刑事犯罪案件被羁押，正在受侦查、起诉、审判的人，经检察院或法院决定，在被羁押期间停止行使选举权利；检察院或法院没有决定停止选举权利的，则准予行使选举权利。上述规定对过去的实际做法有较大的改变。

还对人与户口不在一地的公民参加选举问题作出了规定。如选民在选举期间临时在外地劳动、工作或者居住，不能回原选区参加选举的，可以委托其他选民代为投票；多年居住外地，但没有转出户口的，在取得原选区选民资格证明后，可以在现居住地的选区参加投票。这就保障了这一部分公民能够行使选举权利。

1986 年修改的选举法还规定，经登记确认的选民资格长期有效，不再每次换届选举都普遍办理登记手续。

第四，关于代表候选人的提出，规定每一选民推荐的代表候选人的名额，不得超过本选区应选代表的名额。选民和各政党、各团体推荐的代表候选人都应当列入候选人名单，选举委员会不得调换或者增减。如果提出的候选人过多，需要经过选民酝酿、讨论、协商后，根据较多数选民的意见确定正式代表候选人。

问：您认为搞好县乡直接选举的关键是什么？

王汉斌：县乡直接选举工作是关系到广大人民行使当家作主的民主权利和加强地方政权建设的大事。搞得好不好，关键在于选举工作是否充分体现和发扬社会主义民主，充分发动群众，真正尊重选民的意志，保障他们选举的民主权利。

1986年底，县乡换届选举中，有一些地方没有注意严格依照选举法办事，发生了一些问题，如领导或上级指定候选人、强迫群众投票，硬性规定代表构成和各种代表比例，指定某一选区必须选出某一特定的民族、性别、职业、成分的代表等，引起一些干部、群众和学生不满，有的地区部分大专院校的少数学生贴出大字报，对正在进行的换届选举工作提出意见。党中央和全国人大常委会对此很重视，12月25日以中共中央办公厅和全国人大常委会办公厅名义联合发出关于县、乡两级换届选举工作一些问题的紧急通知。同时，胡启立同志让我就县乡两级人大代表直接选举问题答记者问，稿子是启立同志亲自审定的。12月28日，《人民日报》刊登了这篇答记者问。我强调，在县乡换届选举中，各政党、团体可以联合或单独推荐代表候选人，选民10人以上联名也可以提出候选人，有的选民愿意当候选人的可以经由选民10人以上联合提出，不得采取由领导或上级指定候选人、强迫群众投票的做法，也不得拒绝将选民依法提出的候选人列入初步候选人名单。对需要照顾的各方面的代表，可以由各政党、团体联合或单独提名，但仍应尊重选民意愿，经选民充分酝酿、讨论、协商，获得多数选民同意才能列入正式候选人名单，不能要求保证当选，也不能硬性规定代表构成或各种代表比例，不能指定某一选区必须选出某一选定民族、性别、职业、成分的代表。

问：在修改选举法和地方组织法过程中，还提出了县、乡政权任期由三年改为五年的问题。当时对这个问题是怎样考虑的？

王汉斌：1987年至1988年上半年的换届选举中，提出了许多新的问题，其中一个问题是，县乡政权每届任期是否要改为五年。

1990年底，全国人大常委会法工委、办公厅会同中组部、民政部，到四川、湖南、湖北、吉林、江苏、山东调查。总的来看，主张县级政权任期由三年改为五年的意见比较普遍；对乡级政权任期，许多同志主张由三年改为五年，但也有不少同志不赞成改。主张县、乡两级政权任期改为五年的主要理由是：（1）每届任期三年，干部"一年看，二年干，三年等着换"，容易产生短期行为，工作缺乏长期打算，每次换届选举容易思想波动，影响工作。（2）三年换届一次，选举次数较多，每次要耗费大量人力、物力、财力，领导还要费很多的时间和精力安排干部。

这些问题是存在的，所提意见也是有道理的。但是，我们经过调查，反复研究，感到延长县乡政权任期的问题还需要慎重考虑：第一，从历史看，县乡两级政权任期，建国初期为一年，1954年宪法规定为二年（包括直辖市、设区的市也是二年），1982年宪法改为三年，已经比过去延长了。第二，现行宪法规定，直接选举产生的县乡两级人大每届任期三年，间接选举产生的全国人大和省、自治区、直辖市、自治州、设区的市人大每届任期五年，对直接选举和间接选举的任期作了不同的规定，是有道理的。主要是考虑县乡两级政权管辖的范围比较小，同群众直接联系比较多，从发展基层直接民主、加强社会主义民主政治建设着眼，任期短一点，即县长、乡长的任期比总理、省长、市长的任期短一点是合适的。第三，所谓"一年看、二年干、三年等着换"的说法，还需要全面分析。从实际情况看，绝大多数县、乡干部都在当地做过多年工作，对当地情况比较熟悉，并不需要在当选后还要先看一年才能工作，现在县、乡领导干部变动频繁，许多县、乡领导干部，特别是乡长、副乡长，任职不满三年，甚至只有几个月即被调走，群众反映"一千张选票，不如一纸调令"。还有，按照法律规定，县、乡干部每届任期三年，并不是只能干三年，而是可以连选连任的。现在换届选举干部变动较大，主要是由于年龄关系，以及组织部门全面考虑人事安排、干部交流的需要。第四，民主是要麻烦的，也是要花时间的。从实践经验看，每次换届选举，对一些干部虽然会引起一些思想波动，但也是对干部的一种压力，一种动力，对干部更好地重视群众的要求和意见，努力做好工作，改进工作作风，密切同群众的联系，都有促进任用；对广大群众来说，又是一次民主的实践，对发展社会主义民主，增强人民群众当家作主、管理国家事务的主人翁责任感，监督、促进政府改进工作，有着重要意义。第五，现在许多地方感到换届选举负担较重，这是实际情况。这个问题可以通过简化选举程序，改进工作，适当加以解决。第六，民政部和不少同志不赞成把乡级政权任期由三年改为五年，主要理由是乡级政权同人民群众的关系最直接，延长任期不利于群众对乡级政权的监督，对健全基层政权建设也是不利的。

　　我们将上述情况向中央写了报告，提出的意见是：改变县乡两级政权的任期，如果只是修改选举法和地方组织法，可以考虑根据多数意见把换届选举期限由三年改为五年。问题是还需要修改宪法。修改宪法应该是理由很充分，非改不可的。我们考虑，把县、乡两级政权任期由三年改为五年，虽有一定的理由，但很难说理由是很充分的，也很难说五年一定比三年更合适。因此，我们倾向目前暂不修改。

中央讨论后同意报告提的意见，决定在七届全国人大任期内对宪法不考虑再作修改。因此，三年改五年的事也暂时搁置下来。

1993年修改宪法时，关于县、乡两级政权任期由三年改为五年的问题又提出来了。经广泛征求意见，反复研究，决定将县级政权任期由三年改为五年。这样修改与党章中关于县级党委的任期规定也相适应。征求意见中，也有一些地方主张乡级政权任期也改为五年，以减少换届选举的工作量。这个意见没有被接受。中共中央在《关于修改宪法部分内容的建议的说明》中说："考虑到乡级政权是最基层的政权组织，任期不宜过长，并且目前乡镇人大任期以不改动为好。由于换届选举工作量过大问题，可在实践中进一步研究改进。"

2004年修改宪法时，将乡、镇人大任期由三年改为五年。理由是，这样修改，各级人大任期一致，有利于协调各级经济社会发展规划、计划和人事安排。

三、适当减少代表名额

问：选举法对代表名额问题是怎样规定的？实施中有什么问题？

王汉斌：1953年制定的选举法，对各级人大代表的名额作了规定。当时规定的代表名额还是比较少的，但是实施中没有严格执行，代表名额有较多的增加。1979年重新修订选举法时，就提出了要减少代表名额的问题。民政部还提出了减少代表名额的具体方案。但各地反映代表名额减少太多，一下子难以做到。因此，在选举法草案最后通过之前，彭真同志决定改为"由各省、自治区、直辖市的人民代表大会常务委员会，按照便于召开会议、讨论问题和决定问题，并且使各民族、各地区、各方面都能有适当数量的代表的原则自行决定"。虽然改为由各省自行确定代表名额，但有一条，就是要"便于开会、讨论和决定问题"。当时彭真同志对这个问题作了说明，他说：经验证明，代表人数太多，并不便于代表充分讨论和决定问题。代表人数不要太多，既要包括各方面的代表，又要便于开会、讨论和决定问题，现在代表人数恐怕是偏多了，恐怕还是少一点好。1980 年 7 月，中共中央批转民政部党组的报告，提出县级人大代表的名额不宜过多，建议最多不要超过 450 名。

实行的结果是，各地人大代表的名额仍在不断增加。据统计，1986 年全国省级人大代表就有 24543 名，其中 29 个省、自治区、直辖市中，人大代表人数超过 1000 人的就有 6 个；在 800 到 999 人之间的有 13 个；在 600 到 799 人之间的有 4 个；在 400 至 599 人之间的有 6 个；最少的是青海省也有代表 450 名。人大代表的人数确实是多了。

1986 年借全国换届选举的机会，我们考虑将各级人大代表的名额减少一些。为此，我主持拟订了适当减少地方各级人大代表名额的方案。按照这个方案，各级人大代表的名额都有不同程度的减少。其中，省级人大下一届代表名额同本届代表名额相比，多的减少 48%，少的减少 17%；设区的市多的减少 56%，少的没有减少，略有增加；县级多的减少 53%，少的减少 7%；乡镇多的减少 63%，少的没有减少，略有增加。

问：这次提出减少代表名额是怎么考虑的？

王汉斌：我们认为，要从政治体制改革的高度，从精简、效能出发，来考虑减少人大代表名额的问题。减少代表名额，可以便于开会，讨论问题。有的同志一方面喊人大开会多了，一年一次人代会，两个月一次常委会，感到开会是个麻烦和负担；另一方面却又嫌代表名额少，要增加代表，主要是要照顾方方面面。可见，不同意减少代表名额甚至要增加代表，并不一定是为了更好地发挥人大代表的作用，更好地行使人民代表大会的职权。

1986 年 11 月 18 日，中共全国人大常委会机关党组向中央报送了《关于地方各级人大代表名额问题的请示》，提出了减少和规范代表名额的方案。中央书记处专门开会讨论，并在 12 月 8 日作了批示。批示说：中央书记处原则同意全国人大常委会机关党组《关于地方各级人大代表名额的请示》，现转发给你们。中央书记处认为，为了有利于各级人民代表大会有效地行使宪法规定的国家权力机关的职权，按照选举法的有关规定和精简、效能的原则，适当减少地方各级人大代表的名额是适宜的。关于县、乡两级人大代表的名额，请参照这个方案研究执行。

问：当时认为能够按照这个方案把人大代表的名额减下来吗？

王汉斌：提出这个方案是有依据的。首先，我们认为，人大代表中有些照顾是必要的，比如说对少数民族就需要照顾。但是要照顾到方方面面，照顾得太细，就需要研究。比如，人大代表中要有优秀的运动员，但不能足球、排球、乒乓球、长跑、短跑、跳高等各个项目都要有人来当人大代表。照顾可以只考虑几个大的方面，如党外人士、妇女、少数民族、科技界、文艺界等，不能要求各行各业都照顾到。有的还提出，人大代表也要照顾到各个地方，每个县、每个乡、甚至每个自然村都要有人大代表，那样人大代表的人数自然就多了。

其次，我们考虑以下情况可以减少代表：一是党政各部门的负责人大多数可以不提名为人大代表候选人，减少党政干部中人大代表的人数。二是一些平时工作很忙，基本上没有时间参加代表活动的专业人员，也可以不提名为代表候选人。三是一些年事已高，担任过多届人大代表的现任代表可以不再连任。从以上几个方面适当减少人大代表名额是完全可以做到的。

能不能把人大代表名额减下来？关键是个认识问题和下决心的问题。我们要建设什么样的人大？要不要建设一个有权威、有成效的人大？需要从这个高度考虑和认识减少代表名额问题。

问：当时提出减少地方人大代表名额的问题。那么，全国人大代表的名额要不要减少呢？

王汉斌：当时就有人提出这个问题，说你们只减少地方人大代表，为什么不减少全国人大代表？我说，全国人大代表名额也减少了。1982年12月分配六届全国人大代表名额时，就从3497名减少到2978名，减少了500多名。当时中央决定全国人大代表不要超过三千人。这500多名代表是怎么减的？主要是从解放军和北京、天津、上海的代表中减的。军队的代表从503名减到267名，减少了差不多一半；北京是减少比例最大的，从217名减少到70名，减少了147名；天津从121名减少到51名，减少了70名；上海从184名减少到82名，减少102名。全国减少519名，京津沪加上解放军共减少了550名，就这四家承担了减少代表名额，也都减下来了。当时上海一再打报告，反映代表减的太多，实在安排不下来，也没有答应给上海增加名额。后来上海也没有再提增加名额，所以咬咬牙就解决了。

全国人大代表的名额是不是还可以减少呢？我看也是可以研

究的。起草一九八二年宪法时，胡乔木同志就提出减为 1200 人的方案。1986 年提出减少地方人大代表名额时，我们也研究减少全国人大代表的名额。尚昆同志非常支持减少全国人大代表名额的意见。他说减少军队的代表名额我去做工作。当时，曾考虑全国人大代表的名额，最好第一步减少到 2200 人左右，第二步减少到 1500 人左右。后来有位中央领导同志说：党代会的代表还 2000 多人，人大代表怎么也不能比党代会的代表少。这件事就搁下来了。

四、代表名额的规范化

问：在减少人大代表名额的同时，为什么还必须实现人大代表名额的规范化？

王汉斌：我认为，代表名额问题是选举法的重要内容。修改选举法不单是要减少代表名额，更重要的是以法律形式规定代表名额。过去，由于代表名额不规范，各地各自为政，造成有的省人口少，代表名额多；有的省人口多，代表名额少；有的人口差不多的省，代表名额却相差悬殊。这是不合理的。

1986 年修改选举法时，我们提出要对各级人大代表名额作出统一的规范，定出一个确定人大代表名额的客观标准，按地区、按人口，把人大代表名额规范化。初步考虑的方案：规定各级人大代表的名额的基数，比如省级 300 名，设区的市和自治州 200 名，县级 100 名，乡镇 30 名。在这个基数的基础上，再按人口数的多少增加代表的名额。如省级每 15 万人增加一名代表，设区的市和自治州每 2.5 万人增加一名代表，县级每 0.5 万人增加一名代表，乡镇每 0.15 万人增加一名代表。就是采取按省、市、县、乡的基数和按一定的人口数相结合的办法。美国有参议院和众议院，参议院选举按每州选举二人，众议院选举按人口数即多少人选一名代表。我们把这两者结合起来，按地区基数和按人口数结合起来确定代表名额。考虑到各省、自治区、直辖市的人口数差别较大，有的人口上亿，有的只有二百多万，如果完全按人口数，代表名额就相差很大，所以规定一个基数，解决名额相差悬殊的问题。由于各省的基数是一样的，省与省之间的代表名额就能够稍微平衡。再一个考虑是省、市、县、乡代表名额应当不同，上级人大应比下级人大代表名额多一些。所以有不同的基数，就是不同层次应该有不同的代表名额。

按照修改方案，大部分地方的代表名额会减少。是不是代表名额少了呢？我的看法不是少了，还是多了。同世界各国相比，我们的代表名额还是多了。如美国 2 亿多人口，众议院议员 435 人；日本 1 亿多人口，国会议员 511 人；印度和我们人口差不多，议员只有 540 人；巴西 1 亿多人口，议员 470 人；菲律宾 6400 多万人口，议员 250 人；越南 7000 多万人，国会议员 395 人；老挝 470 万人口，议员 85 人。按我们的方案，有的乡人大代表 100 多人，比老挝一个国家的议员还多。

问：减少和规范代表名额的方案是如何写进选举法的？

王汉斌：1986 年的方案在征求意见中，多数地方不赞成，还是愿意按照 1979 年的做法，即由省、自治区、直辖市人大常委会来决定代表名额。有的原则同意减少代表名额，可是一到具体测算名额时就感到名额少了。有的建议全国人大常委会只规定省级人大代表名额，省级以下各级人大代表名额由省级人大常委会决定。由于各地不同意，未能将上述方案写入选举法中，而是由中央原则批准，其中县乡两级人大名额的方案可以参照执行。这个方案下发后，各地的人大代表名额总的都有所减少，有的减得多些，有的减得少些，但大多数都没有完全按这个方案执行，只有四川省是比较严格按这个方案执行的。

1995 年修改选举法时，对代表名额问题再次作了研究。考虑到 1986 年的方案已经执行多年，实践证明基本可行，由法律加以规定的条件已经具备。我们根据常委会委员和地方的意见，对 1986 年的方案作了一些修改，主要是适当增加了代表名额的基数，即省级基数由 300 名增加为 350 名，设区的市和自治州的基数由 200 名增加为 240 名，县级基数由 100 名增加为 120 名，乡镇基数由 30 名增加为 40 名。按人口数增加代表名额的方案，没有改变，仍是 1986 年的方案。经中央讨论同意后，将这个方案写进了修改草案，获得全国人大常委会会议通过。

代表名额定了以后就不再变动。如果变动，那就需要修改法律。我们常常有个理由，人口增加了，代表名额就需要增加。其实这个理由是不能成立的。人口增加了，只是更多的人选一名代表嘛，并不一定要增加代表名额。美国众议院的议员名额435 人，人口从 1 亿多增加到 2 亿多，议员名额还是那么多，固定不变。因此，代表名额定下来后，不要再变动，这也是规范化的一个内容。

还有，人大常委会组成人员的名额，也应规范化，固定下来，以后不再变动。前几次换届选举，有几个省提出要增加常委会组成人员的名额，因为一些同志要到人大常委会当委员。我们都答复，本届内不要再增加名额。六届全国人大常委会时，有一次提出补一位离职的部长来当委员。当时委员长会议研究，常委会组成人员 155 人，还是不要动。后来请示中央，耀邦同志说，可以不增加常委会组成人员名额，这位同志改任中顾委委员。

五、改革农村和城市每一代表所代表人数比例的不平等制度

问：还有一个问题：选举法原来规定农村和城市每一代表所代表的人数的不同比例，是因为什么？后来是怎样逐步趋同的呢？

王汉斌：1953 年选举法规定，农村与城市多少人选一名代表的比例是不同的，县是四比一，省为五比一，全国为八比一。以后数十年这个比例一直没有改变。农村与城市每一代表所代表的人口数不同，是不平等的。我们通常讲选举的基本原则是普遍、平等、直接、无记名投票。所谓平等，就是投票权平等，一人一票，无论城市、农村代表名额分配平等。邓小平同志在 1953 年关于选举法草案的说明中指出："这些在选举上不同比例的规定，就某种方面来说，是不完全平等的。但是只有这样规定，才能真实地反映我国的现实生活，才能使全国各民族各阶层在各级人民代表大会中有与其地位相当的代表。"当时城市比农村比例少，是因为城市知名人士较多，各界代表性人物也比较多，民主党派、工商界、知识分子中的知名人士比较多，所以是从我国的现实情况出发，规定城市比例小。小平同志接着又说，随着我国政治、经济、文化的发展，我们将来也要过渡到更为平等和完全平等的选举。

1995 年修改选举法时，我们研究认为，经过 40 多年，特别是改革开放 10 多年来，政治、经济、文化有了很大的发展，城乡人口结构和比例也有较大的变化，城市人口比重增加了，在这种情况下，仍然维持原来的比例，就更不合理，更不平等。当时农村人口 8 亿，城市人口 3 亿，如果按八比一的比例，农村选 1000 名代表，城市就要选 3000 名代表，8 亿选 1000，3 亿选

3000，显然是不合理。所以，在修改选举法中，关于代表比例问题也专门报告请示中央，同意把农村与城市选举代表的人口数比例改一下。第一步是先统一改为四比一，即将省、自治区、直辖市和全国这两级人民代表大会中农村与城市每一代表所代表的人口数的比例，从原来的五比一、八比一修改为四比一，自治州、县、自治县仍维护原来的四比一不变。1982 年修改选举法时，各地反映有的县辖镇的人口特多，或者不属于县以下人民政府领导的企业事业组织的职工人数在全县总人口中所占比例较大，按四比一的比例分配给农村的代表名额太少。因此，修改后的选举法规定，对属于上述两种情况的县，经省级人大常委会决定，农村每一代表所代表的人口数同镇或企事业职工每一代表的人口数之比可以小于四比一直至一比一。随着人口的变化和经济的发展，还要作进一步的改变，做到完全平等。代表人口数比例的修改，也是选举制度改革、完善的一个重要内容。

农村和城市每一代表所代表的人口数比例改变后，各省、自治区、直辖市的全国人大代表名额将会发生变化。原来农村人口多的，代表名额将增加；原来城市人口多的，代表名额将减少。总之，农村和城市每一代表所代表的人口数的比例改变后，各地应选全国人大代表的名额会有变化，但总的名额没有变，在总的名额框架里面，按照比例变化有多有少。六届、七届、八届我们注意到分配给地方的名额都固定下来。中央分配名额、解放军名额没有变，这是从规范化出发考虑的。比例变化后，分配给地方的总名额还是不变，只是各地有点变动。

2010 年对选举法的修改，实现了农村和城市每一代表所代表的人口数比例完全一致。这是我国选举制度的一个重大的进步。

关于制定民族区域自治法的
几个问题
——王汉斌访谈录之四

题解：1984 年 5 月，第六届全国人民代表大会第二次会议审议通过了《中华人民共和国民族区域自治法》。这部法律是根据宪法关于民族区域自治的基本原则和规定，具体保障这个制度顺利实施的基本法律。它正确规定了民族自治地方的建立和自治机关的组成，以及自治机关的自治权，并对加速发展民族自治地方的经济文化建设事业，大量培养少数民族干部和各类专业人才，作出了一系列具体规定，符合各少数民族的根本利益，反映了各族人民的共同意愿。

一、民族区域自治是国家的一项重要政治制度

问：我国是个多民族的国家，处理好民族问题是党和国家的一项重要任务。世界上许多国家都没有能解决好这个问题，对社会稳定与经济发展都有很大的影响。我们国家实行的是民族区域自治制度，这是国家一项重要的政治制度，在这一点上我们并没有学苏联。到底这个制度是什么样的呢？最初是如何设计的呢？

答：建国前一段时期，我们党曾经提出建立联邦共和国的主张。1949 年准备召开中国人民政治协商会议，起草共同纲领时，毛泽东同志提出，要考虑到底是搞联邦制还是搞统一共和国，少数民族区域自治。经过党中央反复酝酿研究，并同党外人士协商，决定不搞多民族联邦制，在少数民族聚居的地方实行民族区

域自治。

1949年《中国人民政治协商会议共同纲领》中规定："各少数民族聚居的地区，应实行民族的区域自治，按照民族聚居的人口多少和区域大小，分别建立各种民族自治机关。凡各民族杂居的地方及民族自治区内，各民族在当地政权机关中均应有相当名额的代表。"1952年《中华人民共和国民族区域自治实施纲要》中规定："各民族自治区统为中华人民共和国领土的不可分离的一部分。各民族自治区的自治机关统为中央人民政府统一领导下的一级地方政权，并受上级人民政府的领导。"1954年《中华人民共和国宪法》中规定："各少数民族聚居的地方实行区域自治。各民族自治地方都是中华人民共和国不可分离的部分。"

实践证明，实行民族区域自治制度对维护国家统一、保障国家主权、领土完整，保障各少数民族的合法权利和利益，加速各少数民族地方经济和文化的发展，有非常重要的意义。

问：1982年制定新宪法时，已经进行改革开放，情况发生了很大的变化，当时对民族区域自治制度有什么考虑？

答：修改宪法中，对民族区域自治问题进行了充分的讨论、研究。小平同志一再强调，还是我们的民族区域自治制度比较好，比联邦制好。1981年8月，小平同志在新疆视察时，同自治区负责同志谈话时又指出：要把我国实行的民族区域自治制度用法律形式规定下来，要从法律上解决这个问题，要有民族区域自治法。彭真同志也指出：我们国家就是实行民族区域自治，不搞联邦制，不搞加盟共和国，不搞民族自决。因此，宪法规定，各少数民族聚居的地方实行民族区域自治，设立自治机关，行使自治权。同时规定，中华人民共和国是全国各族人民共同缔造的统一的多民族的国家，各民族自治地方是中华人民共和国不可分离的组成部分。当时有人认为后一句话可能会在少数民族中引起某些疑虑，可以不写。经过研究，这句话还是要写。这样规定，不是无的放矢，可有可无，而是具有重大的现实意义。我们从多年来达赖鼓吹所谓"西藏独立"，新疆某些民族分裂分子鼓吹所谓"东土耳其斯坦共和国"，就更加清楚地看到，宪法的这一规定对维护国家的统一和领土、主权的完整，具有多么重大的意义。

在宪法起草过程中，有的同志提出应当规定实行民族区域自治的民族在自治机关中占主要成分。有人还提出，毛主席说过自治地方党委的组成也要民族化，用来说明自治机关要由自治民族占主要成分。彭真同志请提出这个意见的同志起草出宪法条文来。他们没能写出来。当时，小平同志说，自治地方的干部还是要讲共产主义化。我觉得小平同志的意见非常重要。在民族自治地方，除了实行民族区域自治的民族外，还有别的民族，而且许多民族自治地方的自治民族往往并不占多数。同时，使用干部还要看德才条件，还有专业知识和业务能力，如果主要看民族成份，而忽视其他因素，对民族自治地方的经济、文化发展并不一定有利。当然，在自治机关人员的组成方面也应体现民族自治地方的特点。因此，宪法规定，自治区主席、自治州州长、自治县县长，由实行民族区域自治的民族的公民担任；人大常委会中应有实行民族区域自治的民族的公民担任主任或者副主任。同时，民族自治地方依照宪法规定的权限行使自治权，可以根据本地方实际情况贯彻执行国家的政策，自主管理本地方的经济、文化建设事业。

二、民族区域自治法的起草工作

问：根据宪法，起草制定了民族区域自治法，1984 年 5 月 31 日由六届全国人大第二次会议通过。起草这部法律，是不是由法制委员会起草的？有哪些主要问题？

答：民族区域自治法的起草工作早在 1980 年就开始了，宪法一通过，起草工作就按照宪法的规定抓紧搞起来。民族区域自治法是由杨静仁同志主持起草工作的。当时的起草领导小组是由中央任命的。组长是政协副主席、统战部部长杨静仁，成员有全国人大民委副主任伍精华，有全国人大民委副主任、统战部副部长李贵，我记得还有人大民委的秘书长云北峰同志。起草班子主要是统战部和国家民委的同志。

1984 年年初，民族区域自治法草案准备提请人大审议的时候，发现了好多问题。最主要的问题就是把在制定宪法时研究过并被否定的东西又都写进了民族区域自治法草案。这似乎是个规律性的问题，在立法过程中，当对法律作具体规定、制定实施细则或者是作司法解释的时候，往往把在研究法律条文时否定的问题、否定的内容，又都写进实施细则或者司法解释里了。我可以举出不少例子。民族区域自治法草案把宪法研究讨论过的问题又写进去了。最根本的一个问题就是民族区域的自治权是由自治民族行使，还是由自治机关行使？草案写的是："各少数民族以其聚居区为基础，建立民族自治地方，实行区域自治的民族，通过自治机关，行使自治权。"还规定："民族自治地方自治机关的组成，应当体现实行区域自治的民族行使自治权利和有利于民族团结的原则。"自治机关的"领导成员和工作人员中要配备实行区域自治的民族人员和适当数量的其他民族的人员"。

1984 年 1 月 19 日下午，彭真委员长主持召开委员长会议，决定将民族区域自治法草案列入六届全国人大常委会第四次会议审议。委员长会议对这项议程特别强调：民族区域自治草案，准备提请六届全国人大二次会议审议。关于民族问题，宪法的规定，在政治上是比较完备的。民族区域自治法在政治上就按宪法的规定。现在民族自治地方的根本问题是要搞好经济和文化建设。经济，主要抓生产；文化，主要抓教育。还有语言问题。汉族干部到少数民族地区工作，要学少数民族语言；同时，少数民族也要学习汉语。这些问题，在制定民族区域自治法时要加以考虑。

这里讲一个小插曲，是个提法问题。1984 年 2 月 29 日六届全国人大常委会第四次会议审议民族区域自治法草案，由阿沛·阿旺晋美副委员长在会上作的说明。说明稿子里有一句话，讲"符合国务院的方针政策"，就是这个语言。彭真老人家很不满意，问我："这是谁起草的？"他说，人大制定法律，怎么是符合国务院的方针政策？人大要审议国务院提出的方针政策，怎么要符合国务院的方针政策呢？就这个话题，我向彭真同志讲了民族区域自治法律草案中的问题，一些宪法否定了的问题又写上了。包括自治民族行使自治权利、自治机关由自治民族的人员占主要成分等等。民族区域自治法的制定工作，按照法定程序一步步展开。1984 年 2 月 29 日六届全国人大常委会第四次会议召开，阿沛·阿旺晋美副委员长向会议作关于《中华人民共和国民族区域自治法（草案）》的说明。会议决定：将民族区域自治法草案交法律委员会，由法律委员会根据常委会的审议意见和各地方的意见，并进一步征求意见修改后，再提请下一次常委会审议。会后，法律委员会于 3 月 31 日、4 月 2 日召开座谈会，征求意见。于 4 月 13 日至 16 日连续四天召开法律委员会会议，审议民族区域自治法草案。4月26日上午，又召开了六届全国人大法律委员会第33次会议，这次会议实际上是与人大民委、法工委三家联席会议。会上，我传达了彭真、乌兰夫同志对民族区域自治法草案的修改意见。当天下午，彭真委员长和陈丕显副委员长主持召开委员长会议。会上我汇报了彭真委员长在人大民委、人大法律委和人大常委会法工委负责同志会议上提出的关于民族区域自治法草案的修改意见。委员长会议原则同意彭真委员长的意见。1984年5月5日，六届全国人大常委会第五次会议召开，会上，张友渔同志作法律委员会关于《中华人民共和国民族区域自治法（草案）》审议结果的报告。会议决定，将《中华人民共和国民族区域自治法（草案）》提请六届全国人大第二次会议审议。

问：一些有分歧的问题都是一些重大原则问题，与民族问题联系起来，处理的难度就更大。中央是怎么解决的？

答：很快就要开六届人大二次会议了，一些重大原则问题还有分歧意见，我们就向彭真同志作了专门汇报，顾昂然同志汇报了民族区域自治法草案中的几个主要问题。彭真同志说，我没有办法，开会。

全国人大六届二次会议召开前，1984年5月8日晚上十点钟，彭真同志召集会议，研究民族区域自治法的问题。把乌兰夫、杨静仁同志都找来了。我、顾昂然、项淳一，还有张友渔同志参加。当时乌兰夫还在医院里住院，也赶来了。这个会争论得很厉害，主要是要不要规定自治民族行使自治权利、自治机关主要成分是自治民族这两条，意见分歧不能达成一致。友渔同志发表了很好的意见。六届全国人大那个时候，法律委员会有张友渔同志，他在立法中起了很大作用，许多法律问题他都提出了很好的意见，对我们有很大的帮助。

　　会议结束后，彭真同志说，这么大的问题，要报中央。就让我和陈丕显同志向习仲勋同志汇报。习仲勋同志当时是中央书记处常务书记，协助胡启立同志主持书记处日常工作。我和陈丕显同志向习仲勋同志汇报了起草民族区域自治法中的主要问题。习仲勋说，这可是个大事，你们赶快写个请示报告，报明天的中央政治局会议讨论。回到机关，我连夜赶写报告，陈丕显也没有下班，就在机关等着。因为第二天上午中央就要开会讨论。由于前些天我曾就这些问题，给杨静仁同志写过一个请示报告，可他一直没有答复，所以现在给中央写报告，在那个稿子的基础上写，就比较顺当，天快亮的时候我就把报告写完了。稿子写完了，就拿给丕显同志审批，他还等着呢。这一晚上他也没有睡多少觉，天亮才把报告批出去。

　　5月12日上午9点，在勤政殿，中央政治局召开第19次扩大会议，我列席了会议。会上，我代表法工委党组作了关于民族区域自治法（草案）几个问题的汇报后，胡乔木同志首先发言。因为会前已经向乔木同志汇报了会议内容，说这些都是大问题，有人会上要讲话，班禅就要王国权发言坚持他们的意见。乔木同志发言很有意思，他在会上就念民族自治地方有哪些权利，一条一条地念，说这些都是很大的权利呀，这些权利如果只有自治民族行使，而在自治区内的其他民族不能享受这些权利，可是个非常大的问题。最后，乔木同志说，民族区域自治法里面不能规定由自治民族行使自治权利。会议同意，不能写自治民族行使自治权利，而是自治机关行使自治权利。他还说了一句：以后我们不再用自治民族这个语言。杨静仁就说：草案上还有用自治民族这个语言的。我就说：草案中在规定行使自治权利的时候，没有用自治民族的语言，只在讲到自治机关组成的成分时写到自治民族。比如规定自治区主席由自治民族的人员担任；自治区人大常委会主任或副主任应当有自治民族的人员担任。自治机关组成的时候用了自治民族，在讲权利的行使时，都没有自治民族的语言，就是自治机关。政治局常委会结束后发的会议纪要中，明确写着：会议讨论并原则同意《中共法制工作委员会党组关于"民族区域自治法（草案）"的几个问题的请示报告》会议认为，《中华人民共和国民族区域自治法（草案）》中几个问题现在的写法比较确切，请乌兰夫、杨静仁同志向个别有不同意见的同志做点说服工作。民族区域自治法中对这几个问题的说明，宜简不宜繁，以免引起不必要的误会。以前的会议纪要对讨论的问题，一般就写原则同意请示报告。而这次会议纪要特别提到"现在的写法比较确切"。

会议结束后，我们往外走，这时习仲勋同志跟我说，乌兰夫、杨静仁对你们很有意见，说请示报告事先都不给他们看看。我说，我给杨静仁同志写了报告，送上好几天他都没有批复。

彭真同志对民族区域自治法草案的问题，讲过两句话，我的印象特别深。遇到这样的问题都是彭真他老人家讲话。第一句话是，我们一定要搞民族区域自治制度，决不能搞联邦共和国，更不能搞加盟共和国。一听了这话，全国人大常委会委员马木托夫·库尔班就紧张了，因为他在年初一次讲话讲到民族区域自治法必须解决自治民族行使自治权的问题。副委员长铁木耳就骂他，你说了什么话，彭真为什么讲联邦共和国？马木托夫·库尔班赶紧来找我，问我他讲话有什么问题，彭真同志怎么这么说？我说这不是针对你讲的，你放心吧。他的讲话，我在法制工作简报上还登了，全文登的。尽管有些意见我不同意，可我还是同意登他的文章，我不搞我同意的就登简报，我不同意的就不登简报的那种事情，我还专门登不同意的意见。

老人家第二句话是，有关民族区域自治的法律规定，关系十分重大，关系着国家命运，搞不好是要流血的，千万不能大意。彭真同志真有政治远见，这句话说得非常重，这些争论问题搞不好要流血，老人家的这句话，绝不仅仅是讲法律条文。我想，只有老人家说这个话。每当遇到重大的问题、原则的问题，就是彭真同志出来讲话。

按照中央政治局会议纪要和彭真同志的指示精神，我们对民族区域自治法草案的说明重新起草。我和老顾，还有人大民委的史筠同志，一起奋斗了十天，把民族区域自治法草案的说明写出来。民族区域自治法草案提交大会审议时，彭真同志跟阿沛·阿旺晋美副委员长讲，你就用王汉斌同志写的稿子作说明。因为当时提交大会的还有一个说明稿，是别的同志写的，但精神距离较远。后来阿沛·阿旺晋美副委员长作说明时，用的是我们写的说明稿。

问：还有什么问题有不同意见？

答：围绕民族区域自治的问题，还是有些问题有争论。第一个问题是在草案中是否规定"逐步消除历史上遗留下来的民族间事实上的不平等"。有的同志强调，这是党的一贯提法，民族区域自治法必须写上。这个提法在中央文件和中央领导同志的讲话中曾经使用过，但是1952年制定的民族区域自治实施纲要、1954年宪法和现行宪法都没有作这样的规定。十一届六中全会决议、十二大报告和党章也没有这样写。民族区域自治法中不写并不涉及是否改变过去的提法。我认为，消除民族间事实上的不平等，在现阶段是难以办到的或者是办不到的，把现阶段办不到或者难以办到的事情一定要用法律加以规定，是有问题的。正如消灭三大差别，为实现共产主义而奋斗，这是我们的最高纲领，因为现阶段办不到，宪法就没有写。考虑到要逐步消除民族间事实上的不平等，最根本的还是要积极地发展少数民族地区的经济、文化、教育事业。因此，民族区域自治法按照宪法的规定，从正面规定，"加速民族自治地方经济、文化的发展"。"逐步消除民族间事实上的不平等"一句话，并在说明中指出，建国以来我们对逐步消除民族间事实上的不平等，已经做了大量的工作，并且还要继续努力这样做，只是不作法律规定。

第二个问题是教育，少数民族教育。有的意见提出，少数民族上大学要降低录取分数线，规定招生比例；草案也曾考虑规定对少数民族考生采取"择优录取与规定比例相结合的原则"。当时的教育部长何东昌同志就不赞成。我说，少数民族上大学的录取分数线恐怕不能降低。降低录取标准并不能提高民族地区学生的素质，对少数民族并没有什么好处。另外，不同文化程度的人上同一所大学，对大学里的教学活动要造成困难。彭真同志说，不能是大学的招牌，中专的水平。后来研究这个问题，规定招生比例的办法，可能产生学生成绩过于悬殊，学校教学不好办。但为了有利于大量培养少数民族的专业人才和干部，对少数民族上大学、中专又必须有所照顾。因此，就想了一个办法，就是国家设立民族学院，综合大学可以设民族班、民族预科班，以便更多地招收少数民族学生。这是我出的主意，多设立民族学院，专门招收少数民族学生。清华、北大可以设民族班，不影响学校的教学。把这个内容规定到民族区域自治法里了。这个问题还涉及民族自治地方汉族学生上学的问题。在新疆那些汉族干部最发愁的事情就是子女上学问题。他们讲，我们一辈子支援边疆、建设边疆，可我们的子女跟着我们受影响。光照顾少数民族了，我们子女分数考得比少数民族的学生高，结果反而是分数低的上了大学，分数高的却上不了大学，不平衡。因此立法要考虑问题的两方面，不能只考虑一方面。据此，民族区域自治法规定："国家举办民族学院，在高等学校举办民族班、民族预科班，专门招收少数民族学生，并且可以采取定向招生、定向分配的办法。高等学校和中等专业学校招收新生的时候，对少数民族考生适当放宽录取标准和条件。"这样，在汉族与少数民族学生的分数差不多的时候，也就是在同等条件下，少数民族的学生优先录取。

第三个问题是招工。这也是解决民族问题的一件大事情。中央在民族区域自治地方进行大型工程建设，内地到边远的地区投资建设，一方面发展民族地方的经济，另一方面也能解决民族地方的就业。但是，这些建设工程从内地带去大批工人，有问题。这些工人到了那里，吃住等等都需要解决。但这还不是主要的，主要是挤了少数民族人员的就业，少数民族看不到国家建设的好处。国家进行这些建设应当使民族自治地方得到好处，所以要尽量在当地招工，大量招收少数民族的工人，为民族自治地方解决就业问题。民族区域自治法规定："国家在民族自治地方开发资源、进行建设的时候，应当照顾民族自治地方的利益，作出有利于民族自治地方经济建设的安排，照顾当地少数民族的生产和生活。""上级国家机关隶属的在民族自治地方的企业事业单位，在招收人员的时候，应当优先招收当地少数民族人员。"不能嫌少数民族的工人水平低，就不用当地人，所有工人都从内地派。当然，有些技术工人从内地来也是需要的。要处理好这个问题，当时我们提出，不但要在当地招工，而且包括建设工程的附属服务设施，也要尽可能在当地解决。因为这是解决民族关系的一个重大问题。

第四个问题是语言文字问题。班禅副委员长再三强调西藏自治区要用藏文教学,学生要学藏文。民族区域自治法对使用少数民族语言文字问题作了专门的规定,如规定:"民族自治地方的自治机关保障本地方各民族都有使用和发展自己的语言文字的自由","保障各民族公民都有使用本民族语言文字进行诉讼的权利";规定:"民族自治地方的自治机关在执行职务的时候,依照本民族自治地方自治条例的规定,使用当地通用的一种或者几种语言文字;同时使用几种通用的语言文字执行职务的,可以以实行区域自治的民族的语言文字为主。""民族自治地方的人民法院和人民检察院应当用当地通用的语言审理和检察案件";规定:"招收少数民族学生为主的学校,有条件的应当采用少数民族文字的课本,并用少数民族语言讲课。"

但当时讨论的问题是,民族自治地方,少数民族要不要学习汉文?少数民族学习汉文对少数民族是有好处的,学习汉文是少数民族的利益所在。如果小学生不学习汉语文,到了高中、大学你怎么办?怎么考大学?怎么上清华、北大?少数民族的素质水平怎么提高?少数民族怎么和其他地区交往、交流?所以,民族区域自治法规定:"小学高年级或者中学设汉文课程,推广全国通用的普通话。"从小学就进行双语教学。另外,还有人主张,少数民族没有文字的,应当帮助其创造文字。比如壮族,已经都使用汉字了,要造出一套壮文来。当时王任重同志就一直不同意这个意见,他说,那个少数民族本来就没有文字,为什么还要造?费那么大劲,造出来让他学,使用范围只有本民族那么小,学了又没有多大用处,对少数民族没有好处。语言文字的发展是离不开社会政治经济文化的发展的,生造出来实践中不能使用的文字,有什么用?所以,民族区域自治法没有采纳这个意见。

　　第五个问题是自治区的区划问题。我们国家省一级的行政区划中有五个自治区，也就是省一级的民族自治地方。同时，各省还有自治州、自治县，这些行政区划有的时候需要进行调整。但是，有时候我们的调整过于频繁，引起民族自治地方很大的意见。"文革"时期对内蒙古自治区的行政区划作过调整，划出一大片给了黑龙江、吉林和辽宁，还把额尔纳旗划给甘肃省，阿拉善盟划给宁夏回族自治区。内蒙古有意见，一直要求把那块地方再划回去。民族区域自治法专门作了规定："民族自治地方的建立、区域界线的划分、名称的组成，由上级国家机关会同有关地方的国家机关和有关民族的代表充分协商拟定，按照法律规定的程序报请批准。""民族自治地方的区域界线一经确定，不得轻易变动；需要变动的时候，由上级国家机关的有关部门和民族自治地方的自治机关充分协商拟定，报国务院批准。"强调对民族自治地方行政区划进行调整前，必须征得民族自治地方自治机关的同意。

　　第六个问题是自治区制定自治条例的问题。民族区域自治法规定："民族自治地方的人民代表大会有权依照当地民族的政治、经济和文化的特点，制定自治条例和单行条例。自治区的自治条例和单行条例，报全国人民代表大会常务委员会批准后生效。"但是到现在，五个自治区的自治条例都没有制定。主要就是权限问题，自治范围有多大，自治区有多大权力。这些问题和争论我都没有参与，但是内蒙古自治区在起草自治条例时，就来找我谈这些问题。内蒙古从起草一开始就一直争论，后来内蒙古自治区党委书记周惠同志找我，反映这里面的问题。还是要把原来起草民族区域自治法否定的东西恢复，我就对他说，凡是民族区域自治法我们研究不写的、经过讨论没有写上的东西，你们在自治条例里不要作规定。因为当时已经研究过、讨论过了。内蒙古人大主任是布赫同志，他们在制定自治条例时争得很厉害。后来，新任内蒙古自治区党委书记王群同志也来找我，我向他介绍了制定民族区域自治法时争论的几个问题，把法制工作委员会给中央的请示报告拿给他看，并把中央政治局会议讨论的情况也向他作了汇报，政治局会议纪要写的是同意法制工作委员会的请示意见，写法是确切的。法制工作委员会还给了他一个正式答复。王群说，有了这个我就好办了。但回去后还是受到很大压力。

云南的一个自治州在制定自治条例时提出，自治州的人大常委会主任必须由自治民族的人员担任。全国人大民委的同志就提出意见，宪法和民族区域自治法的规定是，人大常委会的主任或副主任应当有自治民族的人员担任。实际上，自治民族的人员担任人大常委会主任、副主任都可以，只要选上了。但是规定人大常委会主任只能由自治民族的人员担任，就不符合宪法的规定。我看这个意见是对的。

还有一个问题，与民族自治地方行使自治权有很大关系。宪法规定得很清楚，就是民族自治地方设立自治机关，行使自治权。但内蒙古自治区一直提出，选举人大代表按照人口数分配名额，自治民族也就是蒙古族的代表数达不到30%，无法有效行使自治权。选举法规定，如果各少数民族人口数低于民族自治地方总人口的15%，少数民族每一代表所代表的人口数可以比当地其他每一代表所代表的人口数少二分之一。内蒙古自治区的总人口约2300万，其中蒙古族人口为200多万，占总人口的百分之十几，不到百分之十五，那么在选举人大代表时，分配名额时，蒙古族每一代表所代表的人口数可以少二分之一。如果在内蒙古自治区每一代表所代表的人口数是1万人，蒙古族代表所代表的人口数可以是5000人。这就照顾了自治地方的少数民族，可以多选出代表来。但是内蒙古自治区一直提意见，说这样选出的代表中蒙古族的代表还太少，这个规定要改。改为少数民族每一代表所代表的人口数比当地其他每一代表所代表的人口数可以少于二分之一。"少"和"少于"之争，只差一个字，差别可就大了。少二分之一，就是一半。而少于二分之一，幅度可太大了，可以是一半，也可以是四分之一、五分之一，都行，没边了。他们一直坚持这个意见，要少于二分之一。少于二分之一这是不科学、不确定的语言。你要多选代表，也要讲平等权利吧，你选代表所代表的选民数比别人少一半，已经是不平等了，还要再少，其他民族还有没有平等的政治权利？汉族还有没有平等的政治权利？当时不少人就有这个反映。习仲勋同志就出来裁决，他讲，你想增加名额，让蒙古族多当选，办法就是多做工作，提出好的人选，让选民投蒙古族代表的票。实际中选出多少都行，但法律里不能写少于二分之一。1986年选举法修改时，这一条修改为："聚居境内同一少数民族的总人口数不足境内总人口数百分之十五的，每一代表所代表的人口数可以适当少于当地人民代表大会每一代表所代表的人口数，但不得少于二分之一。"

自治区的自治条例一直没有搞出来，原因是在自治条例中想把权力扩大，这就产生一些矛盾，国务院不同意，就有争论，自治条例也就出不来。其实如果真抓，也不是搞不出来。"文革"前怎么能搞出来，现在反倒搞不出来了？我就不相信。

三、市场经济与民族区域自治制度

问：小平同志南方讲话之后，提出要搞市场经济，当时曾刮了一股风，说以前的立法都是为计划经济服务的，都要修改。对民族区域自治法是不是也提出要修改？

答： 1993年修改宪法，将计划经济体制改为市场经济体制以后，刮起了一股修改法律的风，提出以前制定的法律都是在计划经济条件下搞的，现在实行市场经济了，都不适用了，要修改。修改民族区域自治法也提出来了，理由就是民族区域自治法是在计划经济体制下制定的，不能适应市场经济体制，必须修改。就这一条理由，就提出要修改，人大民委就着手起草修正案。田纪云同志出来协调也不成，非要修改。有位副委员长在宁夏作报告，也说民族区域自治法已经不适应市场经济了。那年我到云南去，从省里到县里，见面都提出要修改民族区域自治法。我问有什么理由修改法律？也说已经不适应市场经济了，要改。我的好朋友云南省政协副主席也这么讲。我就问，到底什么地方不适应？哪一条？一问就问住了，谁也说不出来。我讲，民族区域自治法制定的时候，我们经济体制改革已经提出实行有计划的商品经济，在立法时要考虑适用于商品经济，现在只不过提出市场经济，怎么就都不适应了呢？说到民族区域自治法，有一个根本的问题，就是我们实行的民族区域自治制度是一项政治制度，要解决的是民族自治地方的政治权利，并不是处理经济体制问题，与市场经济体制可以说没有什么关系。真要说与经济有关的事情，是那些中央对民族地方的支援、补助、资助、拨款等优惠政策，而实行这些优惠政策从本质上讲恰恰不属于市场经济的规则。如果真正按市场经济的规则办，民族地方得到的优惠反而会减少。委员长会议讨论这个问题时，我说，如果有不适应市场经济的规定，要改，但是经我们研究，民族区域自治法里没有一条不适应市场经济的。对少数民族的照顾的规定也不能说它是不适应市场经济的，不能改。我发表了这个意见，田纪云同志听进去了，这件事情由田纪云同志负责协调，他没有参加民族区域自治法的制定，但他看清楚了。他说，以后不要再讲不适应市场经济了。2001年全国人大常委会作出了修改民族区域自治法的决定，主要也是修改中央与各部门对民族地方的优惠与照顾的内容，没有涉及市场经济的问题。

中央提出实行有计划的商品经济后，我在法工委多次讲过，我们在立法中要注意适应商品经济的问题，法律不能妨碍商品经济的发展。当时制定民法通则，就注意好多问题要符合市场经济规范。比如民法是调整平等主体的经济关系，它的基本原则就是平等、自愿、等价有偿、诚实信用。就这个问题当时争论大着呢。有的经济法专家列举民法通则破坏经济法体系的五大罪状，告到中央。我的好朋友荣高棠同志半夜打电话给我，说有人说你有五大错误，到底怎么回事呀？中国加入WTO后，又有人出来鼓吹法律不适应WTO，都要修改。我们在立法中，涉及对外经济活动，都注意研究国外通行的规则，商事法律、涉外经济法律都是这样。民法通则的涉外条款就规定，我国缔结和参加的国际条约与我国的民事法律有不同规定的，适用国际条约或者双边协定；如果中国法律和国际条约都未作规定的，适用国际惯例。我国加入WTO以后，对法律进行了清理，需要修改的法律有多少？没有多少。因为我们从1984年以来，就非常重视这个问题。

通过基层群众自治发展直接民主

——王汉斌访谈录之五

题解：1982 年通过的宪法规定：城市和农村按居民居住地区设立的居民委员会或者村民委员会是基层群众性自治组织。1987 年 11 月全国人大常委会通过了村民委员会组织法（试行），把宪法所确立的村民自治原则具体化。它和 1954 年全国人大常委会制定城市居民委员会组织条例相配套，标志着我国基层群众自治制度的形成。实行基层群众自治，办好村民委员会和居民委员会，是国家政治体制的一项重大改革，对于扫除封建残余的影响，改变旧的传统习惯，实现人民当家作主，具有重大的、深远的意义。

一、村民委员会是农民群众的伟大创造

问：1982 年宪法规定，居民委员会和村民委员会是基层群众性自治组织。这是前三部宪法都没有的。请您谈谈修宪中对此是怎样考虑决定的？

王汉斌：在宪法中规定基层群众性自治组织的地位和作用，这的确是 1982 年宪法第一次作出的。但是，通过群众自治，实行基层直接民主，不是 80 年代初才提出来的。早在建国初建立城市居民委员会的时候，就提出了这个问题。当时，一些城市的基层相继建立了居民委员会，协助新生的人民政权开展工作，并且办理群众自己的事情。群众的这一创造引起了彭真同志的重

视。他对北京市和其他一些城市有关居民委员会的情况进行调查研究，认为这是基层民主的一种好形式。1953 年 6 月 8 日，彭真同志在向毛泽东同志并中共中央的报告中说：我们搜集了各城市的材料和意见加以研究后认为："街道居民委员会的组织是需要建立的。它的性质是群众自治组织，不是政权组织。它的任务，主要是把工厂、商店和机关、学校以外的居民组织起来，在居民自愿原则下，办理有关居民的共同福利事项，宣传政府的政策法令，发动居民响应政府的号召和向基层政权反映居民意见。居民委员会应由居民小组选举产生，在城市基层政权或其派出机关的统一指导下进行工作，但它在组织上并不是基层政权的'腿'，不应交付很多事情给它办。"毛泽东同志主持中央政治局会议，讨论并同意彭真同志这个报告。1954 年 12 月，全国人大常委会通过了城市居民委员会组织条例，将城市基层居民自治制度确定下来。

问：城市居民自治是基层群众自治的起步，后来又如何在农村基层实行村民自治的呢？

王汉斌：在广大农村基层如何保障群众直接行使民主权利、依法自己管理自己的事情，在相当长的时间内没有找到恰当的形式。解放初，农村基层设立了村公所，作为乡政府的派出机构。农业合作社建立不久，就搞公社化运动，实行"政社合一"体制，公社（大致是乡的规模）、生产大队（大致是行政村）都是集行政和生产经营于一身，一切活动都是自上而下地下命令和布置，农民没有多少自主权。这种体制既阻碍了农村民主政治建设，又束缚了农村经济的发展。"文革"中实行的所谓"大民主"，实际上从上到下都没有民主。

党的十一届三中全会后，农村普遍实行家庭联产承包责任制，"三级所有、队为基础"的"政社合一"体制逐步瓦解。这一变革，极大地调动了广大农民的生产积极性，促进了农村生产力的迅速发展。同时，农民在拥有了生产经营自主权后，更加关注切身利益，关注村务管理，关注干部行为，反映出一种强烈的参与意识。在这种形势下，由谁来负责原来生产大队、生产队所承担的公共事务和公益事业，由谁来民主、公正地实施村务管理，成为广大农村普遍存在和急需解决的问题。这时，南方广西等一些地方的农民自发地组织起来，建立了"村民委员会"、"村民自治会"一类组织，民主推选负责人，办理本村的公共事务和公益事业。彭真同志得知这一情况后，立即派法制委员会的干部到广西宜山、罗城两个县的农村调查，并同民政部等有关方面负责人一道多次听取汇报，共同总结经验。他认为，这种组织形式尽管还不完善，但它是符合中国国情、应运而生的新事物，代表了现阶段农民的民主要求，应当予以肯定和支持。他向党中央写了报告，得到中央的同意，把村民委员会和居民委员会作为基层群众性自治组织写入了宪法。彭真同志在关于宪法修改草案的说明中指出：居民委员会、村民委员会是我国长期行之有效的重要组织形式。实践证明，搞得好的地方，它在调解民间纠纷、维护社会秩序、办好公共事务和公益事业、搞好卫生等方面都起了很大作用。这次将它列入宪法修改草案，规定它是基层群众自治性组织，对社会主义民主政治建设，具有重大的意义。

问：在基层实行群众自治，对于建设社会主义民主政治有什么重要意义？

王汉斌：我认为，建立健全基层群众自治组织，由群众自己管理自己的事情，这是发展社会主义民主的一项基本建设，也是改变基层政权包揽事务过多的一项重要措施。它对扫除封建思想的影响，实现人民当家作主，有重要的、深远的意义。

二、关于村民委员会同乡镇政府的关系

问：1987年制定村民委员会组织法（试行）时，据说意见分歧较大，争论的最大问题是什么？

王汉斌：争论的最大问题是村民委员会同乡、镇政府的关系问题。宪法规定，村民委员会同基层政权的相互关系由法律规定。因此，起草、制定这个法律从一开始就遇到这个问题。民政部起草的村民委员会组织条例草案规定：村民委员会在乡政府指导下进行工作。就是说，乡政府同村委会是"指导关系"。当时，我们研究认为，说是"指导关系"恐怕也有点问题，容易把村民委员会变成乡政府的"腿"。我们提出，村民委员会同乡政府之间是相互配合的关系。用的是"相互配合"这样的语言，比用"指导关系"的语言更能体现村委会的自治性质和作用。

全国人大常委会审议时，对村民委员会同乡政府是什么关系争论很大。许多同志不赞成草案中关于"指导关系"的规定，认为应修改为"领导关系"。在联组会讨论时，彭真同志让我讲一下为什么是相互配合的关系。我准备了一个长篇发言。彭冲同志主持会议，不让我先讲，等到大家都讲得差不多了，他才说：你讲吧。可是没时间了，我就没有发言。联组会讨论的结果，没有取得一致意见。彭真同志提出：村民委员会涉及八亿农民切身利益，这个法律只是由常委会通过不太好，应提到代表大会上审议通过。这个动议得到委员长会议和多数常委会委员的赞同，将审议村民委员会组织条例草案列入了六届全国人大五次会议的议程。

问：提到代表大会审议后，情况怎么样？

王汉斌：提到大会审议后，争论就更厉害了。各代表团的党政领导同志纷纷要求将村民委员会同乡政府的关系改为"领导关系"，好像没有听到多少赞成"指导关系"的意见。我们国家是干部的声音大，群众的声音小，包括你们关于村委会问题的调查，也是听干部的意见多，反映老百姓的意见少。

彭真同志耐心地做工作。在 4 月 4 日的主席团会议上，他讲了一段分量不寻常的话：我们这样一个社会主义国家，还没有一个农民自下而上的自治组织。人家说我们是警察国家。我们应当把村民组织起来，这是人民当家作主的一个基本的方面。彭冲同志补充说：争论的实质，是要不要坚持宪法原则的问题。村委会不是基层政权的"腿"，但它可以是党和政府联系群众的桥梁和纽带，这是宪法定的。我们现在已经有 57 个法律，但八亿农民还没有一个自己的自治法，这是一个缺憾。这里面除了一些实际困难外，主要是一些同志对群众自治不积极。

主席团会后，彭真同志又留下主席团的常务主席开了一个短会。他说：根据宪法第一百一十一条，村委会是自治组织，不是一级政权。现在有三、四百名代表不同意，要让它当"腿"。我认为，我们应当坚持宪法的规定。作为一个社会主义国家，对人民连一点自治权也不给，就是一味地从上面往下布置，干这个，干那个，从长远看这是不行的。战争时期，我们不是向人民下命令，取得政权后，我们民主作风越来越差。对群众不能强迫命令，乡、村干部养成这个作风不容易。八亿农民自治了，民主就形成习惯了，这是长治久安的基础。十几位常务主席都同意彭真同志意见，决定召开一次代表团团长会议，就基层自治这个最根本的问题统一思想。

4月6日上午，在人民大会堂西大厅召开各代表团团长座谈会，彭真同志到会听取意见。彭冲同志主持会议并作了简短的说明。他说：常务主席一致的意见是，还是要坚持按宪法办事，坚持群众性自治组织的性质。村委会不是乡政府的一条腿，不是乡的下一级政权组织。会上，有13个代表团的团长或者副团长发言，多数同志还是主张将乡政府同村委会的关系由"指导"改为"领导"。他们担心村委会不作乡政府的"腿"会影响工作，国家下达的任务无法完成。

当天晚上，彭真同志找一些人来研究怎么办？我记得有王任重、张友渔同志，还有姚依林等同志。大家都说，会上反对的意见那么强烈，我们还坚持不坚持？连王任重同志也讲，都不同意怎么办？是不是考虑改为领导关系？彭真同志说：今天上午彭冲同志在会上的说明，有一句话捅了娄子，就是那句村民委员会不是乡政府的一条腿，引起大家不满。可真正讲，村民委员会要不要变成乡政府的腿，是个实质性问题。彭真同志最后说，这么多的意见怎么办？你们要考虑作修改，研究一下能不能改为领导关系？

会后，我和项淳一、顾昂然同志按照会上意见，将乡政府同村委会的关系修改为村委会在乡政府领导下进行工作。稿子改好后，报送彭真同志，还有陈丕显、彭冲、张友渔同志。友渔同志很快打来电话，表示不同意改成领导关系。他说：领导，就是组织上的上下级关系。在工作上，上级对下级有强制性，可以发号施令。如果将乡、镇人民政府与村民委员会的关系改为领导关系，是与宪法规定的精神相违背的。

4月8日晚上10点多钟，彭真同志把我和老项、老顾找到家里，一见面就问我：你们主张把村委会和乡政府的关系改为领导关系吗？我说：我们都不赞成改。彭真同志说：那稿子为什么这么写？我说：不是你让我们改的吗？彭真同志说：我不是让你们考虑嘛，那天会上别人都主张改呀。你们既然认为这样改不行，就应该重新考虑。项淳一同志说：友渔同志讲改为领导关系同宪法规定的村委会的自治性质是不符合的。彭真同志说：那你们更应该重新考虑。

我说，村民委员会同乡镇政府的关系如何规定是个很大的问题。实质上关系到应不应该在农村实行村民自治，由村民直接行使民主权利、当家作主的问题。如果把乡镇政府同村委会的关系规定为领导关系，那就改变了村民委员会的性质，是违宪的。

这时大会就要闭幕了，要想在会议期间统一思想，达成基本一致的意见恐怕难了。彭真同志提议：这次大会原则通过这个草案吧，授权常委会根据宪法精神，参照大会讨论中提出的意见，进一步研究修改后再通过。这里所讲的原则通过，是指同意草案根据宪法所作的关于村民委员会是群众性自治组织的规定。为此，大会通过了一个授权常委会进一步修改村民委员会组织法草案的决定（村民委员会组织条例改名为村民委员会组织法）。就是因为"领导"两个字没法写，这次大会没有通过村民委员会组织法。但大家都认为草案中关于"三自"（自我管理、自我教育、自我服务）的规定非常好。如果写上"领导关系"，同"三自"的原则是矛盾的，跟村民委员会的任务也是抵触的。

问：全国人大常委会根据全国人大授权再次审议村民委员会组织法草案时，对村民委员会同乡镇政府的关系是怎样规定的？

王汉斌：六届全国人大五次会议后，全国人大常委会法制工作委员会会同民政部、国务院法制局，根据代表们的意见，继续在不同类型的农村地区进行调查研究。在这个基础上，提出了村民委员会组织法修改方案，发送常委会组成人员和各省、自治区、直辖市人大常委会，再次请他们予以研究。

这次修改，在乡镇政府同村委会关系上，最后还是回到了民政部的方案，即"指导关系"，同时考虑到一些代表和地方上的意见和要求，开了个口子，增加了两项补充规定，即在"乡、民族乡、镇人民政府对村民委员会工作给予指导、支持和帮助"之后，增加规定："村民委员会协助乡、民族乡、镇人民政府开展工作"；在村民委员会的任务中，增加规定："教育和推动村民履行依法应尽的义务"。彭真同志让我来协调这件事。我找了列席全国人大常委会会议的各省、自治区、直辖市人大常委会负责同志，对村民委员会组织法草案的修改作了解释、说明。大家同意这么修改。

六届全国人大常委会第二十三次会议对村民委员会组织法草案修改稿进行了两天讨论。彭真同志在联组会上讲话，比较系统地讲了自己对基层群众自治的思考，回答人们提出来的一些问题和疑虑。他说：十亿人民如何行使民主权利，当家作主？我看最基本的是两个方面：一方面，人民通过他们选出的代表组成全国人大和地方各级人大，行使管理国家的权力。另一方面，在基层实行群众自治，群众的事情群众自己依法去办，由群众自己直接行使民主权利。在这方面，我们还有欠缺。没有群众自治，没有基层直接民主，我们的社会主义民主的健全即还缺一个侧面，还缺乏全面的巩固的群众基础。

针对有的同志认为基层群众根本不懂得民主，即使搞自治也搞不好。彭真同志说：怎样才能让群众懂得，光有一点民主的说教还不行，要通过民主的实践来解决才行。我国几千年封建社会，说不上民主，新中国成立以后，我们又曾经走过一段弯路，就是长期以来，我们自上而下的东西很多，自下而上的东西很少。我们现在实行这样一个村民自治的办法，是一个基层民主最广大的实践。这就是说，群众在一个村范围里面涉及公共利益、公益事业这个问题，要办什么不办什么，先办什么后办什么，完全交给群众自己去办。这样群众自己就一步一步地学会了民主，养成了民主意识、民主习惯，掌握了民主的操作的方法。从这个意义上来看，我看村委会是个最大的"民主训练班"。老百姓现在如果通过这种直接民主形式管好一个村，将来就可能管好一个乡，管好一个乡以后，将来就可以管好一个县、一个省，真正地体现出我们的国家是人民当家作主。因此，我们各级党委和政府，对村委会要抱着一种热情支持的态度，都应该懂得它建立的意义，采取热情支持、扶持的态度。

彭真同志指出，办好村民委员会，实行村民自治，是一件很大的改革，很大的建设。需要经过长期细致地艰苦的工作，决不能追求形式、走过场。现在的主要危险有两个：一个是工作还没有深入地做，群众条件还不成熟，就急急忙忙地搞，搞些"夹生饭"。再一个是给村民委员会头上压的任务太多，"上边千条线，底下一根针"，这样会把它压垮。无论出现哪种情况，都会败坏村民委员会的声誉。这件事做不好，历史会责备我们的。我们不要图虚名而招实祸，而要扎扎实实地把这项工作做好。

由于村民委员会组织法在制定过程中争论很大，彭真同志建议这部法律叫试行法，还规定由各省、自治区、直辖市制定实施的步骤和办法。

1987年11月24日，六届全国人大常委会第二十三次会议以113票赞成、1票反对、6票弃权，通过了村民委员会组织法(试行)。至此，这部实行村民自治的法律，经三次人大常委会和一次全国人民代表大会审议，对草案反复修改多次，终于诞生了。

问：村民委员会组织法（试行）出台后，村民委员会同乡镇政府的关系问题总算解决了吧？

王汉斌：村民委员会组织法（试行）制定出来后，仍然存在不同意见。1990年前后，围绕县、乡政府任期和村民委员会同乡镇政府的关系问题，又掀起了一场争论。有些同志特别是县、乡干部提出，规定村委会是基层群众性自治组织不符合当前农村的实际情况，对工作不利，建议把它改为乡镇政府的派出机构，把"指导关系"改为"领导关系"，把"协助"改为"执行"。

1990年底，根据中央的指示，全国人大常委会法工委、办公厅和中组部、民政部组织联合调查组，分赴四川、湖南、湖北、江苏、山东、吉林、广西进行调查。从各地反映的意见看，党政部门特别是县、乡干部大都主张改为领导关系，而省、市、县人大的同志表示不赞成改。调查组征求村民的意见，他们不赞成改为领导关系，说村民委员会组织法（试行）是保护农民利益的好法。许多地方反映，农民对村民委员会比较满意的有三条：一是村委会由村民直接选举产生；二是村委会干部办事要和村民商量；三是村委会程度不同地为村民办了不少实事、好事。而且，从各地情况看，村委会建立后都能照旧承担完成定购、交公粮、上交集体提留、征兵、计划生育等任务，没有发生拒绝完成乡镇政府下达的国家任务的问题。

调查报告送上去后，中央进行了讨论，最后的意见还是坚持乡镇政府同村委会是指导关系，不能变成领导关系。我记得温家宝同志说过，不能改成领导关系。这件事就这样定下来了。虽然仍有不同意见，但毕竟有了法律规定，真正这么去做就可以使村委会成为自我管理、自我教育、自我服务的群众性自治组织。

三、村民委员会的设置和任务

问：村民委员会如何设置为好？当时是怎么考虑的?

王汉斌：村民委员会设在哪里好？当时我们作了研究，从我国的实际情况看，村民基本上是以自然村为单位进行活动，这是历史形成的。在一个村里，他们有直接的共同利益，彼此熟悉，便于开会、选举、讨论决定问题，便于自治。因此，村民委员会设在自然村较合适。但是，我国农村幅员辽阔，各地村的规模大小、居住密度、经济发展程度很不相同，不能一刀切。有些自然村很小，可以由几个自然村联合设立村民委员会。有些自然村很大，应当允许分为几个村民委员会。村民委员会组织法（试行）规定："村民委员会一般设在自然村；几个自然村可以联合设立村民委员会；大的自然村可以设立几个村民委员会。"但从实施情况看，大多数村民委员会设在原来的行政村（生产大队），部分设在了自然村。

彭真同志还设想建立小乡，以便于村民监督乡政府的工作。为此，他还向中央写了报告。中央书记处讨论后没有同意这个意见。

由于大多数村民委员会的规模比原来设想的要大，不便于开会讨论问题。1998年修改、通过的村民委员会组织法增加了关于"村民代表"的规定，即在人数较多或居住分散的村，可以推选产生村民代表，由村委会召集村民代表开会，讨论决定村民会议授权的事项。我认为，在规模较大的村委会，由村民代表来讨论决定村民会议授权的事项是可以的。但选举就必须是村民大会直选，不能由村民代表选举。

问：村民委员会的主要任务是什么？如何处理好办理群众自治事务同协助乡镇政府开展工作的关系？

王汉斌：宪法规定，村民委员会和居民委员会负责"办理本居住地区的公共事务和公益事业，调解民间纠纷，协助维护社会治安，并且向人民政府反映群众的意见、要求和提出建议。"村民委员会组织法（试行）除了重申宪法的以上规定外，根据群众自治的实际需要，又作了一些补充规定。如组织群众发展经济，教育群众履行依法应尽的义务，协助乡镇政府开展工作等。

这里有一个问题：究竟哪些事情应该由村委会来办，哪些事情不应该让村委会来办，需要弄清楚。当时我们研究认为，有些事情村委会还是要协助乡镇政府来办的，比如纳税、征粮、服兵役、计划生育等。但不能乡镇政府要村委会办的，村委会都得办。如果那样，村委会就成了乡政府的"腿"了。彭真同志说：要把村民委员会同政府加以区别。涉及全村居民利益的事情，都依法由村民直接行使民主权利，按照民主集中制原则，自己决定，自己办理。如果一切都交给政府去包办，用自上而下的方式去处理，效果反而不好。当然，村民委员会也应该教育和推动村民履行依法应尽的义务。

问：村民委员会是否管理本村的集体经济？它与村集体经济组织是什么关系？

王汉斌：这是一个比较复杂的问题，各地情况不同，人们的看法也不一样。有的主张村委会没有经济职能，有的则认为村委会应有经济职能。从实际情况看，实行政社分开、取消了原生产大队、生产队建制后，一些经济发达的地区建立了"农工商公司"等集体经济组织，与村委会职能分开。而更多的地区则是村委会同时具有生产和经营管理的职能。村委会承担一定的经济职能，有利于发展农村经济，也有利于增强群众的凝聚力，更好地开展村民自治活动。因此，村民委员会组织法（试行）规定：村民委员会应当支持和组织村民发展生产、供销、信用、消费等各种形式的合作经济，承担本村生产的服务和协调工作。同时规定，村民委员会应当尊重集体经济组织的自主权，维护他们的合法财产权和其他权益。

还有一个农村集体所有的土地归谁的问题。宪法规定，农村和城市郊区的土地，除由法律规定属于国家所有的以外，属于集体所有。在三级所有、队为基础的公社体制瓦解了之后，农村集体所有的土地归谁？在80年代初制定土地管理法时就遇到了这个问题。当时有两个方案：一是归乡所有，一是归村所有。习仲勋同志征求我的意见。我想了想，如果按照农村人民公社三级所有队为基础来看，农村集体所有的土地应是村所有。如果定为乡所有，实际上跟归国家所有差不多，村民的利益得不到保障。所以，我向仲勋同志建议还是归村所有为好。当时国务院秘书长陈俊生同志也同意我的意见。中央讨论后作出决定：农村集体所有的土地归村农民集体所有。土地管理法中规定："农村集体所有的土地，依法属于村农民集体所有，由村集体经济组织或者由村民委员会管理。"在村民委员会组织法（试行）中也作出规定：村民委员会依法管理本村属于村农民集体所有的土地和其他财产。

像农村集体所有的土地应当属于乡所有还是村所有这类问题，属于重大的制度问题。立法首先要考虑的是建立一个什么样的制度的问题。如果把农村集体所有的土地定为乡所有，那可不得了呀！

四、村民委员会的选举

问：村民委员会组织法（试行）规定："村民委员会主任、副主任和委员，由村民直接选举产生。"这是怎样考虑决定的？

王汉斌：这是彭真同志研究了毛泽东同志的农村调查报告而提出来的。第二次国内革命战争时期，毛泽东同志在《长冈乡调查》和《才溪乡调查》中，对乡苏维埃代表的选举进行了考察，总结了他们的做法和经验，提出选举是群众最重要的权利，候选人的名单应比应选人数多一倍，群众可以对候选名单进行批评等。彭真同志认为，村民委员会的选举也要这么做。

村民委员会组成人员的选举必须按照普遍、平等和直接选举的原则，由村民大会投票产生。开村民大会直接选举，不一定要求每一个有选举权的人都来，按户计算每户至少有一个人，过半数通过就行。如果由村民代表大会来选举村委会，就不符合法律的规定。因为它不是直接选举。

由于缺乏实践经验，村民委员会组织法（试行）对选举程序没有作出具体规定。在试行过程中，各地创造了一些村委会选举的形式和做法。其中最引人注目的是，吉林省梨树县的村民在实践中逐步创造的"海选"方式。"海选"的"海"字，在东北方言中有"最大"的意思，就是像在大海里捞珍珠一样，由选民自主选择信得过的人作为自己的"当家人"。这种方式的好处是，从候选人的产生到正式选举，始终都是村民直接表达其意思，不掺杂任何长官意志，是比较彻底的直接民主形式。实践表明，凡是采取民主选举的地方，村民参选的热情都很高，比选举县、乡人大代表的热情还高。因为他们知道选出的"当家人"好不好，同自己的利益直接相关。

在中国，由法律规定在基层实行直接选举，是政治体制改革的一项重要内容和步骤。虽然在国内对这项重要实践还有不同的看法，但在国外却引起极大的关注。自 1992 年以来，先后有 20 多个国家的政府官员、议员、驻华使节、专家学者、新闻记者以及国际性组织和机构等，来到中国农村，对村民自治和选举进行考察、观摩。美国卡特研究中心项目主任罗伯特·帕斯特博士多次率团来中国考察村民自治。他对村民委员会选举的评价是："中国四分之三的人口在农村，村民委员会选举无疑是个民主的训练场，尽管公民的文化程度参差不齐，但他们已认识到选举的重要性，这将为中国的民主进程奠定基础。"

有一次，我陪江泽民同志会见外宾。外事活动结束后，江泽民同志把我留下，向我讲了卡特研究中心和卡特本人对村民委员会选举很感兴趣，评价很高。他让我找民政部的同志一起好好研究这个问题，一定要加强村民委员会的建设和宣传。

问：村民委员会的选举确实产生了相当大的影响。但也有人认为，中国农民的文化水平低，实行村民自治的条件还不具备。还有人认为，农村中家族观念强，由村民直接选举"当家人"会助长家族势力。您对此怎么看？

王汉斌：我认为这些"理由"是不能成立的。诚然，我国农民的文化程度比较低，参政议政能力受到限制。但是，早在第二次国内革命战争时期，就在江西苏区等地进行了苏维埃代表的选举；抗日战争时期，在我们党领导的根据地开展了选举活动，不是有"投豆"的选举方式吗？现在农民的文化水平比那时有了很大提高，难道反而不具备直接选举的条件了吗？说到底，恐怕是有人总想为民作主，不喜欢让群众自己当家作主。彭真同志多次说：在基层实行直接民主，这是"最广泛的民主实践"，"很实际的民主训练班"，"最大的民主演习"。他希望各级党政领导对村民自治这一新事物要满腔热情地加以鼓励、扶持和引导。

至于农村中的宗族势力干扰选举的问题，这确实是存在的。但不能因为这个就认为不宜由村民直接选举村委会。如同发生了少数领导干部贪污腐化，但不能因此否定党管干部的原则一样。我们现在正在进行改革开放，难道能够因为出现了一些问题就对改革开放产生怀疑甚至否定吗？重要的是要有一个好的制度并坚持下去，不能因为有这样那样的问题，就认为这种制度不行。对宗族势力问题怎么解决？我昨天看到一个材料，说美国有个小镇搞得乱七八糟，谁也管不了。他们采取的办法是，把这个小镇并到另外一个镇去。我看，防止宗族势力干扰选举，很重要的一条是加强民主法制教育。

人大议事程序的规范化建设

——王汉斌访谈录之六

题解：1982 年 12 月，五届全国人大五次会议在通过现行宪法时，还通过了全国人大组织法；此后，总结党的十一届三中全会以来人大工作的实践经验，适应政治体制改革和社会主义民主政治建设的需要，又制定了全国人大和全国人大常委会两个议事规则，对人大议事程序作出了一系列规定。全国人大组织法和两个议事规则的制定，进一步健全了人大工作程序和制度，有利于代表和委员更好地依照民主的、法定的程序行使职权，提高议事作用。

一、关于全国人大会议的议事程序

（一）规范全国人大会议举行的时间和准备工作

问：汉斌同志，您主持起草了全国人大组织法和全国人大议事规则、全国人大常委会议事规则。请您谈谈党的十一届三中全会后，人大工作在制度化、法律化建设上取得哪些进展？

王汉斌：这方面可以谈的内容很多，我主要谈一下人大议事程序的规范化建设方面所取得的进展。

人大是集体行使职权，集体决定问题。它的基本活动是举行会议，通过会议行使职权。每年举行一次的全国人民代表大会会议和每两个月举行一次的全国人大常委会会议，是最高国家权力机关行使职权的主要形式。不举行这两个会议，它就不能行使宪法赋予的职权。人们还记得，"文化大革命"中并没有公开宣布取消全国人大及其常委会，但长期不举行会议，实际上等于取消了，仅仅保留了一个名义。

宪法和全国人大组织法规定全国人大会议每年举行一次，没有规定会议举行的时间。所以什么时候举行会议就无约束力。从1954年到1964年，全国人大开会在1月、2月、3月、4月、6月、7月、9月、11月、12月的都有。开会日期不固定，就使全国人大难以主动开展活动，而且可能使人大会议必须审查批准的事项变得作用不大，甚至使宪法规定的这方面的职权形同虚设。如二届全国人大四次会议是在1963年11月17日召开的，12月3日闭幕，在这次会议上才审查批准当年的计划和预算，显然失去了实际意义。

起草1982年宪法时，对是否固定全国人大开会的日期就成为讨论的一个重要问题。许多人认为，全国人大的开会日期应固定下来，做到制度化，以便于及时审查批准预算和国民经济计划。在宪法修改委员会第二次全体会议上，荣毅仁委员说：人大开会没有固定日期，看起来主动，实际上很被动。往往通过年度国民经济计划、财政预算已经到了年终，工作不好办，对发展民主、加强法制都不利。耿飚委员说：有的外国议会每年9月到次年3月开会，到五六月份就都休假去了。休会期间搞秘书工作的做下次会议的准备。我们仍然是手工业的工作方式，想什么时候开就什么时候开。还是有些计划性好。有了固定开会日期，人大常委会委员也好安排工作和视察参观。康克清委员说：我也同意人大开会定个时间，最好是每年11月到次年1月之间。当时宪法修改委员会秘书处认真考虑了大家的意见，在宪法修改草稿初稿中曾写了"在每年第一季度召集"。但也有人认为，固定会期有时难以做到，以不规定为好。彭真同志在向中央写的《关于宪法修改的几个问题的报告》中说："不少人要求具体规定全国人代会开会的会期，原来准备定为每年第四季度或第一季度。后来考虑在宪法中规定了就要确保实行，关键是国务院能不能按期提出国民经济计划、预算和预算执行情况。事实上建国以来计划和预算很少是在第一季度或前一年第四季度提出的，写了不执行就违宪，因此草案只写了每年开会一次，未规定会期。是否具体规定会期，请中央决定。"中央讨论后确定在宪法中暂不规定人大开会的日期。

新宪法实施后，全国人大每年举行会议的时间逐步提前。从1985年到1988年都是在当年的三月份开始举行的。这样，1989年制定的全国人大议事规则，根据代表的意见和这几年的实际情况，规定全国人民代表大会会议于每年第一季度举行。我在七届全国人大二次会议上关于全国人大议事规则草案的说明中指出："从批准国家的年度计划和预算考虑，较为合适的开会时间应为财政年度开始前的12月份，但目前实际工作安排上还有困难，建议今后在实践中争取逐步提前。"这个议事规则实施以来，每年的全国人大会议都是按规定在第一季度举行的，并且逐步提前，多次安排在3月5日举行，有的还安排在3月1日举行。这表明，全国人大每年举行会议的时间已经做到制度化。所须努力的是，争取继续提前，最好在每年的二月甚至一月举行会议。近些年来，许多地方人大都能做到在一月或二月举行会议。这是一个可喜的现象。

问：全国人大会议举行前都有哪些准备工作，对这些工作作了哪些改进？

王汉斌：全国人大议事规则规定，全国人民代表大会会议由全国人大常委会召集；并规定，全国人大常委会在全国人民代表大会会议举行前，进行下列准备工作：（1）提出会议议程草案；（2）提出主席团和秘书长名单草案；（3）决定列席人员名单；（4）会议的其他准备事项。

全国人大会议日程草案如何提出，过去没有规定。从六届开始，由委员长、副委员长和秘书长组成委员长会议，拟订大会议程草案，经常委会会议审议通过后提请大会预备会议通过。一般说，审议政府工作报告，审查批准计划、预算，审议全国人大常委会工作报告和最高人民法院、最高人民检察院工作报告，是每次全国人大会议都有的议程；在每届人大第一次大会上，选举和决定新一届国家机构领导人员为会议最引人注目的议程。还根据需要在一些代表大会上安排了审议法律草案的议程，以及其他议程。全国人大会议主席团和秘书长名单，是按照惯例与有关方面酝酿协商，作一些必要的调整，由委员长会议从全国人大代表中提出的，经全国人大常委会会议审议通过后，决定提请全国人大会议预备会议选举。这个名单草案，包括各地方、各方面的代表人士。除每届全国人大第一次会议外，国务院组成人员中的全国人大代表不担任主席团成员。

问：全国人大组织法对代表资格审查作了哪些改进和规定？

王汉斌：1982 年修改全国人大组织法时，我们研究认为，按照 1954 年制定的全国人大组织法，每届大会第一次会议开会后，才由代表选出代表资格审查委员会，由代表资格审查委员会提出报告，确认代表资格或者宣布个别代表的当选无效。这就是说，代表资格还没确认就来行使选举代表资格审查委员会的权力，这显然是有问题的。1982 年制定的全国人大组织法，改为由主持代表选举工作的全国人大常委会设立代表资格审查委员会，在全国人大开会前进行审查，并在每届全国人大第一次会议前公布代表名单。这样，在全国人大会议前就完成了代表资格审查工作，工作上比较顺当。

这里还要说明，代表资格审查到底审查什么？应当说，对代表资格的审查，是审查选举、补选代表的程序是否符合法律规定，如代表是否获得法定当选票数，是否采取了差额选举，是否达到了法定的差额比例，选民或代表依法联名提出的代表候选人是否列入了候选人名单进行酝酿等，而不是对代表个人进行政治审查或其他审查。1988 年 3 月，代表资格审查委员会对各省、自治区、直辖市和人民解放军选出的 2975 名全国人大代表的资格进行了审查，认为其中 2970 名代表的资格有效；有 5 名代表得票数不足法定票数，当选无效。代表资格审查委员会主任委员廖汉生向全国人大常委会会议作了关于七届全国人大代表资格审查报告的说明，常委会通过了这个报告。这 5 名代表之所以得票数不足法定票数，是因为该选举单位把选举法第三十八条第四款适用于直接选举的规定错误地适用于间接选举，认为得票不少于选票的三分之一即可当选。设立代表资格审查委员会，对代表资格进行审查，是学习前苏联的办法，西方国家没有这种做法。1982 年修改宪法和全国人大组织法时，有些同志提出从法理上和实践上看都没有必要设立代表资格审查委员会。这个意见未被采纳。

问：全国人大组织法还规定，在全国人大会议举行前，代表按照选举单位组成代表团。请谈谈这是怎么考虑的？

王汉斌：这是由于全国人大代表人数较多，审议各项议案由代表团或代表小组进行，代表团的地位很重要。所以，在制定全国人大组织法时，规定代表团在全国人民代表大会的地位和作用：在全国人大正式会议举行前，讨论全国人大常委会提出的有关会议的准备事项；在会议期间，对大会各项议案进行审议，并可以由代表团团长或者由代表团推派代表，在主席团会议或者大会全体会议上，就审议的意见发表意见；对主席团提出的由选举产生的国家机构的领导人等候选人人选进行酝酿讨论，提出意见；并可以代表团为单位向大会提出议案、罢免案和质询案。

问：对大会列席人员有些什么改进和规定？

王汉斌：全国人大组织法规定，全国人民代表大会举行会议时，国务院的组成人员，中央军事委员会的组成人员，最高人民法院院长、最高人民检察院检察长，列席会议；其他有关机关、团体的负责人，经主席团决定，可以列席会议。同时按照惯例，全国政协委员都列席会议。

当时，由于受"文革"的影响，部队列席的人员比较多。包括部长、副部长、顾问，甚至已经退下来的部长、副部长都列席，最多时达到56人。我请示尚昆同志，建议减少部队列席人员。尚昆同志说可以，他让我给他报一个名单。我给他的名单大体保留了军队三大总部、各大兵种的负责人，以及北京军区司令员或政委，其他原来列席的同志都改为旁听，照发文件。有的同志实际上不来列席，他就是要文件嘛。尚昆同志批准了这个名单，他还勾去了一些。到委员长会议研究时，彭冲同志又减了一些。从此开始，部队列席人员最少时就只有6人了。

还有，全国人大组织法规定由大会主席团决定列席人员，这就不能在开会前通知列席人员。因此，1989年制定的全国人大议事规则改为由全国人大常委会决定列席人员名单。

（二）关于专门委员会产生时间问题

问：研究每届全国人大第一次会议日程时，都遇到一个问题，就是专门委员会是在会议开始时产生还是在会议后期才产生？看法和做法并不一致。您对此怎么看？

王汉斌：专门委员会是全国人大常设的工作机构，在大会期间主要管两件事：一是管议案，二是管质询案。法律委员会还负责统一审议列入大会议程的法律草案，向主席团提出审议结果的报告和草案修改稿；财经委员会负责审查关于计划、预算及执行情况的报告，向主席团提出审查结果的报告。因此，大会开始时就应根据工作需要，产生专门委员会。

从一届全国人大起，每届第一次会议都是先选举提案审查委员会和预算审查委员会，负责对代表提案和预算进行审查，提出审查结果的报告。从第六届全国人大一次会议起，不再设立提案审查委员会和预算审查委员会，而由新成立的各专门委员会负责审查代表提出的议案和预算。所以，六届全国人大一次会议于1983年6月6日开幕，6月7日会议即通过了六个专门委员会组成人员名单。七届全国人大一次会议时，彭冲同志在主席团会议上就七届全国人大设立专门委员会和人选问题所作的说明中指出："由于各专门委员会系大会的常设机构，大会期间要进行工作（如审查预算、计划，审议法律等），需要在大会开始时设立。"大家同意这个意见，在会议开幕的第三天，即在全体会议上表决通过了七个专门委员会的组成人员名单。

在研究八届全国人大一次会议上何时产生专门委员会时，常委会主要领导提出大会一开始就成立专门委员会不妥，要改，理由是全国人大常委会还没成立，怎么就成立专门委员会了。我解释说，专门委员会是人民代表大会的工作机构，大会闭会期间受常委会领导。代表大会开始时成立专门委员会，是因为大会期间专门委员会有工作，比如审查预算、审议法律案、审议代表提出的议案等。根据这个需要应先成立专门委员会，不要在常委会成立后再成立。

接着，彭冲同志主持研究这个问题。时任副秘书长的曹志同志还是坚持常委会主要领导的意见，说会议先选举产生专门委员会不行，非改不可。有的专门委员会主任委员、副主任委员在选举常委会委员时落选，还当主任委员或副主任委员不合适。我重申了为什么要在大会开始时设立专门委员会的理由，并说：按照法律规定，专门委员会的组成人员是从代表中产生的，不一定必须是常委会委员。事实上有的专门委员会主任委员、副主任委员没有当选常委会委员，也仍然继续担任专门委员会主任委员或副主任委员，并未影响工作。彭冲同志也说，从法律规定和实际需要看，还是先产生专门委员会组成人员好。参加会议的其他同志也都认为，还是按照六届和七届的办法，在代表大会开始时产生专门委员会好。曹志同志提出要把讨论的意见向党组写个报告，由党组决定。结果在八届全国人大一次会议上，先通过了法律委员会和财经委员会组成人员名单，因为这两个委员会在会上要审议法律草案和预算。其他六个专门委员会组成人员名单是在会议后期才通过的。

九届全国人大一次会议之前，对专门委员会产生的时间问题又进行了研究。曹志传达领导同志意见，坚持不先产生专门委员会。他还请来一位副委员长支持他的意见。这位副委员长提出，可以考虑先设立临时的机构来代替专门委员会的工作，或者由上届的专门委员会来审议预算和法案。我说，这件事已争论多年了，本来我不想说话了，但涉及依法办事的问题，还是要说几句。宪法和全国人大组织法对设立专门委员会都有规定，怎么能成立法律规定以外的机构来代替专门委员会的工作呢？上届专门委员会的成员到本届，有的连代表都不是，怎么能行使本届专门委员会的职权呢？这是涉及依法办事的问题。主持会议的田纪云同志说，既然法律有规定，恐怕还是按法律办好。结果还是在大会开始时先产生财经委员会，负责审查预算、计划。由于这次大会没有法律案，未先产生法律委员会。除财经委员会外，其他八个专门委员会都是在会议后期才产生的。我认为这么做，还是有问题，在大会期间，代表团或代表依法联名提出的议案，谁来审议呢？

（三）把代表提案分为议案和建议

问：过去代表在代表大会上提出的提案统称为议案，1982年制定的全国人大组织法把代表提案分为议案与建议、批评和意见。这是怎么考虑的？

王汉斌：1954年全国人大组织法规定代表可以向大会提出议案，没有规定提出议案的程序。实际做法是代表一人提议，三人附议就可以提出议案。全国人民代表大会举行会议时成立提案审查委员会，对代表提案进行审查，提出处理意见，提请大会审议通过。五届全国人大期间，每次大会代表提案都在两千件左右。二次会议有1890件，三次会议有2300件，四次会议有2318件，五次会议有2102件。这些提案主要是对各方面工作提出的建议、批评和意见，涉及的问题很多并不属于全国人大的职权范围，大会不好通过实质性的决议，只能转交有关方面处理。1982
年修改全国人大组织法时，研究决定一个代表团或者三十名以上
的代表，可以向全国人民代表大会提出属于全国人民代表大会职
权范围内的议案，由主席团决定是否列入大会议程，或者先交有
关的专门委员会审议、提出是否列入大会议程的意见，再决定是
否列入大会议程。同时规定，全国人民代表大会代表向全国人大
和全国人大常委会提出的对各方面工作的建议、批评和意见，由
全国人大常委会办事机构交有关机关和组织研究处理并负责答
复。这种建议、批评和意见不再叫"提案"，以便同代表提出的
议案加以区别。实际上第一类的议案中也有很多是属于对各方面
工作提出的建议、批评和意见，涉及的问题不属于全国人大职权
的范围，只好转为建议、批评和意见处理。

　　1984 年 5 月 29 日，我在六届全国人大二次会议主席团会议
上作了关于代表提出的议案的处理意见的报告。其中提出：这次
会议收到代表团提出的议案 30 件，30 名以上代表联合提出的议
案 84 件，共 114 件。其中，属于政法方面的 34 件，属于财政经
济方面的 49 件，属于教育、科学、文化、卫生方面的 31 件。这
些议案，对我国社会主义法制建设、政权建设、经济建设、教育
科学文化卫生等方面提出了很重要的意见。经大会秘书处同各专
门委员会商议，建议将 44 件议案交有关的专门委员会审议，提
出是否列入全国人大或常委会会议议程的意见，由全国人大常委
会审议决定。另有 70 件属于对各方面工作提出的建议、批评和
意见，拟按全国人大组织法的规定，由全国人大常委会办公厅交
有关部门研究处理，并负责答复。主席团会议通过了这个报告。
此后，历次大会对议案的处理都沿袭了这个办法。把议案与建
议、批评和意见（简称"建议"）区分开，是议事程序的一项重

要改进。

全国人大各专门委员会对代表提出的议案很重视。他们认真调查研究，同有关部门商议，提出了处理意见，并向全国人大常委会提出了审议结果的报告。常委会会议经过审议，同意了他们的报告。例如，1985 年 1 月 21 日，第六届全国人大法律委员会副主任委员雷洁琼在六届全国人大常委会第九次会议上，作了关于第六届全国人大第二次会议主席团交付法律委员会审议的代表提出的议案审议结果的报告，对主席团交付的 21 件议案的处理意见一一作了报告。常委会会议通过了这个报告。

（四）把质问分为质询和询问

问：1954 年宪法和全国人大组织法规定，全国人大代表有权向国务院或者国务院各部、各委员会提出质问。1982 年制定的全国人大组织法将质问分为质询和询问，并规定了不同的程序。请问这是如何考虑决定的？

王汉斌：1982 年修改全国人大组织法时将质问分为两种：一种是询问，即在全国人民代表大会审议议案的时候，代表可以向有关国家机关提出询问，由有关机关派人在代表小组或者在代表团会议上进行说明。这个程序不那么严格。再一种就是质询，规定了比较严格的程序：在全国人民代表大会会议期间，一个代表团或者三十名以上的代表，可以书面提出对国务院和国务院各部、各委员会的质询案，由主席团决定交受质询机关书面答复，或者由受质询机关的领导人在主席团会议上或者有关的专门委员会会议上或者有关的代表团会议上口头答复。在主席团会议或者专门委员会会议答复的，提质询案的代表团团长或者提质询案的代表可以列席会议，发表意见。质询是人大监督的一种重要形式。质询案，一般是对国务院及其各部门决定的方针政策或者重大措施有意见，或者对认为有失职行为的领导人员提出质询，要求答复的，如果多数代表对质询的答复不满意，还可以提出要求进一步采取措施的意见。这是一种比较严重的事情，因而规定了比较严格的程序，与代表提出议案的程序大体相同。这里需要说明的是，"由主席团决定交受质询的机关"是一个程序规定，主席团在处理质询案时，必须交受质询的机关答复，而不能不做处理。我记得六届全国人大会议期间，代表曾提出过两个质询案。其中一个是质询文化部，为什么外国人可以在故宫拍电影、电视，中国人却不准？文化部领导人在有关会议上对代表作了说明。1992年制定的代表法进一步规定，全国人大代表在代表大会上可以依法联名提出对最高人民法院和最高人民检察院的质询案。

（五）关于发言和表决

问：全国人大议事规则和全国人大常委会议事规则对代表或委员在人大和人大常委会会议上的发言作了哪些规定？

王汉斌：制定两个议事规则的时候，首先要考虑人代会上要不要规定大会发言？当时有的代表提出要有大会发言。我们研究大会发言怎么办？据了解，"文革"前人大会议审议除了小组讨论，还有大会发言。而且这些大会发言还很多，但多是各地、各部门领导汇报工作，而不是围绕会议议题发表意见。有人说大会发言是"疲劳轰炸"，代表们不爱听。印成文件或整版整版登在报纸上，也基本没人看。我问过办公厅秘书局局长马伊同志，大会发言效果怎样？他说，很多代表都到休息厅喝茶、吃点心去了。所以，我们研究大会发言就应围绕大会议题发表意见。征求意见时，代表们表示如果这样就不想在大会发言。

问：在常委会联组会议和全体会议上的发言，是不是需要限制时间？

王汉斌：当时有的常委会委员在全体会议或联组会议上的发言很长，一讲就是一个多小时，影响别人发言。所以在制定议事规则时，不少委员说，为了使大家都能有机会发言，提高会议效率，建议对发言时间作出限制。因此常委会议事规则规定："常务委员会组成人员和列席会议的人员在全体会议上的发言，不超过十分钟；在联组会议上，第一次发言不超过十五分钟，第二次对同一问题的发言不超过十分钟。事先提出要求，经会议主持人同意的，可以延长发言时间。"为了使委员们在分组会议上能够充分发表意见，对分组会议上的发言，没有限定时间。

问：全国人大会议和全国人大常委会会议表决议案使用电子表决器，是怎样考虑的？

王汉斌：过去通过议案，常常是采取举手表决的方式，有些人有顾虑，虽然不同意也不举手反对。为了充分发扬民主，便于代表、委员按照自己的意愿投票，从六届全国人大起，在常委会会场安装了电子表决器。它是中国科学院成都计算所安装的。我当时担任常委会秘书长，安装时就要求他们不能查出谁投了什么票；安装后又作了专门检查，问他们能不能查出谁投了什么票？他们肯定说查不出来。我请各位副委员长来参观，大家看了都很赞成。使用电子表决器有利于保护投票人的民主权利，便于代表、委员按照自己的意愿来投票。同时，也提高了工作效率。过去选举时人工计票，一个人一个人地统计，一张票一张票地统计，费事费时，有时要等两三个小时才能出结果。

（六）关于会议简报和新闻报道

问：全国人大议事规则规定，全国人民代表大会期间，代表在各种会议上的发言，整理简报印发会议，并可根据本人要求，将发言记录或者摘要印发会议。这是怎样考虑的?

王汉斌：大会简报是印发给全体代表的，由各代表团编写。有的代表对简报提出了批评，说简报刊登的内容多是表态性的发言，没有很好地将他们提出的意见特别是比较尖锐的批评意见如实地登出来。我召集简报组和各代表团负责简报的负责人开会说：我和丕显同志商量了，有些批评意见，哪怕是尖锐的批评意见还是要反映，不要认为讲得尖锐就删掉了。人代会就是要充分发扬民主，让代表畅所欲言，他的发言要求登简报，不能不登。

从六届全国人大一次会议以来，每次全国人民代表大会会议，大约出简报300期左右，每期1800字左右。简报数量多，代表看不过来，领导同志更是没时间看。彭真同志说，简报太多看不过来。他让办公厅工作人员给他整理了一份手写的材料。我参照党的十二大会议的做法，在全国人大会议上也出快报。快报反映简报上代表的重要意见，以及由简报组派联络员到各代表团了解的代表的重要意见。简报发给代表，快报送有关领导同志。记得班禅额尔德尼·确吉坚赞副委员长在一次会议上有个长篇发言，是批评西藏的工作太"左"。分管简报工作的一位副秘书长认为他是"打横炮"，只登了快报，不登简报。班禅副委员长很生气，在委员长会议上把简报组批了一个多小时。后来我提出把班禅副委员长的发言全文印成白头文件和简报一块发，才平息了这场"风波"。

问：全国人民代表大会举行会议时，新闻报道工作是怎么做的？

王汉斌：对人大会议的新闻报道，我曾召开会议专门进行了研究和布置。强调新闻报道要体现发扬民主、生动活泼的精神，应多报道代表在审议中的不同意见和建议，特别是批评的意见，包括尖锐批评的意见。只是对敏感的问题要慎重，避免引起副作用。当时有的报纸提出要自己写稿子，分管新闻报道的一位副秘书长说，对代表大会和常委会的新闻报道，新华社发个通稿就行了。我说，大家都反映我们的报道千篇一律，各媒体写不同的稿子有好处。他说，我管不了。我说，你不管我管。所以，每天散了会我一个人看稿子。一些记者像《法制日报》的阎军、中新社的李晖、王晓晖等，我都给他（她）们看过稿子。报道人大会议，用不同的语言，体现一种民主、活跃的气氛，对反映大会审议的作用有好处。

在新闻报道中还有一件事：委员长、副委员长都是全国人大会议常务主席，但最初报道排名却在中央政治局、书记处、中顾委、中纪委领导同志的后面。新华社记者李尚志提出，报道人大会议把委员长、副委员长放在后面似乎不大合适。我觉得，这样对我们国家体制中人大的地位作用和形象影响不好。就把他的意见向习仲勋同志反映了。仲勋同志认为有道理，从此改为先报道大会主席团常务主席，然后是中央政治局、书记处的同志。对座位的排列也作了相应的改变，把主持会议的委员长、副委员长的座位摆在前面。我想，开会时把主持会议的人的座位摆在前面，这是正常的，并不表示地位高低。还有一件事，过去人代会的报道都写的是中华人民共和国全国人民代表大会第 × 届第 × 次会议。我考虑全国人大在北京开会，为什么还要用中华人民共和国第 × 届第 × 次会议的全名？经过两年的酝酿，大家同意在报道会议名称时只用"第 × 届全国人民代表大会第 × 次会议"，不再加上"中华人民共和国"。

二、关于全国人大常委会审议法律草案的程序和形式

（一）审议法律草案实行"两审制"

问：立法是全国人大及其常委会的最重要职责。根据 1982 年宪法的规定，全国人大和全国人大常委会共同行使国家立法权；全国人大常委会可以制定除基本法律外的其他法律，并可对全国人大制定的法律作部分修改。现行宪法实施以来，百分之八十以上的法律都是由全国人大常委会审议通过的。请您谈谈常委会审议法律程序方面有些什么规定？

王汉斌：过去全国人大常委会审议法律草案，没有规范一定的审议程序，有些法律草案有关部门在常委会举行会议的前一天送来，就要求该次会议通过。常委会没有时间研究，进行认真的审议。这种情况一再发生。彭真同志认为，需要考虑规定审议法律草案的程序。

1983 年 3 月，彭真同志经过考虑在委员长会议上提出，今后全国人大常委会审议法律草案，一般要采取如下程序：凡向全国人大常委会提出的法律草案，由委员长会议提出是否列入常委会会议议程的意见，经常委会同意列入议程后，先在常委会会议上

听取法律草案的说明并进行初步审议，然后将法律草案交法律委员会和有关的专门委员会进行审议，提出修改建议；同时，常委会组成人员将法律草案和有关资料带回，进行研究，在下一次或者以后的常委会会议，再对法律草案进行审议。彭真同志让我记下来整理好给他看后，交由委员长会议讨论，大家表示赞成。彭真同志提出，把委员长会议通过的这一决定，作为委员长会议纪要，印发常委会会议，作为审议法律草案的程序。1987年制定常委会议事规则，写进了一条规定。这是完善常委会审议法律草案程序的重大举措。

到了九届全国人大常委会对法律草案的审议一般实行"三审制"，审议程序更加完善了。

（二）规定法律委员会统一审议法律草案

问：全国人大组织法和议事规则规定：法律委员会统一审议向全国人民代表大会或者全国人大常委会提出的法律草案。这是怎样考虑决定的？

王汉斌：1982年12月6日，习仲勋同志在五届全国人大五次会议上所作的关于全国人大组织法（草案）的说明中指出：为了有利于维护法制的统一，避免各项法律互相矛盾、互不衔接，草案规定：法律委员会统一审议向全国人大或者它的常委会提出的法律草案；其他专门委员会就有关的法律草案向法律委员会提出意见和建议。我认为，法律草案需要统一审议，除可避免与宪法和其他法律相抵触外，还要对法律涉及的民事责任、行政处罚、刑事责任、法律与法律之间的相互衔接、法律的统一规范，并联系建立比较健全的社会主义法制的整体通盘考虑。这些问题如果没有对法律草案的统一审议而由各专门委员会为主分别审议是很难处理的。

六届全国人大以来，依照全国人大组织法的规定，法律委员会统一审议向全国人大或者全国人大常委会提出法律草案；其他专门委员会就有关的法律草案提出意见，并派副主任委员或委员参加法律委员会审议法律的会议，提出意见，如果法律委员会和其他专门委员会不能取得一致意见，则提请常务副委员长主持协调解决。实践证明，这样办是可行的，有成效的，对维护法制的统一、保证建立比较健全的法律体系是有必要的。

问：据说，对法律委员会统一审议法律有不同意见。您对此有何看法？

王汉斌：七届全国人大常委会一开始，一些专门委员会的同志对由法律委员会统一审议法律草案提出不同意见。理由是两条：第一，各专门委员会都要参与立法，有关专门委员会对它工作范围内的法律草案更熟悉，应由该专门委员会为主审议。第二，如果让法律委员会统一审议，就意味着法律委员会高于其他专门委员会，把专门委员会分为三六九等，这是不合适的。我认为，由法律委员会统一审议法律草案是为了维护法制统一，如果由各专门委员会为主来审议法律草案，六七个口子出去的语言，能够一致吗？法律委员会在立法工作方面同其他专门委员会有不同的职能。正如民族委员会审议自治区报请全国人大常委会批准的自治条例和单行条例、向全国人大常委会提出报告，财经委员会在审议国家计划、预决算方面，教科文卫委员会在文教工作方面同法律委员会和其他专门委员会有不同的职能一样，法律委员会统一审议法律草案，是同其他专门委员会不同的职能分工，而不是谁高谁低的问题。反对统一审议还有一条理由，说专门委会对它工作范围内情况最熟悉。这一条有一定道理，但具体到某部法律，法律委员会和法工委也可以进行充分的调查研究。

到1993年八届全国人大，这个问题又提出来了。在常委会办公厅提出的《全国人大机关机构改革的有关问题汇报》中提出，这次机构改革主要是理顺法律委员会和其他专门委员会在审议法律案中的关系和"专门委员会办事机构同法工委之间的关系"。我当时正要出国访问，向乔石、纪云同志写了一封信。我认为这个问题实质上不是理顺关系问题，而是对法制必须统一，因而法律草案需要统一审议这一法律规定的基本原则有不同意见。我在信中讲了两点意见：第一，法律案由法律委员会统一审议，提出审议结果报告是由法律规定的，如要改变，必须先修改法律；第二，法制工作委员会是依照法律规定并经党中央批准设立的，如要改为立法工作部应报党中央批准。此后，以专门委员会为主审议法律草案这件事就不了了之。

到九届全国人大，李鹏委员长问我人大是怎样工作的？都有什么问题？我说，人大工作最大争论的一个问题是法律委员会统一审议法律"很不得人心"，其他专门委员会都不赞成。规定由法律委员会统一审议法律，是为了确保法制的统一，避免制定的法律相互抵触，七八个口子出去就难免出现抵触。这是一个大问题，请您考虑怎么办才好。李鹏同志找九个专门委员会负责同志座谈征求意见，他在一次谈专门委员会工作的讲话中说："改进和加强专门委员会的工作，还有一个很重要的问题，就是要处理好各专门委员会之间的关系，特别是法律委员会与其他专门委员会的关系。法律规定，法律委员会统一审议向全国人大和它的常委会提出的法律草案；其他专门委员会就有关法律草案向法律委员会提出意见，并将意见印发会议。从程序上作出这样的规定是必要的。因为需要有一个立法综合部门对法律草案进行统一审议，使制定的法律与宪法保持一致，与有关法律相衔接，以保持法制的统一。"2000 年制定的立法法对由法律委员会统一审议法律草案作出明确规定，同时为了更充分地发挥有关专门委员会的作用也作了一些具体规定。

（三）制定法律要广泛听取意见，实行立法工作部门、实际工作部门和专家学者三结合

问：彭真同志还认为，常委会要做好法律的审议修改工作，规定要经过常委会两次会议审议还是不够的，只由常委会组成人员进行审议也是不够的，还要在常委会两次审议法律草案期间，很好地进行调查研究，广泛听取意见。请谈谈在这方面形成了一些什么好的做法和经验？

王汉斌：立法主要靠两条：一是党中央的方针、政策，二是要靠实际。所以要注重立法调研。在研究法律问题时我总是提出有什么问题，请大家帮助研究。这是我们立法工作的一个很重要的方法。所以，我们研究起草或者修改法律，都要征求各方面、各有关部门的意见。征求意见，赞成的意见固然要听，但更重要的是要听不同的意见；相同的意见没有什么需要研究的，重要的是把不同意见研究清楚，尽量吸收好的、有益的内容，不能采纳的意见，也要研究清楚，我们制定的法律就可以比较完善、周到，少出纰漏。

彭真同志特别强调，立法工作要采取立法工作部门、实际工作部门和法律专家学者三结合的办法，做到集思广益，集中集体智慧。如制定民法通则时，全国人大常委会法工委到七个省、直

辖市调查研究，两次把草案印发各省、自治区、直辖市、中央有关部门、法律院系、研究单位负责人和专家学者征求意见。还请民法专家江平、佟柔帮助对草案逐条研究。当时有些经济法专家提出，民法通则破坏经济法体系，不能调整经济关系。江平同志找出恩格斯在《路德维希·费尔巴哈和德国古典哲学的终结》中说过，罗马私法之所以作为民法的历史源头，在于其客观地反映了当时的经济关系，"是商品生产者社会的第一个世界性法律"，说明民法就是调整商品经济的法律。彭真同志认为，制定重要法律，请法律专家和实际工作者参加，大家一起讨论，共同审议修改，不是简单的技术问题，而是解决立法中理论和实际紧密结合的问题，对做好立法工作具有重大的意义。

（四）联组会是个好形式

问： 全国人大常委会会议讨论法律案时，采取了一种联组会的形式。请您谈谈联组会的情况。

王汉斌： 联组会是六届全国人大常委会创造的一种审议法律草案和其他议案的好形式。彭真同志在主持人大常委会工作期间主张充分讨论议案。他在六届全国人大常委会第二十四次会议联组会上的讲话中说："过去人大常委会开会，就是全体会和小组会，不便充分交换意见。后来，在实践中我们创造了现在这种联组会的形式，便于交流、集中意见，更好地发扬民主，是一种好办法。联组会上，常务委员和各地方、各方面列席的同志都可以就有关问题生动活泼、畅所欲言地交换意见，充分展开讨论，赞成的，怀疑的，反对的，都可以简单明了地各抒己见，平心静气地讨论、辩论，把主要问题集中讨论、辩论清楚，不管是委员长、副委员长、委员，还是列席的同志，谁的意见对，就采纳谁的意见，最后形成结论。"彭真同志这段话讲明联组会的特点和作用，和全体会比较，联组会没那么严格，不要求出席人数过半数，也不要求委员长、副委员长、委员都来，形式比较灵活。再就是可以充分讨论、辩论，有点像外国议会的辩论。

1986 年 8 月，六届全国人大常委会第十七次会议讨论企业破产法草案，就召开过三次联组会。会上不同意见的争论很激烈。中央电视台还专门转播了会上激烈争论的实况，引起很大反响。开始央视想搞专题采访报道，还给全国人大常委会办公厅发了函，但秘书局婉言谢绝了。后来找到我，我说，你们可以公开报道，人大的立法活动对人民是公开的！章瑞英、顾大椿委员，都是总工会负责人，他们非常反对出台破产法，理由是按照企业破产法草案规定的办法，因企业破产而待业的职工将生活没有保障，可能会引发社会的不安定。还提出，我国企业法、公司法等法律还没有制定，如果企业破产法先出台了，是本末倒置，是"孩子比母亲先出生"。会议争论的实况人民群众都看了，反响很大。听说事后顾大椿委员到武汉出差，工厂工人放鞭炮欢迎他，感谢他维护了工人的权益。同年 12 月六届全国人大常委会第十八次会议通过这部法的时候，把法的名称改为企业破产法（试行），还在附则中增加一条"本法自全民所有制工业企业法实施满三个月之日起试行，试行的具体部署和步骤由国务院规定"。

1987 年制定全国人大常委会议事规则时，把联组会的形式肯定下来。我在六届全国人大常委会第二十三次会议上对该法草案所作的说明中指出："根据这几年的经验，分组会议对各项议题进行审议和讨论，委员们可以比较充分地发表意见，是常委会审议议案的主要方式。同时，这几年常委会在分组会议审议的基础上召开联组会议，进一步对议案的主要问题进行讨论，集思广益，求得比较一致的意见。实践证明，这是一种行之有效的好做法。"

附录一

王汉斌同志
参与或主持起草制定和修改的法律目录

（1979 年 7 月—— 1997 年 12 月　共 231 部）

1. 中华人民共和国宪法（1982.12.4）

2. 中华人民共和国宪法修正案（1988.4.12）

3. 中华人民共和国宪法修正案（1993.3.29）

4. 中华人民共和国地方各级人民代表大会和地方各级人民政府组织法（1979.7.1）

5. 中华人民共和国全国人民代表大会和地方各级人民代表大会选举法（1979.7.1）

6. 中华人民共和国人民法院组织法（1979.7.1）

7. 中华人民共和国人民检察院组织法（1979.7.1）

8. 中华人民共和国刑法（1979.7.1）

9. 中华人民共和国刑事诉讼法（1979.7.1）

10. 中华人民共和国中外合资经营企业法（1979.7.1）

11. 中华人民共和国环境保护法（试行）（1979.9.13）

12. 全国人民代表大会常务委员会关于省、自治区、直辖市可以在一九七九年设立人民代表大会常务委员会和将革命委员会

改为人民政府的决议（1979.9.13）

13．全国人民代表大会常务委员会关于中华人民共和国建国以来制定的法律、法令效力问题的决议（1979.11.29）

14．全国人民代表大会常务委员会批准《国务院关于劳动教养的补充规定》的决议（1979.11.29）

15．全国人民代表大会常务委员会关于刑事诉讼法实施问题的决定（1980.2.12）

16．全国人民代表大会常务委员会关于县级直接选举工作的决定（1980.2.12）

17．中华人民共和国律师暂行条例（1980.8.26）

18．中华人民共和国国籍法（1980.9.10）

19．中华人民共和国婚姻法（1980.9.10）

20．中华人民共和国个人所得税法（1980.9.10）

21．第五届全国人民代表大会第三次会议关于修改《中华人民共和国宪法》第四十五条的决议（1980.9.10）

22．第五届全国人民代表大会第三次会议关于修改宪法和成立宪法修改委员会的决议（1980.9.10）

23．中华人民共和国惩治军人违反职责罪暂行条例（1981.6.10）

24．中国人民解放军选举全国人民代表大会和县级以上地方各级人民代表大会代表的办法（1981.6.10）

25．全国人民代表大会常务委员会关于处理逃跑或者重新犯罪的劳改犯和劳教人员的决定（1981.6.10）

26．全国人民代表大会常务委员会关于死刑案件核准问题的决定（1981.6.10）

27．全国人民代表大会常务委员会关于刑事案件办案期限问题的决定（1981.9.10）

28．中华人民共和国经济合同法（1981.12.13）

29．中华人民共和国外国企业所得税法（1981.12.13）

30．中华人民共和国民事诉讼法（试行）（1982.3.8）

31．全国人民代表大会常务委员会关于严惩严重破坏经济犯罪的决定（1982.3.8）

32．中华人民共和国海洋环境保护法（1982.8.23）

33．中华人民共和国商标法（1982.8.23）

34．中华人民共和国文物保护法（1982.11.19）

35．中华人民共和国食品卫生法（试行）（1982.11.19）

36．全国人民代表大会组织法（1982.12.10）

37．中华人民共和国国务院组织法（1982.12.10）

38．第五届全国人民代表大会第五次会议关于修改《中华人民共和国地方各级人民代表大会和地方各级人民政府组织法》的若干规定的决议（1982.12.10）

39．第五届全国人民代表大会第五次会议关于修改《中华人民共和国全国人民代表大会和地方各级人民代表大会选举法》的若干规定的决议（1982.12.10）

40．全国人民代表大会常务委员会关于县级以下人民代表大会代表直接选举的若干规定（1983.3.5）

41．中华人民共和国海上交通安全法（1983.9.2）

42．全国人民代表大会常务委员会关于严惩严重危害社会治安的犯罪分子的决定（1983.9.2）

43．全国人民代表大会常务委员会关于迅速审判严重危害社会治安的犯罪分子的程序的决定（1983.9.2）

44．全国人民代表大会常务委员会关于修改《中华人民共和国人民法院组织法》的决定（1983.9.2）

45．全国人民代表大会常务委员会关于修改《中华人民共和国人民检察院组织法》的决定（1983.9.2）

46．全国人民代表大会常务委员会关于修改《中华人民共和国中外合资经营企业所得税法》的决定（1983.9.2）

47．全国人民代表大会常务委员会关于国家安全机关行使公安机关的侦查、拘留、预审和执行逮捕的职权的决定（1983.9.2）

48．中华人民共和国统计法（1983.12.8）

49．中华人民共和国专利法（1984.3.12）

50．中华人民共和国水污染防治法（1984.5.11）

51．中华人民共和国民族区域自治法（1984.5.31）

52．中华人民共和国兵役法（1984.5.31）

53．全国人民代表大会常务委员会关于刑事案件办案期限的补充规定（1984.7.7）

54．中华人民共和国森林法（1984.9.20）

55．中华人民共和国药品管理法（1984.9.20)

56．全国人民代表大会常务委员会关于在沿海港口城市设立海事法院的决定（1984.11.14)

57．中华人民共和国会计法（1985.1.21）

58．中华人民共和国涉外经济合同法（1985.3.21）

59．中华人民共和国继承法（1985.4.10）

60．全国人民代表大会关于授权国务院在经济体制改革和对外开放方面可以制定暂行的规定或者条例的决定（1985.4.10）

61．中华人民共和国草原法（1985.6.18）

62．中华人民共和国计量法（1985.9.6）

63．中华人民共和国居民身份证条例（1985.9.6）

64．中华人民共和国外国人入境出境管理法（1985.11.22）

65．中华人民共和国公民出境入境管理法（1985.11.22）

66．中华人民共和国渔业法（1986.1.20）

67．中华人民共和国矿产资源法（1986.3.19）

68．中华人民共和国民法通则（1986.4.12）

69．中华人民共和国义务教育法（1986.4.12）

70．中华人民共和国外资企业法（1986.4.12）

71．中华人民共和国土地管理法（1986.6.25）

72．中华人民共和国治安管理处罚条例（1986.9.5）

73．中华人民共和国外交特权与豁免条例（1986.9.5）

74．中华人民共和国企业破产法（试行）（1986.12.2）

75．中华人民共和国国境卫生检疫法（1986.12.2）

76．中华人民共和国邮政法（1986.12.2）

77．全国人民代表大会常务委员会关于修改《中华人民共和国全国人民代表大会和地方各级人民代表大会选举法》的决定（1986.12.2）

78．全国人民代表大会常务委员会关于修改《中华人民共和国地方各级人民代表大会和地方各级人民政府组织法》的决定（1986.12.2）

79．中华人民共和国海关法（1987.1.22）

80．中华人民共和国技术合同法（1987.6.23）

81．全国人民代表大会常务委员会关于对中华人民共和国缔结或者参加的国际条约所规定的罪行行使刑事管辖权的决定（1987.6.23）

82．中华人民共和国大气污染防治法（1987.9.5）

83．中华人民共和国档案法（1987.9.5）

84．中华人民共和国村民委员会组织法（试行）（1987.11.24）

85．中华人民共和国全国人民代表大会常务委员会议事规则（1987.11.24）

86．中华人民共和国水法（1988.1.21）

87．全国人民代表大会常务委员会关于惩治走私罪的补充规定（1988.1.21）

88．全国人民代表大会常务委员会关于惩治贪污贿赂罪的补充规定（1988.1.21）

89．中华人民共和国全民所有制工业企业法（1988.4.13）

90．中华人民共和国中外合作经营企业法（1988.4.13）

91．中国人民解放军军官军衔条例（1988.7.1）

92．全国人民代表大会常务委员会关于批准中央军事委员会《关于授予军队离休干部中国人民解放军功勋荣誉章的规定》的决定（1988.7.1）

93．中华人民共和国保守国家秘密法（1988.9.5）

94．全国人民代表大会常务委员会关于惩治泄露国家秘密犯罪的补充规定（1988.9.5）

95．中华人民共和国野生动物保护法（1988.11.8）

96．全国人民代表大会常务委员会关于惩治捕杀国家重点保护的珍贵、濒危野生动物犯罪的补充规定（1988.11.8）

97．中华人民共和国标准化法（1988.12.29）

98．全国人民代表大会常务委员会关于修改《中华人民共和国土地管理法》的决定（1988.12.29）

99．中华人民共和国进出口商品检验检疫法（1989.2.21）

100．中华人民共和国传染病防治法（1989.2.21）

101．中华人民共和国行政诉讼法（1989.4.4）

102．中华人民共和国全国人民代表大会议事规则（1989.4.4）

103. 中华人民共和国游行示威法（1989.10.31）

104. 中华人民共和国城市居民委员会组织法（1989.12.26）

105. 中华人民共和国环境保护法（1989.12.26）

106. 中华人民共和国城市规划法（1989.12.26）

107. 中华人民共和国军事设施保护法（1990.2.23）

108. 中华人民共和国香港特别行政区基本法（1990.4.4）

109. 第七届全国人民代表大会第三次会议关于修改《中华人民共和国中外合资经营企业法》的决定（1990.4.4）

110. 中华人民共和国国旗法（1990.6.28）

111. 全国人民代表大会常务委员会关于惩治侮辱中华人民共和国国旗国徽罪的决定（1990.6.28）

112. 中华人民共和国著作权法（1990.9.7）

113. 中华人民共和国铁路法（1990.9.7）

114. 中华人民共和国归侨侨眷权益保护法（1990.9.7）

115. 中华人民共和国领事特权与豁免条例（1990.10.30）

116. 中华人民共和国残疾人保障法（1990.12.28）

117. 中华人民共和国缔结条约程序法（1990.12.28）

118. 全国人民代表大会常务委员会关于禁毒的决定（1990.12.28）

119. 全国人民代表大会常务委员会关于惩治走私、制作、贩卖、传播淫秽物品的犯罪分子的决定（1990.12.28）

120. 中华人民共和国国徽法（1991.3.2）

121. 中华人民共和国民事诉讼法（1991.4.9）

122. 中华人民共和国外商投资企业和外国企业所得税法（1991.4.9）

123. 中华人民共和国烟草专卖法（1991.6.29）

124. 中华人民共和国水土保持法（1991.6.29）

125. 全国人民代表大会常务委员会关于修改《中华人民共和国文物保护法》的决定（1991.6.29）

126. 全国人民代表大会常务委员会关于惩治盗掘古文化遗址古墓葬犯罪的补充规定（1991.6.29）

127. 中华人民共和国未成年人保护法（1991.9.4）

128. 全国人民代表大会常务委员会关于严禁卖淫嫖娼的决定（1991.9.4）

129. 全国人民代表大会常务委员会关于严惩拐卖、绑架妇女、儿童的犯罪分子的决定（1991.9.4）

130. 中华人民共和国进出境动植物检疫法（1991.10.30）

131. 中华人民共和国收养法（1991.12.29）

132. 中华人民共和国领海及毗连区法（1992.2.25）

133. 中华人民共和国工会法（1992.4.3）

134. 中华人民共和国妇女权益保障法（1992.4.3）

135. 中华人民共和国全国人民代表大会和地方各级人民代表大会代表法（1992.4.3）

136. 中华人民共和国人民警察警衔条例（1992.7.1）

137. 中华人民共和国税收征收管理法（1992.9.4）

138. 全国人民代表大会常务委员会关于惩治偷税抗税犯罪的补充规定（1992.9.4）

139. 全国人民代表大会常务委员会关于修改《中华人民共和国专利法》的决定（1992.9.4）

140. 中华人民共和国海商法（1992.11.7）

141. 中华人民共和国矿山安全法（1992.11.7）

142. 中华人民共和国测绘法（1992.12.28）

143. 全国人民代表大会常务委员会关于惩治劫持航空器分子的

决定（1992.12.28）

144．中华人民共和国国家安全法（1993.2.22）

145．中华人民共和国产品质量法（1993.2.22）

146．全国人民代表大会常务委员会关于修改《中华人民共和国商标法》的决定（1993.2.22）

147．全国人民代表大会常务委员会关于惩治假冒注册商标犯罪的补充规定（1993.2.22）

148．中华人民共和国澳门特别行政区基本法（1993.3.31）

149．中华人民共和国科学技术进步法（1993.7.2）

150．中华人民共和国农业技术推广法（1993.7.2）

151．中华人民共和国农业法（1993.7.2）

152．全国人民代表大会常务委员会关于惩治生产、销售伪劣商品犯罪的决定（1993.7.2）

153．中华人民共和国反不正当竞争法（1993.9.2）

154．全国人民代表大会常务委员会关于修改《中华人民共和国经济合同法》的决定（1993.9.2）

155．中华人民共和国消费者权益保护法（1993.10.31）

156．全国人民代表大会常务委员会关于修改《中华人民共和国个人所得税法》的决定（1993.10.31）

157．中华人民共和国注册会计师法（1993.10.31）

158．中华人民共和国教师法（1993.10.31）

159．中华人民共和国公司法（1993.12.29）

160．全国人民代表大会常务委员会关于修改《中华人民共和国会计法》的决定（1993.12.29）

161．全国人民代表大会常务委员会关于外商投资企业和外国企业适用增值税、消费税、营业税等税收暂行条例的决定

（1993.12.29）

162. 中华人民共和国台湾同胞投资保护法（1994.3.5）

163. 全国人民代表大会常务委员会关于严惩组织运送他人偷越国（边）境犯罪的补充规定（1994.3.5）

164. 中华人民共和国预算法（1994.3.22）

165. 中华人民共和国对外贸易法（1994.5.12）

166. 中华人民共和国国家赔偿法（1994.5.12）

167. 全国人民代表大会常务委员会关于修改《中华人民共和国治安管理处罚条例》的决定（1994.5.12）

168. 全国人民代表大会常务委员会关于修改《中国人民解放军现役军官服役条例》的决定（1994.5.12）

169. 全国人民代表大会常务委员会关于修改《中国人民解放军军官军衔条例》的决定（1994.5.12）

170. 中华人民共和国劳动法（1994.7.5）

171. 中华人民共和国城市房地产管理法（1994.7.5）

172. 全国人民代表大会常务委员会关于惩治侵犯著作权的犯罪的决定（1994.7.5）

173. 中华人民共和国仲裁法（1994.8.31）

174. 中华人民共和国审计法（1994.8.31）

175. 中华人民共和国母婴保健法（1994.10.27）

176. 中华人民共和国广告法（1994.10.27）

177. 中华人民共和国监狱法（1994.12.29）

178. 中华人民共和国法官法（1995.2.28）

179. 中华人民共和国检察官法（1995.2.28）

180. 中华人民共和国人民警察法（1995.2.28）

181. 全国人民代表大会常务委员会关于惩治违反公司法的犯罪

的决定（1995.2.28）

182. 全国人民代表大会常务委员会关于修改《中华人民共和国全国人民代表大会和地方各级人民代表大会选举法》的决定（1995.2.28）

183. 全国人民代表大会常务委员会关于修改《中华人民共和国地方各级人民代表大会和地方各级人民政府组织法》的决定（1995.2.28）

184. 全国人民代表大会常务委员会关于修改《中华人民共和国税收征收管理法》的决定（1995.2.28）

185. 中华人民共和国教育法（1995.3.18）

186. 中华人民共和国中国人民银行法（1995.3.18）

187. 中华人民共和国银行法（1995.5.10）

188. 中华人民共和国预备役军官法（1995.5.10）

189. 中华人民共和国票据法（1995.5.10）

190. 中华人民共和国担保法（1995.6.30）

191. 中华人民共和国保险法（1995.6.30）

192. 全国人民代表大会常务委员会关于惩治破坏金融秩序犯罪的决定（1995.6.30）

193. 中华人民共和国体育法（1995.8.29）

194. 中华人民共和国民用航空法（1995.10.30）

195. 中华人民共和国固体废物污染环境防治法（1995.10.30）

196. 中华人民共和国食品卫生法（1995.10.30）

197. 全国人民代表大会常务委员会关于惩治虚开、伪造和非法出售增值税专用发票犯罪的决定（1995.10.30）

198. 中华人民共和国电力法（1995.12.28）

199. 中华人民共和国戒严法（1996.3.1）

200．中华人民共和国行政处罚法（1996.3.17）

201．第八届全国人民代表大会关于修改《中华人民共和国刑事诉讼法》的决定（1996.3.17）

202．中华人民共和国律师法（1996.5.15）

203．中华人民共和国科技成果转化法（1996.5.15）

204．中华人民共和国职业教育法（1996.5.15）

205．全国人民代表大会常务委员会关于修改《中华人民共和国统计法》的决定（1996.5.15）

206．全国人民代表大会常务委员会关于修改《中华人民共和国水污染防治法》的决定（1996.5.15）

207．全国人民代表大会常务委员会关于《中华人民共和国国籍法》在香港特别行政区实施的几个问题的解释（1996.5.15）

208．中华人民共和国拍卖法（1996.7.5）

209．中华人民共和国枪支管理法（1996.7.5）

210．中华人民共和国老年人权益保障法（1996.8.29）

211．中华人民共和国煤炭法（1996.8.29）

212．全国人民代表大会常务委员会关于修改《中华人民共和国矿产资源法》的决定（1996.8.29）

213．中华人民共和国乡镇企业法（1996.10.29）

214．中华人民共和国环境噪声污染防治法（1996.10.29）

215．中华人民共和国人民防空法（1996.10.29）

216．中国人民解放军选举全国人民代表大会和县级以上地方各级人民代表大会代表的办法（1996.10.29 修订）

217．中华人民共和国香港特别行政区驻军法（1996.12.30）

218．全国人民代表大会常务委员会关于根据《中华人民共和国香港特别行政区基本法》第一百六十条处理香港原有法律

附录二

王汉斌同志主持研究批复的法律询问答复 *

(1983 年——1988 年)

一九八三年

1. 贵州省人大常委会办公厅问: (1) 我省原省长因工作调动不能担任现职,我们可否决定一位副省长任代理省长? (2) 根据机构改革精神,我省七位副省长将有变动,不能担任现职,可否由省人大常委会一次会议决定免职?

答: 一、可由省人大常委会决定一名副省长代理省长职务。

二、地方组织法规定,在人大闭会期间,人大常委会可以决定副省长的个别任免。按来电所说,十名副省长免去七个,同时新任命副省长三人,是否可考虑一次会议任免的人数适当减少,比较符合地方组织法的规定。(对因为采取这个办法而暂时还没有办理免职的法律手续的,可考虑先在内部通知执行,以后再补

---

* 自 1983 年以来,各省、自治区、直辖市人大常委会及最高人民法院、最高人民检察院、司法部等有关部门,在实际工作中提出了一些有关法律问题的询问。经王汉斌同志主持研究批复的法律询问答复有上千件。这些法律询问答复,对正确地理解和执行法律起了重要的作用。这里收录的系根据原始档案整理的 1983 年至 1988 年王汉斌同志主持研究批复的法律询问答复。当时王汉斌同志任全国人大常委会秘书长、法制工作委员会主任。

办法律手续。)

如果需要在一次会议上全部任免，可以考虑召开省人大进行改选，这样法律手续较为完备，同时也可改选省长，不必任命代理省长。(1983 年 1 月 10 日)

2. 江苏、福建、安徽人大常委会问：(1) 地方组织法规定，常务委员会的组成人员不得担任国家行政机关、审判机关和检察机关的职务，是指哪些？哪一级？ (2) 现在的人大常委会组成人员已经担任或准备担任行政机关职务的，要不要辞去常委会的职务？ (3) 地方人代会可否不再搞提案？

答：一、包括各级国家行政机关、审判机关和检察机关的干部。

二、现在的人大常委会组成人员已经担任或者准备担任行政机关职务，应当按地方组织法的规定，辞去常委会的职务。如果即将改选也可暂不辞职，待改选时进行调整。

三、根据习仲勋同志在五届全国人大五次会议主席团会议上的说明，地方各级人民代表大会提出议案等问题，现在很难统一规定，各省、自治区、直辖市可以根据宪法、全国人大组织法和地方组织法的精神，从本地区的实际情况出发自己作出暂行规定。(1983 年 1 月 10 日)

3. 广东省人大常委会办公厅问：深圳市人大代表是 1980 年直接选举产生的，至今深圳市各方面情况变化都很大。最近恢复了宝安县的建制，尚未成立人大。深圳市的划区建制尚未定下来，领导班子还在配备中，不能召开区人民代表大会会议。能否由深圳市委召集代表和非代表人士协商

产生省人大代表?

答：依照选举法的规定，不好协商产生代表。深圳市人民代表大会代表已经选出，建议仍按选举法规定召开市人民代表大会选举产生省人民代表大会代表。请予考虑。(1983年1月17日)

4.江苏省人大常委会办公厅问：(1) 选举法规定，如果候选人名额过多，可以进行预选，根据较多数选民的意见，确定正式候选人名单。预选以后，所确定的正式候选人名单，是否仍坚持差额? 代表缺额进行个别代表补选时，是否经过充分酝酿后，不搞差额? (2) 地方各级人大常委会是否可以设立代表资格审查委员会，负责审查下一届代表资格? (3) 地方组织法中规定的"经国务院批准的较大的市"，是指设区的市，还是指多少万人口以上的省辖市?

答：一、依照选举法第27条、第28条的规定，经过预选确定的代表候选人的名额仍应多于应选代表的名额。

代表缺额进行补选时，是否进行差额选举，选举法没有规定，可由省根据具体情况决定。

二、地方各级人大常委会是否可以设立代表资格审查委员会，负责审查下一届代表资格的问题，现在没有统一规定，省里可以根据宪法、全国人大组织法和地方组织法的精神，从本地区的实际情况出发自己作出暂行规定。

三、地方组织法规定的"较大的市"，由国务院决定。(1983年2月2日)

5.山西省人大常委会问：(1) 省辖市换届的时间，全国人大是否有统一规定? (2) 我省大同市本届人代会是

1980年3月产生的，由于人事安排定不下来，能否推迟到今年9月份换届？

答：一、省辖市换届全国人大没有统一规定。

二、大同市今年换届问题可由地方自行决定。（1983年2月2日）

6. 内蒙古自治区人大常委会问：关于自治区主席、副主席称谓问题，是否可以称"自治区人民政府主席、副主席"，也可以称"自治区主席、副主席"？

答：我们意见：在行文中可以称自治区人民政府主席、副主席，也可以称自治区主席、副主席。（1983年2月2日）

7. 宁夏回族自治区人大常委会问：人大常委会可否一次会议更换五位自治区副主席？

答：依照地方组织法的规定，自治区人大常委会只能决定任免个别自治区副主席。对宁夏回族自治区五位副主席的更换，可以在内部通知先行工作（对外不要公布），待4月份召开自治区人民代表大会时依法选举。（1988年3月5日）

8. 内蒙古自治区人大常委会办公厅问：（1）人大代表触犯刑律，未被逮捕，经检察院决定免予起诉的，是否需本级人民代表大会常务委员会同意？（2）人大代表被处行政拘留，是否要按地方组织法的规定须执行机关报请该级人大常委会批准？

答：一、人大代表触犯刑律，未被逮捕，经检察院决定免予起诉的，不属于地方组织法和刑事诉讼法规定的"审判"范围，不必经本级人民代表大会常务委员会同意。

二、人大代表被处行政拘留，是否要按地方组织法的规定须执行机关报请该级人大常委会批准的问题，法律没有规定，鉴于行政拘留是限制代表一定时间的人身自由，以向人大常委会报告，使人大常委会能了解这一情况为宜。（1983 年 3 月 12 日）

9．山东省人大常委会办公厅问：省六届一次会议期间，上届的省长、副省长、检察长、法院院长能否参加主席团？

答：上届的省长、副省长、检察长、法院院长，如果本届不拟担任省长、副省长、检察长、法院院长的，是否参加主席团，由你们自己决定；如果本届还拟担任省长、副省长、检察长、法院院长的，是否参加主席团，法律没有规定，也由你们自己决定。如果不是本届代表的，当然不发生参加大会主席团的问题。（1983 年 3 月 12 日）

10．最高人民检察院问：副检察长和检察委员会委员的任免是否须报全国人大常委会批准？

答：新宪法规定，省、自治区、直辖市人民检察院检察长的任免须报全国人大常委会批准，立法的本意是副检察长和检察委员会委员的任免就不需要报批了。按照新宪法的规定，省、自治区、直辖市的副检察长和检察委员会委员的任免（包括新任命的和过去任命的），可以不报全国人大常委会批准。（1983 年 3 月 12 日）

11．湖南省人大常委会办公厅问：人大专门委员会的委员由代表产生，如果代表是政府机关的副职、处长或下一级干部，是否可以选进专门委员会？

答：法律规定，人大常委会委员不得担任政府、法院、检察院的职务。关于专门委员会委员是否可以担任，法律没有规定，可由省决定。（1983 年 3 月 12 日）

12. 内蒙古自治区人大常委会问：（1）我们将于 4 月份召开六届自治区人代会换届，依照地方规定，应选举地区盟人民法院院长和检察院检察长，但目前人选还不成熟，可否待六届二次会议时再安排选举？（2）有关六届自治区人大常委会组成人员的情况，全国人大常委会是否要听取汇报？

答：一、依照法律，内蒙古自治区人大换届，中级人民法院院长和检察分院检察长应当同时选举，如确有困难，第一次大会不能选，建议由自治区人大专门作决定，推迟到下一次大会再选。

二、自治区人大常委会组成人员候选人情况，不需要向全国人大常委会汇报。（1983 年 4 月 2 日）

13. 沈阳市人大常委会问：（1）副乡长是否必须是乡人民代表大会代表？（2）补选乡人大代表由谁指定选区，选出后其代表资格由谁确认？（3）选举乡长、副乡长是否必须是差额选举？

答：一、副乡长是否必须是乡人大代表，法律没有具体规定，可以是代表，也可以不是代表。

二、法律对此没有具体规定。如果是补选公社人大代表，沈阳市提出的由县人大常委会指定选区和确认代表资格或者由公社管理委员会指定选区和确认代表资格这两种办法均可；如果是补选乡人大代表，在选出乡政府前，可以由县人大常委会指定选区和确认代表资格。

三、应当按照地方组织法的规定，经过预选产生的候选人名单，可以差额，也可以等额；不经过预选，候选人名单应当差额。① （1983 年 4 月 2 日）

14．安徽省人大常委会办公厅问：省人大常委会秘书长是否是人大常委会组成人员？是否要选举产生？

答：宪法第 103 条和地方组织法第 26 条都规定，县级以上地方各级人大常委会由主任、副主任和委员组成，没有秘书长。因此，秘书长不由大会选举产生，可由常委会任免。② 秘书长可以由人大常委会组成人员兼任，也可以不是人大常委会的组成人员。（1983 年 4 月 2 日）

15．河北省人大常委会办公厅问：农村违反治安管理的拘留处罚应由哪一级公安机关裁决？我省有四个县由县人大常委会作出决议，治安管理处罚的裁决权在农村由公安派出所或公社管委会执行，是否可以？

答：关于农村违反治安管理的拘留处罚应由哪一级公安机关裁决的问题，公安部 1980 年 3 月 5 日"通知"内部掌握由县

---

① 1986 年 12 月对地方组织法的修改，删去了关于预选的规定。地方国家机关正职领导人的候选人数一般应多一人，进行差额选举；如果提名的候选人只有一人，也可以等额选举。对副领导人必须实行差额选举。

② 1986 年 12 月对地方组织法的修改，规定省、自治区、直辖市、自治州、设区的市的人大常委会秘书长由本级人民代表大会从代表中选举产生，秘书长是本级人大常委会的组成人员。

公安局裁决，是在重新公布《治安管理处罚条例》时，由公安部会同中央政法委员会、法制委员会共同研究决定的，现在仍应执行。具体处理同意省人大常委会的意见，即"其他县应照通知执行，不要再作这类决议，已作决议的四个县也不一定撤回决议"。（1983 年 4 月 8 日）

16．最高人民法院人事厅问：浙江省四个专区管辖的县改由四个省辖市领导，成立了新的市中级人民法院，在新的市人代会未召开前法院院长如何产生？

答：今年三月全国人大常委会办公厅发给各省、自治区、直辖市人大常委会《关于换届选举的几个法律问题的意见》已经说明：由于地、市合并，"在新的政权机构没有选出以前，原有的地、市、县政权机构应继续行使职权，避免在过渡期间发生某些混乱现象"。按照这个精神，原专区的中级人民法院可以继续行使职权，到新的代表大会产生新的中级人民法院为止。（1983 年 4 月 11 日）

17．北京市人大常委会办公厅问：（1）县、乡两级人大任期的时间如何计算？（2）直辖市进行选举时是否成立选举委员会？

答：一、关于县级人大任期问题，五届全国人大常委会第二十次会议决定，县级人大的任期全国统一从一九八一年算起，一般应从一九八一年一月计算。五届全国人大常委会第二十五次会议决定，乡、镇人大的任期，全国统一延长到一九八三年年底。这两个决定的时间计算方法是一致的。

二、直辖市人大常委会直接主持选举工作，似可不再成立选举委员会。为了指导区县的直接选举，是否需要在市人大常委会设立选举办公室，作为临时的工作机构，可以由市人大常委会根据实际情况决定。(1983 年 4 月 12 日)

18. 河北省人大常委会问：代表资格审查委员会审查代表资格时，有一当选代表曾打过人但一时又难以查清，是确认其代表资格，还是宣布其当选无效？

答：依法当选的代表打人尚未查清的，不好宣布当选无效。以后查清确实有问题，不能当代表的，可由原选举单位罢免。(1983 年 4 月 15 日)

19. 北京市人大常委会办公厅问：北京市新选出的人民检察院检察长还未经全国人大常委会批准任命，现急需由北京市人大常委会批准任命区、县人民检察院的领导干部，应由谁向市人大常委会提请批准任命？

答：报全国人大常委会批准任命北京市检察院检察长后再由他提请市人大常委会批准任命区、县检察院的领导干部。(1984 年 4 月 16 日)

20. 山西省人大常委会问：选举法规定，获得过半数选票的名额少于应选代表的名额时，不足的名额应当在没有当选的代表候选人中另行选举，以得票多的当选。但是得票数不得少于选票的三分之一。这"三分之一"是指"选区全体选民"或者"选举单位的代表"人数的三分之一，还是指当场投票人数的三分之一？

答：选举法第三十八条第三款规定，"得票数不得少于选票

的三分之一",是指不得少于选区全体选民或者选举单位全体代表的三分之一。(1983 年 4 月 19 日)

21.上海市人代会秘书处问:我市人代会要选举六届全国人大代表82名,其中23名是中央分配名额在我市选举,其余是我市按人口计算应选全国人大代表的名额。中央提出的23名代表名额是否也应进行差额选举?

答:选举法第二十三条规定"由地方各级人民代表大会选举上一级人民代表大会代表候选人的名额应多于应选代表名额的三分之一至二分之一"的应选代表名额应包括中央分配名额和地方按人口计算的名额。(1983 年 4 月 20 日)

22.湖南省人大常委会办公厅问:我省正召开人代会,省政协委员提出要求酝酿全国人大代表和省领导人的候选人名单,应如何办?

答:可请示省委决定。(1983 年 4 月 22 日)

23.广东省人大常委会问:由于机构改革,行政区划的变动,人民代表大会不能很快建立,新建乡、市的各种机构如何产生?可否由县、省人民政府先任命乡长、市长开展工作,待人民代表大会建立后再行选举?

答:根据1983年3月杨尚昆副委员长和王汉斌副秘书长在省、自治区、直辖市人大常委会负责人座谈会上的讲话精神:在机构合并以前,原来的领导班子还要照常工作。在新的政权机构没有选出前,原有的地、市、县政权机构应继续行使职权,避免在过渡期间发生某些混乱现象。如急需任命新的市长,可由原市

人大常委会任命代理市长，但应尽快召开人民代表大会会议进行选举。(1983 年 4 月 23 日)

24. 云南省人大常委会政法室问：我省一县长因安全事故责任，省委批复党内警告处分并建议行政撤销其县长职务。可否由省政府批复撤销其县长职务? 我们建议由县人大常委会决定罢免其职务，再提请下一次县人代会追认。是否可以?

答：国务院《关于国家行政机关工作人员的奖惩暂行规定》(1957 年全国人大常委会批准，国务院公布) 第十条第 (三) 项规定："经地方各级人民代表大会选举担任国家行政职务的人员"，严重违反纪律，不适合担任现任职务的，"应该由本级人民代表大会予以罢免，并且由本级人民委员会报上级机关备案。在罢免前，上级机关先行停止其职务。必要的时候，上级机关也可以予以撤职。"根据这项规定，可以由省政府先行停止该县长的职务，再由下一次县人民代表大会会议予以罢免，也可以由省政府予以撤职。(1983 年 4 月 28 日)

25. 安徽省人大常委会办公厅问：省人大正在开会，上午进行了省政府、法院和检察院领导人的预选，下午在召开的主席团会议上可否公布预选结果，公布得票数?
答：主席团会议可以宣布选票。(1984 年 4 月 28 日)

26. 安徽省人大常委会办公厅问：(1) 我省政府组成人员要重新任命，对上届的政府组成人员是否还需免职? (2) 新选出的检察长是否要等全国人大批准后再登报公布?

答：一、省人大换届在决定任命本届政府新的组成人员即相应免去上届政府组成人员，无须再办理免职手续。

二、选出的人民检察院检察长，须报经上级人民检察院检察长提请该级人民代表大会常务委员会批准。何时登报由省人大常委会自己决定。（1983 年 4 月 29 日）

27. 广东省人大常委会办公厅问：（1）省政府顾问、行政公署专员、副专员、顾问，是否由人大常委会任命？（2）省（市、县）人大常委会办公厅主任、各专门委员会办公室主任，省（县）政府办公厅（室）主任是否由人大常委会任命？

答：一、省人民政府办公厅主任、省政府顾问，行政公署专员、副专员和顾问，省（县）政府办公厅（室）主任不属于本级政府组成人员，他们的任命可以不经过本级人大常委会决定任免。

二、省人大常委会和县人大常委会办事机构负责人可由省人大常委会或县人大常委会任免。（1983 年 5 月 3 日）

28. 江西省人大常委会办公厅问：我省一县商业局局长犯错误，县委决定撤销党内外一切职务。县人大常委会提出撤职应办理法律手续，但不知应采取撤职的办法，还是采取罢免的办法？

答：可以由县人大常委会决定撤职。如要罢免，须由县人大通过。（1983 年 5 月 12 日）

29. 四川省人大常委会问：自贡市市长是今年三月经市人代会选出的，现省委提出该同志已 60 岁以上，需要调换一名较年轻的同志任市长，是否要再开一次市人代会改选市长？

答：根据地方组织法的规定，可以再开一次市人代会改选市长。（1983年5月12日）

30. 黑龙江省人大常委会问：（1）县人大常委会副主任调任县人民检察院检察长，应如何办理法律手续？（2）县人大常委会副主任需要离休，如何办理法律手续？

答：一、根据检察院组织法的规定，县人大常委会副主任调任县人民检察院检察长，须辞去县人大常委会副主任职务，由县人民代表大会选举，报省人民检察院检察长提请省人大常委会批准。

二、县人大常委会副主任需要离休的，可向县人民代表大会或者县人大常委会请求批准离休。（1983年5月28日）

31. 广东省人大常委会问：省人大常委会的工作委员会的主任、副主任、委员是否发任命书？

答：法律对此没有规定，可由省人大常委会自己决定。（1983年5月28日）

32. 安徽省人大常委会问：（1）省选举委员会可否作为省人大常委会内的一个专门委员会？（2）镇人大闭会期间，对因犯错误拟撤销行政职务的镇长、副镇长如何办理法律手续？

答：一、选举法对省级人大常委会是否设立选举委员会没有规定。

二、镇长、副镇长因犯错误需要撤职处分的，可由镇人民代表大会罢免；在人大闭会期间，可由上一级人民政府决定撤销职

务。（1983 年 5 月 28 日）

33.山西省人大常委会法制办问：地方各级人民代表大会换届时，法院副院长和检察院副检察长、审判委员会和检察委员会成员、庭长、副庭长、审判员、检察员等是否需要重新任命？

答：地方各级人民代表大会换届时，法院副院长和检察院副检察长、审判委员会和检察委员会成员、庭长、副庭长、审判员、检察员不重新任命。（1983 年 7 月 1 日）

34.浙江省人大常委会办公厅问：我省现正在进行政社分开改革，乡长、副乡长应如何产生？

答：政社分开建立乡政权的工作，以经过选举产生乡人民代表大会并由代表大会选举乡长、副乡长为好。如暂不选举乡人民代表大会，也可把公社代表大会相应改为乡人民代表大会，选举乡长、副乡长，或暂由公社主任、副主任代行乡长、副乡长职权。（1983 年 7 月 1 日）

35.吉林省人大常委会办公厅问：依照法律规定，县级人大常委会负责县级以下人民代表大会代表的直接选举工作。但地方各级人大上下级不是领导关系。那么县级人大常委会对乡、镇人大代表的选举工作应如何领导或主持？

答：县、乡代表直接选举工作，由县人大常委会领导。依照法律规定，县、乡设立选举委员会主持选举工作，县选举委员会受县人大常委会领导，并指导乡选举委员会的工作。县、乡选举委员会可设办公室，办理选举中的日常具体事务。选举委员会和

selection办公室都应吸收民政部门和其他有关方面参加。(1983 年 7 月 2 日)

36. **江西省人大常委会办公厅问**：我省 4 个省辖市因机构改革，市领导班子变动很大。今年已开过市人民代表大会，是否可以由市人大常委会任免全部正、副市长？

答：根据地方组织法的规定，市人大常委会只能决定代理市长和个别副市长的任免。如果市长、副市长要全部重新任免，须经市人代会改选（可以多开一次市人大会议）。(1983 年 7 月 5 日)

37. **河北省人大常委会办公厅问**：我省唐山市人大常委会两名副主任因病不能工作，是今年市人代会选举的，可否从市人大常委会委员中推选出代理副主任，协助主任工作？

答：依照地方组织法的规定，市人大常委会副主任由市人代会选举，不能由市人大常委会推选代理副主任。如工作需要，可以采取其他办法，如由人大常委会任命秘书长协助主任工作。[①]
(1983 年 7 月 5 日)

38. **国家科委科技管理局问**：国家科委发明评选委员会和自然科学奖励委员会中有九名全国人大常委会组成人员，依照宪法，他们是否需要辞去全国人大常委会组成人员职务？

[①] 1986 年 12 月对地方组织法的修改，规定省、自治区、直辖市、自治州、设区的市的人大常委会秘书长由本级人民代表大会从代表中选举产生，秘书长是本级人大常委会的组成人员。

选举办公室都应吸收民政部门和其他有关方面参加。(1983 年 7 月 2 日)

36. **江西省人大常委会办公厅问**：我省 4 个省辖市因机构改革，市领导班子变动很大。今年已开过市人民代表大会，是否可以由市人大常委会任免全部正、副市长？

答：根据地方组织法的规定，市人大常委会只能决定代理市长和个别副市长的任免。如果市长、副市长要全部重新任免，须经市人代会改选（可以多开一次市人大会议）。(1983 年 7 月 5 日)

37. **河北省人大常委会办公厅问**：我省唐山市人大常委会两名副主任因病不能工作，是今年市人代会选举的，可否从市人大常委会委员中推选出代理副主任，协助主任工作？

答：依照地方组织法的规定，市人大常委会副主任由市人代会选举，不能由市人大常委会推选代理副主任。如工作需要，可以采取其他办法，如由人大常委会任命秘书长协助主任工作。[①]
(1983 年 7 月 5 日)

38. **国家科委科技管理局问**：国家科委发明评选委员会和自然科学奖励委员会中有九名全国人大常委会组成人员，依照宪法，他们是否需要辞去全国人大常委会组成人员职务？

[①] 1986 年 12 月对地方组织法的修改，规定省、自治区、直辖市、自治州、设区的市的人大常委会秘书长由本级人民代表大会从代表中选举产生，秘书长是本级人大常委会的组成人员。

答：发明奖励条例和自然科学奖励条例规定，国家科委设立的发明评选委员会和自然科学奖励委员会，任务是评选发明项目和奖励等级，向科委提出报告。这两个委员会由专家和有关部门负责人组成。

根据这两个委员会的任务和组成来看，都不是专职的国家行政机关。因此，人大常委会组成人员担任这两个委员会的成员是可以的。（1983 年 7 月 21 日）

39. 江西省人大常委会问：地方组织法规定，人民法院院长和检察院检察长可以列席本级人民代表大会会议。我省的人民法院院长和检察院检察长大部分是本级人大代表，那么，是本级人大代表的法院院长和检察院检察长就应该是出席会议，不是本级人大代表的法院院长和检察院检察长才是列席人大会议。这么理解是否正确？

答：各级人民法院院长和人民检察院检察长可以不是同级人大代表，所以法律规定他们可以列席同级人民代表大会会议。人民法院院长和人民检察院检察长如果是同级人大代表，自然是出席会议，而不是列席会议。（1983 年 7 月 21 日）

40. 河北省人大常委会办公厅问：我省有 8 个省辖市和地辖市最近领导班子人事变动，但这几个市今年上半年已经开过人代会，我们拟采用召开人大常委会任命代理市长和个别任命副市长的办法。请问常委会的个别任免应如何理解，以几个人为限？

答：依照地方组织法规定，市长、副市长，县级以上地方各级人民代表大会常务委员会组成人员和法院院长、检察院检察长的人选，应由本级人民代表大会选举产生。而地方组织法关于个别任免范围以及决定代理的人选的规定，是属于个别情况的变通。两者不宜等量齐观。河北省省辖市和地辖市主要领导班子人事变动是所在市的大事，应依法召开市人代会选举。因此，可以在本年度再举行一次人民代表大会会议。(1983 年 7 月 28 日)

41. **江西省人大常委会办公厅问**：我省鹰潭市由县级市改为省辖市，但该市不设区也不辖县，请示：（1）市人大代表如何产生？（2）届次是连续计算还是重新计算？

答：一、法律规定，不设区的市人民代表大会代表由选民直接选举。

二、届次可以连续计算。(1983 年 8 月 26 日)

42. **广西壮族自治区人大常委会办公厅问**：（1）我区一县检察长调离，可否由县人大常委会从副检察长中决定一人为代理检察长？（2）该县还拟任命一名副检察长，由谁提请县人大常委会任命？

答：一、县检察长调离，可以由县人大常委会决定一位副检察长为代理检察长，报省检察院和省人大常委会备案。

二、副检察长可由代理检察长提请县人大常委会任命。(1983 年 8 月 29 日)

43. **江苏省人大常委会办公厅问**：（1）正副乡长是否必须是乡、镇人民代表大会代表？（2）乡、镇人民代表大会会议应由谁主持？

答：一、正副乡、镇长可以是代表，也可以不是代表。

二、根据地方组织法的规定，乡、镇人民政府召集本级人民代表大会会议，没有规定主持会议。会议可由大会选举主席团主持。① （1983年9月2日）

44．宁夏回族自治区人大常委会办公厅问：（1）"严打"中正在受审的在押人员是否要给予选民登记等选举权？(2)选举时预选产生候选人名单，是否可以等额，也可以差额？

答：一、犯有反革命案或者其他严重刑事犯罪案的，由人民检察院决定，停止行使选举权利；其余的人应准予行使选举权利。

二、进行预选时，大会主席团提出的候选人名单和代表依照法定程序提出的候选人，都应列入候选人名单，进行预选。经过预选确定的正式候选人名单，可以差额，也可以等额。② （1983年11月11日）

45．福建省人大常委会办公厅问：（1）我省安溪县检察院提请县人大常委会同意逮捕一县人大代表，县人大常委会不同意逮捕该代表。县检察院经省检察院反映至省人大常委会，省人大常委会是否可以改变或者撤销县人大常委会的决定？（2）我省晋江县两位代表犯有走私罪，县人大常委会

---

① 1986年12月对地方组织法的修改，删去了乡、镇人民代表大会由乡、镇人民政府召集的规定。规定乡、镇的人民代表大会举行会议的时候，选举主席团。由主席团主持会议，并负责召集下一次的本级人民代表大会会议。

② 1986年12月对地方组织法的修改，删去了关于预选的规定。地方国家机关正职领导人的候选人数一般应多一人，进行差额选举；如果提名的候选人只有一人，也可以等额选举。对副职领导人必须实行差额选举。

建议原选区罢免二人代表职务，但原选区不同意罢免他们，是否可由县人大常委会撤销二人代表资格？

答：一、省人大常委会认为县人大常委会不批准逮捕县人大代表的决定不合适，建议请示省委指示县委采取适当方式处理为好。

二、县人大代表被逮捕或审判，代表资格并不自然消失。法院如果判决该代表剥夺政治权利，则其代表资格自然消失。如果判决有罪但未剥夺政治权利，需要取消其代表资格的，应当根据选举法和地方组织法，由原选区罢免。县人大常委会不能撤销其代表资格。（1983 年 11 月 11 日）

46. 陕西省人大常委会办公厅问：县人大代表因治安问题被采取行政拘留措施，执行拘留的机关是否应事先报县人大常委会批准？如情况紧急未履行报批手续，那么拘留后还要不要报县人大常委会批准？

答：地方组织法规定，县级以上地方各级人民代表大会代表，非经本级人民代表大会常务委员会同意，不受逮捕或者审判。如果是现行犯被拘留，执行拘留的机关必须立即报请该级人民代表大会常务委员会批准。被公安机关的行政拘留是否需要报告或者批准，法律没有规定，因此，县公安局未报告，不是违法，但鉴于行政拘留也是剥夺代表一定时间的人身自由，似以向人大常委会报告为宜。（1983 年 12 月 13 日）

一九八四年

1. 北京市人大常委会办公厅问：地方组织法规定，市政府的局长、委员会的主任是政府的组成人员。市政府的农林、财贸等办公室主任是否是政府组成人员，需要由市人大常委会决定任命？

答：法律没有规定如何处理。市政府的农林、财贸等办公室主任是否是政府组成人员，请你们根据工作机构的性质决定。（1984年2月29日）

2. 安徽省人大常委会法制委员会问：省人大常委会批准了合肥市《城市道路交通管理办法》，其他没有立法权的市认为这个办法制定得很好，想在本市适用，这个问题如何解决？

答：1955年经国务院批准的《城市交通规则》规定，各市可根据本规则制定实施细则，并向公安部备案。各城市的市政府可据此制定本市的实施细则。合肥市的交通管理办法经省人大常委会审议通过，也可以同时通过决定适用于其他城市。（1984年3月21日）

3. 新疆维吾尔自治区人大常委会办公厅问：我区按照选举法执行，有6个自治县的少数民族代表名额比例比1980年下降很多。自治县可否在直接选举实施细则中，对选举法作出变通规定，对下降幅度过大的少数民族代表名额根据实际情况予以调整，报自治区人大常委会批准？

答：要求提高实行区域自治民族代表名额比例和有的县级人大代表中某些少数民族代表名额比例，涉及到对选举法第十六条的原则性变动，我们认为需要慎重考虑。地方选举细则不宜对选举法作原则性变通。（1984年3月23日）

4．四川省选举领导小组办公室问：短期出国人员、援外人员和留学生如何参加选举？

答：短期出国人员、援外人员和留学生应在原单位或者原户籍所在地进行选民登记。在选举期间不能回原选区参加选举的，可以按《关于县级以下人民代表大会代表直接选举的若干规定》第 19 条的规定，委托有选举权的亲属或本单位其他选民代为投票。（1984 年 3 月 23 日）

5．广东省人大常委会办公厅问：我省一地级市副市长因犯错误准备罢免其职务。按地方组织法只有同级人民代表大会有权罢免，可否参考福建省人大常委会罢免副省长的做法，由市人大常委会罢免该市副市长？

答：副市长犯了错误，可由市人民代表大会罢免，也可由上一级人民政府撤销职务。市人大常委会只能免职，不能罢免或撤销职务。① （1984 年 3 月 23 日）

6．黑龙江省人大常委会人事办公室问：（1）地区中级人民法院院长、检察分院检察长的个别补选是否要差额？可否采用举手表决？（2）去年换届后的几位地区法院院长、检察分院检察长离休、调动，是否需要通过人代会免职？

答：一、按照地方组织法的规定，选举地区中级人民法院院长、检察分院检察长，应采用无记名投票方式；选举可采用候选人数多于应选人数的办法，也可以经过预选产生候选人名单，然

---

① 1986 年 12 月对地方组织法的修改，规定在本级人民代表大会闭会期间，人大常委会可以决定撤销副市长的职务。

后进行选举。

二、地区中级人民法院院长、检察分院检察长离休或调动，可由本人向省人大常委会或省人民代表大会提出辞职。（1984 年 3 月 28 日）

7. 辽宁省人大常委会法工委问：在地方各级人大选举人大代表的同时，可否同时选举人民陪审员？

答：法律没有规定。经与最高人民法院研究的意见：根据当地人民陪审员参加审判活动的具体情况和实际需要，地方各级法院可以提出人民陪审员如何产生和名额多少的建议，由人大常委会决定。（1984 年 3 月 28 日）

8. 最高人民法院人事厅问：地方各级法院的陪审员由同级人民代表大会选举产生，如陪审员因犯错误需罢免，是否可由同级人大常委会罢免？

答：人民陪审员罢免的问题，法律没有规定。人民陪审员可以由选举他的人民代表大会罢免，也可以由同级人大常委会罢免。（1984 年 4 月 10 日）

9. 安徽省人大常委会办公厅问：（1）在机构改革中，有些原政府部门改为企事业单位，如县外贸局改为外贸公司，水产局改为水产公司，农机局改为农机供应站。这些单位的负责人还是不是政府组成人员？（2）县政府组成的确定，是否必须报人大常委会批准？

答：一、原来县政府的局现已改为企业、事业单位的，它的领导人不是政府组成人员。

二、地方组织法规定，县"人民政府的局、科等工作部门的设立、增加、减少或者合并，由本级人民政府报请上一级人民政府批准"。还规定，县人民政府由县长、副县长和局长、科长等组成。县政府组成的确定，按地方组织法的上述规定办。局长、科长的任免，须由县人大常委会决定。（1984 年 4 月 11 日）

10．河南省人大常委会办公厅问：地方各级人民代表大会可以改变或撤销下级人民代表大会不适当的决议，没有明确规定可以改变或撤销下级人大常委会的不适当的决议。省人民代表大会撤销或者改变县人大常委会的不适当的决议是否合乎法律规定？

答：省人大有权决定撤销县人大和县人大常委会不合乎宪法和法律的决定。（1984 年 4 月 12 日）

11．内蒙古自治区人大常委会办公厅问：按全国人大组织法规定，代表资格审查委员会成员应是人大常委会委员，地方组织法未作明确规定。我自治区人大代表资格审查委员会副主任是人大代表，不是常委会委员，是否可以？

答：自治区人民代表大会代表资格审查委员会的人员组成问题，可由自治区人大常委会决定。① （1984 年 4 月 12 日）

12．四川省人大常委会法制办公室问：我省阿坝藏族自

---

① 1986 年 12 月对地方组织法的修改，规定县级以上地方各级人民代表大会常务委员会设立的代表资格审查委员会的人选，由常务委员会主任会议在常务委员会组成人员中提名，常务委员会会议通过。

治州人大常委会拟制定自治州施行刑事诉讼法的补充规定，包括语言文字、合议厅组成人员及办案期限等三方面内容。自治州能否制定这类法规？

答：办案期限问题，全国人大常委会正在研究。建议地方暂不作补充规定。（1984年4月13日）

13. 广西壮族自治区人大常委会办公厅问：（1）地方组织法第28条规定的"在本级人民代表大会闭会期间"人大常委会可以决定本级政府副职的个别任免，是指两次大会之间，还是整个一届大会之间？（2）人代会闭会期间，人大常委会主任出缺，人大常委会能否任命一位副主任代理？

答：一、地方组织法规定的"在本级人民代表大会闭会期间"，是指两次人大会议之间。

二、人代会闭会期间人大常委会主任出缺，可以参照全国人大组织法的精神（委员长因为健康情况不能工作或者缺位的时候，由常务委员会在副委员长中推举一人代理委员长的职务），由人大常委会在副主任中推选一人代理主任的职务。（1984年4月18日）

14. 广西壮族自治区人大常委会选举办公室问：乐业县一名自治区人大代表因"文革"中犯错误正在受审查，可否由本人向县人代会提出辞去代表职务？这样做是否有效？

答：法律对代表辞职问题未作规定。同意广西人大常委会选举办公室的意见，自治区人大代表可向其选举单位（县人代会，人代会闭会期间可向县人大常委会）提出辞职。（1984年4月18日）

15. 广东省人大常委会法制委员会问：(1) 选举人大代表第一次投票，候选人得票都未超过半数，第二次投票可否按选举法第 38 条第三款的规定，只要候选人得票超过选票的三分之一，就被认为当选？(2)选举人大代表第一次投票，推荐的候选人得票均未超过半数，而由选民提出的人选得票虽也未超过半数，但比候选人得票多。那么这些得票多的选民，在第二次投票时，是否列入正式候选人名单？

答：一、同意广东省人大常委会法制委员会的意见。如第一次投票时，候选人得票都未超过全体选民的半数，第二次投票时可适用选举法的规定。

二、参照选举法第 38 条关于经过预选，根据较多数选民的意见，确定正式代表候选人名单的规定精神，如果第一次投票时不是候选人的选民比候选人得票多，选举委员会可以根据第一次投票时较多数选民的意见，将得票数超过候选人的选民列为第二次投票时的候选人。(1984 年 4 月 21 日)

16. 广西壮族自治区人大常委会办公厅问：在少数民族杂居的地方难以按各少数民族划分选区，在选举时为保证各民族代表的名额，可否在选票上标明候选人民族？可否在选举细则中规定按各民族应选代表名额分别计算选举结果？

答：在多民族杂居的地方，可以将应选少数民族代表的名额分配到选区，保证选出该民族的代表。因此，可以在选票上标明候选人民族。如果没有选出应该选出的少数民族代表或者当选的少数民族代表没有达到应选的名额，所缺的应再进行选举，另行选出该民族的代表，不能以其他民族的代表占用这个名额。要向选民多做工作，说明为什么要保证少数民族的代表名额，在选举

细则中可以不规定分别计票的办法。（1984 年 4 月 24 日）

17. 外交部领事司问：我国驻外使领馆人员在选举期间如何参加选举？

答：依照我国选举法的规定，年满十八周岁的中华人民共和国公民，除依照法律被剥夺政治权利的人以外，不分民族、种族、性别、职业、社会出身、宗教信仰、教育程度、财产状况和居住期限，都有选举被选举权。按照法律，中国驻外使领馆人员在选举期间不能回原选区参加选举的，可以委托有选举权的亲属或本单位其他选民代为投票。（1984 年 5 月 24 日）

18. 北京市人大常委会办公厅问：（1）市政府民族事务委员会委员可否兼任市人大常委会组成人员？（2）通县工业局一工程师，可否兼任县人大常委会委员？

答：一、市政府民族事务委员会委员属于国家行政机关的职务，根据地方组织法的规定，不能兼任市、区人大常委会的组成人员。

二、县工业局的工程师不能兼任县人大常委会委员。（1984 年 5 月 30 日）

19. 新疆维吾尔自治区人大常委会办公厅问：我自治区昌吉自治州一人大代表当选后即调离本州，一年后该同志又调回本州工作。此时州人大并未因其调离而补选其他代表，州里准备恢复他的代表资格，如何办理法律手续？

答：根据选举法的规定，代表调离本行政区域的，其代表资格自行终止。如果本人调回后仍拟担任代表的，需依照选举法进

行补选。(1984 年 5 月 31 日)

20．湖北省人大常委会问：我省十堰市是设区的市，正在选举产生人大代表，该市的两个城区可以采取间接选举的办法产生市人大代表。市郊区只有两个派出的区公所，管 18 个乡 1 个镇。我们意见一个市最好采取一种选举办法，郊区是否也可采取间接选举的办法产生市人大代表？

答：可考虑经省人民政府批准，在郊区设立区级政权，也可以将郊区各乡、镇分别划归邻近的区管辖，这样市人大代表都可以由区人民代表大会选举产生。(1984 年 6 月 2 日)

21．最高人民法院人事厅问：有的省法院院长已退居二线但仍担任法院院长职务，省人代会近期不开会，无法选举新的法院院长。如由人大常委会任命代理院长，可院长还在，应如何处理？

答：法院院长因年龄等原因退居二线，可由本人向本级人大或常委会提出辞职，由人民代表大会选举产生新的院长，在人大闭会期间，可由人大常委会决定由一位副院长代理院长。(1984 年 6 月 9 日)

22．河北省人大常委会办公厅问：市、县人民代表大会选举后落选的市、县检察院检察长（包括两种情况，一是换届选举落选的，二是补选时原检察长落选的），是否应提请上一级人大常委会批准免职？

答：检察院组织法规定，检察长的任期与本级人代会每届任期相同。因此，换届时选出新的检察长，原检察长任期届满，自行免职，不必报上一级人大常委会批准免职。不到换届时更换检察长，原检察长的免职应由上一级检察院检察长提请该级人大常委会批准。（1984年6月9日）

23. 浙江省人大常委会办公厅问：我省人大常委会有一委员要担任政府部门的工作，按照法律规定本人向人大常委会提出辞职，在人大常委会接受本人辞职以后，还要不要向人民代表大会报告？

答：法律没有规定，由省人大常委会自己决定。（1984年6月16日）

24. 陕西省选举办公室问：省政府组成人员可否参加省人大会议主席团？

答：法律没有规定，可由省人大决定。（1984年6月22日）

25. 甘肃省人大常委会办公厅问：我省一县文化局局长因挪用公款，县人民政府提请县人大常委会撤销其职务。有关法律规定，人大任命的干部可以免职，撤职与免职有何区别？

答：撤职属于行政纪律处分，地方组织法对行政纪律未作规定，可按1957年国务院《关于国家行政机关工作人员的奖惩暂行规定》办。

奖惩暂行规定规定，撤职处分"应报任命机关批准后执行"。县政府的局长是由本级人大常委会任命的，对县政府局长的撤职处分，应按奖惩暂行规定由人民政府决定，报本级人大常委会批准后执行，并报上一级人民政府备案。

地方组织法规定，县级以上地方各级人大常委会决定本级政府秘书长、厅长、局长、主任、科长的任免。这里所说的免，既可以包括正常调动的免职，也可以包括因犯错误或犯罪而免职。(1984年7月5日)

26. 劳动人事部干部局问：中央批准了几位部委的领导干部辞职，如何办理法律手续？

答：关于国务院组成人员的辞职问题，法律没有规定。宪法第六十七条第九项规定，全国人大常委会"在全国人民代表大会闭会期间，根据国务院总理的提名，决定部长、委员会主任、审计长、秘书长的人选"。根据这一规定的精神，国家科学技术委员会主任辞职，似可由国务院总理接受辞职，提请全国人大常委会决定。(1984年7月19日)

27. 内蒙古自治区选举办公室问：县人代会期间，代表因故不能到会，能不能委托别的代表代为投票？

答：地方各级人民代表大会开会期间，未到会的代表能否委托别的代表代为投票，法律没有规定。考虑到代表没有到会，不了解投票表决的议案的内容，以不委托别的代表代为投票为宜。实际上，多年来各级人民代表大会代表也没有委托别的代表代为投票的情况。(1984年7月19日)

28. 西藏自治区人大常委会办公厅问：我自治区四届一次会议选举的地区法院院长和检察长因工作需要个别变动，应提请自治区人民代表大会选举。如按法院组织法第36条规定和检察院组织法第26条规定，由自治区人大常委会批准撤换即可。我们拟按后者执行，妥否？

答：法院组织法第三十六条和检察院组织法第二十六条所说的"撤换"，是指法院院长或检察院检察长犯了错误需要撤换。地区法院院长和检察院检察长因工作需要个别变动，在人民代表大会闭会期间，不宜适用上述"撤换"的规定，可由本人向自治区人大常委会提出辞职，并由自治区人大常委会决定由一位副院长（副检察长）代理院长（代理检察长）。(1984 年 7 月 21 日)

29. 辽宁省人大常委会办公厅问：我省铁岭地区改为省辖市，请示以下问题：(1) 地市合并后市人大代表名额确定多少合适？(2) 代表的构成比例如何确定？(3) 地区改为市后，市人大届次如何计算？(4)铁岭地区原管辖的铁岭市、铁法市、清河镇改为省辖市的区，应如何办？

答：一、关于地市合并后市人大代表的名额问题，可以根据选举法的规定，"由各省、自治区、直辖市人民代表大会常务委员会，按照便于召开会议、讨论问题和解决问题，并且使各民族、各地区、各方面都能有适当数量的代表的原则自行决定"。

二、关于市人大代表的构成比例问题，可由省委决定。

三、关于省辖市人大的届次问题，请省人大常委会自行决定。

四、关于原铁岭市、铁法市和清河镇分别改为区后如何产生新的政权机构问题，可由省人大常委会按地方组织法有关规定酌定。(1984 年 7 月 30 日)

30. 辽宁省人大常委会办公厅问：我省朝阳县人事制度改革，将干部管理权限下放，县委组织部只管政府各部门主要领导干部任免。县法院、检察院的干部任免的权限是否也可以下放？

答：关于县法院和县检察院的干部任免问题，同意辽宁省人大常委会的意见，应按地方组织法、法院组织法和检察院组织法的有关规定办。（1984 年 7 月 30 日）

31．上海市人大常委会办公厅问：宪法规定，委员长主持全国人民代表大会常务委员会的工作。委员长、副委员长、秘书长组成委员长会议，处理全国人民代表大会常务委员会的重要日常工作。能否理解为全国人大常委会和委员长会议实行委员长负责制？

答：一、关于各级人大常委会是否实行首长负责制的问题，中发〔1984〕8 号文件印发的彭真同志 1984 年 1 月 24 日在全国人大常委会在京委员座谈会上的讲话中说："人大和政府的任务不同，因此它们的工作制度、方法也不同。宪法规定，行政机关实行首长负责制。""人大是集体负责制。人大代表、常委会委员的权力是很大的。……但是人大的这种权力是由集体来行使，来作出决定的。……包括委员长在内，无论哪个法律和决议都不是个人说了就可以决定的。"彭真同志的讲话清楚地说明，人大及其常委会实行集体负责制，而不是首长负责制。

二、宪法规定："全国人民代表大会常务委员会委员长主持全国人民代表大会常务委员会的工作，召集全国人民代表大会常务委员会会议。副委员长、秘书长协助委员长工作。""委员长、副委员长、秘书长组成委员长会议，处理全国人民代表大会常务委员会的重要日常工作。"委员长会议中委员长和副委员长的关系要根据上述规定全面理解。地方各级人大常委会主任会议可参照上述规定考虑。（1984 年 8 月 30 日）

32. 陕西省选举办公室问：代表资格审查委员会在审查代表资格时，发现某代表有违法乱纪行为，代表资格审查委员会可否不经原选区同意而取消其代表资格？

答：代表资格审查委员会审查代表，主要是审查代表产生是否合乎选举法的规定。如果发现代表有违法乱纪行为，不适合当代表的，可由原选区或选举单位依照法律规定的程序予以罢免。(1984 年 9 月 13 日)

33. 山西省人大常委会问：我省《人大常委会工作条例(草案)》拟规定，省政府的厅、局、委员会等工作部门的设立、撤销或合并；本省市、县行政区域划分、变更的方案，经省人大常委会审议通过后，由省人民政府报国务院批准。是否可以？

答：可以按你们意见作规定。(1984 年 9 月 18 日)

34. 内蒙古自治区人大选举办公室问：我自治区一乡在乡长、副乡长选举中，三名候选人两次投票得票数都未超过半数，可否在继续选举时更换候选人？

答：既然候选人经过两次投票仍未当选，说明代表对候选人有不同意见。同意你们的意见，可以依照法律规定的程序，重新酝酿，确定乡长、副乡长候选人，另行选举。(1984 年 9 月 21 日)

35. 西藏自治区人大常委会办公厅问：地方组织法规定，县人大常委会可以"个别任免"副县长，是指一次会议可以任免几个？拉萨市某县拟一次会议任命两名副县长，但占了该县副县长名额的 50%，是否可以？

答：地方组织法规定的"个别任免"是指任免几个，法律没有具体规定。在一般情况下，一次任免一两名副县长，可以认为属于个别任免。（1984 年 9 月 25 日）

36．吉林省人大常委会办公厅问：户口粮食关系不在当地的公民，能否选为县（市）政府领导人员？

答：户口粮食关系不在当地的公民可以被选为县（市）政府的领导人，法律对此没有限制。（1984 年 9 月 25 日）

37．辽宁省人大常委会办公厅问：我省一县检察院检察长调离，向县人大常委会提出辞职。因原任检察长辞职和代理检察长人选都需经上级检察院同意并提请本级人大常委会批准的程序，为不影响工作，县人大常委会可否事先经上级检察院同意，在批准原任检察长辞职的同时任命代理检察长？

答：县检察院检察长在任期之内因故需要调动工作，在人民代表大会闭会期间，可事先商得上一级人民检察院同意，由本人提出辞职，本级人大常委会决定，并由上一级人民检察院检察长提请该级人大常委会批准。

县检察院检察长调离，可由本级人大常委会经过上级检察院同意，决定由一位副检察长代理检察长，并报上一级检察院和人大常委会备案。（1984 年 9 月 29 日）

38．河南省人大常委会办公厅问：洛阳市一同志刚参加了市辖区的直接选举，现调到汝阳县，可否再参加汝阳县的选举活动？

答：选民在原行政区域（县、市、市辖区）参加县、乡直接选举之后，调动或迁移至另一行政区域（县、市、市辖区），仍可在新的行政区域的人大代表选举中被选为代表。（1984年9月29日）

39. 湖南省人大常委会办公厅问：我省文物管理委员会、高等教育自学考试委员会、调整工资领导小组、工业复查领导小组、经济管理干部考试领导小组、爱国卫生委员会等机构成员中都有省人大常委会委员，他们是否可以兼任？

答：地方组织法规定，地方各级人大常委会组成人员不得担任国家行政机关的职务。你们提的几个委员会和领导小组，人大常委会组成人员是否可以兼任，决定于这些委员会和领导小组是否属于行政机关。请省人大常委会根据情况处理。（1984年9月29日）

40. 大连市人大常委会法制室问：国务院赋予大连市为省级经济管理权限的市。享受省级经济管理权限的市是否可以享受省人大制定地方性法规的权限？

答：国务院决定赋予大连市省级经济管理权限，并不包括制定地方性法规的权限。根据宪法和地方组织法规定，地方性法规由省、自治区、直辖市的人大及其常委会制定。经国务院决定的较大的市可以向省人大常委会提出地方性法规草案，由省人大常委会审议通过。（1984年10月8日）

41. 陕西省人大常委会办公厅问：地方组织法规定，在省长因故不能担任职务的时候，由本级人大常委会决定代理人选。在人大常委会闭会期间，省长出国访问，可否由主任会议认可代理省长，待召开人大常委会会议时予以说明？

答：省长因工作关系出国访问，不属于地方组织法所规定的"因故不能担任职务"。在这种情况下决定临时代理省长，法律没有规定，可由省里酌定。

国务院总理出国访问期间，由一位副总理代总理，没有经过全国人大常委会讨论。这一情况可供省里参考。（1984 年 10 月 16 日）

42．河南省人大常委会办公厅问：（1）乡人大可否设立乡人大代表联络组？（2）县政府调研员和武装部部长可否兼任人大常委会组成人员？

答：一、能否设立乡人大代表联络组，法律未作规定，可由省人大常委会酌定。

二、县政府调研员是行政机关干部，不能兼任县人大常委会组成人员。县武装部长如属于军事机关的职务，可以兼任县人大常委会组成人员。（1984 年 10 月 16 日）

43．最高人民检察院人事厅问：有的省发文件要求基层检察院内不设科。请全国人大常委会或法工委对检察院组织法第 20 条规定作出统一解释。

答：检察院组织法第 20 条规定，地方各级人民检察院可以分别设立相应的检察处、科和其他业务机构。是指可以设，也可以不设，如果要设，建议最高人民检察院同国家编委联系或请示中央政法委解决。（1984 年 10 月 25 日）

44. 安徽省青阳县人大常委会问：我县人大常委会副主任由县政府任命为老龄问题委员会主任。县政府认为老龄问题委员会属于社会团体，县人大常委会副主任可以兼任老龄问题委员会主任。可是如果老龄问题委员会是社会团体，该委员会主任由政府任命是否妥当？

答：老龄问题委员会是社会团体，不是政府机构，因此，人大常委会组成人员可以兼任该委员会的职务。至于是否由政府任免，法律没有规定，可暂由地方自行决定。（1984 年 11 月 14 日）

一九八五年

1. 山西省人大常委会法制室问：我省河津县黄河边一村庄有二万亩河滩地，村民认为是集体所有，与种植该地的国营农场发生纠纷。宪法规定："矿藏、水流、森林、山岭、草原、荒地、滩涂等自然资源，都属于国家所有，即全民所有；法律规定属于集体所有的森林和山岭、草原、荒地、滩涂除外。"全国人大可否对"集体所有除外"含义和"滩涂"的定义作出解释？

答：你省河津县二万多亩河滩地的所有权纠纷问题，是属于工作上的问题，也是民事纠纷问题。首先可以由省一级领导机关主持调解解决，调解不成，也可以由法院判决。至于河滩地定义，由于情况各不相同，可以具体情况具体解决，以不用援引和解释宪法条文的办法来解决这个问题为好。（1985 年 1 月 5 日）

2. 解放军总政治部组织部问：按照分配名额，需从总政补选一名全国人大代表，由于是补选，可否在法定范围内征求意见，不再召开军人代表会议？

答：应按《解放军选举全国人大和地方各级人大代表的办法》，由总政的军人代表大会补选。（解放军选举办法规定，各总部的军人代表大会选举出席全国人大的代表；代表在任期内被罢免、死亡或因故不能继续担任代表的，"应当由原选举单位补选"。）（1985 年 1 月 8 日）

3．中组部党政干部局问：因年龄偏大的省人大常委会副主任，在任期未满时需要先辞职而后退休，其辞职手续应如何办理？

答：未到换届时因年龄偏大应退下来的省人大常委会副主任，可由本人向省人代会提出辞职，由省人代会决定接受辞职。在人代会闭会期间，如果急需，也可向省人大常委会提出辞职，由省人大常委会决定接受辞职，然后报人代会追认。（1985 年 1 月 9 日）

4．山东省人大常委会问：我省洪家楼镇聘请山东大学一副校长为该镇名誉镇长，是否合适？

答：法律对聘请名誉镇长问题没有规定。建议地方政府负责人以不设名誉职务为好。（1985 年 1 月 12 日）

5．广西壮族自治区人大常委会办公厅问：各市、县人大换届选出了新的人民检察院检察长，在大会选举后报请上级检察院检察长提请人大常委会批准以前，新的检察长是否可到职工作？如果不能到职工作，检察院的工作由谁来主持？

答：一、检察院组织法规定，自治州、省辖市、县、市、市辖区检察院检察长的任免，须报上一级人民检察院检察长提请该级人大常委会批准。依照这一规定，市、县人大新选出的检察长应在上级人大常委会批准后开始行使检察长的职权。

二、检察院组织法规定，各级人民检察院检察长任期与本级人大任期相同。在原任检察长任期届满，新的检察长在上级人大常委会批准之前，由谁行使检察长的职权，法律没有规定。最高人民检察院过去就这一问题答复过地方，为解决原任检察长和新任检察长行使职权的衔接问题，同意最高人民检察院的意见，即在上级人大常委会批准新的检察长之前，原检察长应继续行使职权到上级人大常委会批准任命新的检察长为止。(1985年1月21日)

6. 广东省人大常委会问：我省农村进行乡镇体制改革，实行镇管村的建制。请示：(1) 由若干乡合并后的新的镇，可否由原乡人大代表组成镇人代会，待任期期满换届时再做调整，进行选举？(2) 实行镇管村的建制后，原乡长、副乡长可否暂时保留，在新建制镇政府领导下继续工作？(3) 实行新体制后，有的镇规模相当大，为更好地发挥人民代表大会职能，可否在人口规模较大的镇进行设立镇人民代表大会常务委员会的试点？

答：一、若干个乡合并为一个镇，应依照选举法的规定，重新选举镇人大代表，由镇人代会产生镇人民政府。在镇的政权机构选举产生之前，原来各乡的政权机构继续行使职权。

二、新的镇人民政府产生以后，原乡政府自然撤销。不能在镇政府下再设乡政府。

三、建议暂不进行设立镇人大常委会的试点。(1985年1月

29 日）

7. 四川省人大常委会法制委员会问：我省阿坝藏族自治州可否制定关于延长刑事案件办案期限、法院合议庭组成人员应当有当事人本民族人员的"刑事诉讼法的补充规定"？

答：一、关于刑事案件办案期限问题，1984 年 7 月 7 日全国人大常委会通过的《关于刑事案件办案期限的补充规定》对于交通十分不便的边远地区哪些刑事案件的办案期限可以延长，已经有了补充规定。阿坝藏族自治州应依照刑诉法和上述补充规定办理，可以不再作其他变通规定。

二、关于法院合议庭组成人员应当有当事人本民族的人员问题，建议作为内部掌握的原则，不作立法性的变通规定。（1985 年 1 月 29 日）

8. 江苏省人大常委会办公厅问：（1）乡改镇后，乡人民代表大会如何改为镇人民代表大会？原乡长、副乡长能否即成为镇长、副镇长？（2）乡改镇后，乡人大代表能否自然成为镇人大代表？有的行政区划有变动，划进或划出的村（选区）中的乡人大代表的资格能否予以承认？

答：一、关于乡改镇后乡人大相应改为镇人大，乡长相应改为镇长问题，可由省人大常委会决定。

二、乡改镇后，个别村（选区）划入新建的镇或划入别的乡，划进的村的原乡人大代表不好转为划入的镇（乡）的人大代表，可以列席转入村的镇（乡）人大会议。（1985 年 1 月 29 日）

9. 最高人民检察院研究室问：被宣告缓刑的犯罪分子，

在缓刑期间有违法行为，但又构不成犯罪，不能撤销缓刑，可否对其实行劳动教养？

答：对被宣告缓刑的犯罪分子，在缓刑期间有违法行为又构不成犯罪，需要劳动教养的，可以实行劳动教养。在劳动教养期间，继续依照刑法有关规定，对犯罪分子执行缓刑。

这一问题属于司法解释问题，以上意见提供最高人民检察院参考。（1985 年 2 月 2 日）

10. 江苏省人大常委会法制委员会问：省人大常委会能否制定本省对外开放城市和开放地区的地方性法规？

答：省人大常委会可以制定有关对外开放的地方性法规，但是内容不能与法律和国务院的规定相抵触。有些需要国务院统一规定的，应由省政府请示国务院。（1985 年 3 月 13 日）

11. 吉林省延边自治州人大常委会问：（1）单行条例与地方性法规有无区别？自治州有无制定地方性法规权限？（2）对代表"联合提名"，有人认为参照选举法的规定，代表三人以上附议的可以叫联合提名；另有人认为只要两名代表以上同意的就是联合提名，应如何理解？（3）依照法律规定，政府工作机构的设立、增加、减少或合并由上一级人民政府批准。人大常委会能否在任命政府工作机构新的厅、局长时，对新的政府工作机构的变动进行审议？

答：一、根据宪法和地方组织法的规定，自治条例、单行条例在内容上、制定程序上都与地方性法规不同，因此不能把自治条例、单行条例和地方性法规相混淆。自治州不能制定地方性法规。

二、对多少代表才能联合提名，法律没有规定，可以由省人民代表大会或者常务委员会决定。你们提出参照选举法规定三人以上附议即可作为联合提名，是可以的。

三、地方组织法规定，自治州、县、自治县、市、市辖区的人民政府的局、科等工作部门的设立、增加、减少或合并，由本级人民政府报请上一级人民政府批准。现在仍应按这个规定执行。（1985 年 3 月 25 日）

12. 吉林省人大常委会办公厅问：（1）省人代会调整和补选年龄偏大的省人大常委会组成人员和省长、副省长，离职的省人大组成人员和省长、副省长是否需要向大会主席团提出辞职？ （2）新选举的省人大常委会组成人员和省长、副省长候选人名单可否由省委向大会主席团提出？

答：一、省长、副省长和省人大常委会组成人员任期未满而离休退休的，可由本人提出辞职，由省人民代表大会决定接受辞职。

二、地方组织法规定，选举省长、副省长和省人大常委会组成人员，"由本级人民代表大会主席团或者代表联合提名"。（1985年 5 月 6 日）

13. 陕西省人大常委会人事处问：我省人大常委会召开会议增补一位副省长，是采用举手表决，还是应投票表决？

答：省人大常委会任命个别副省长，是举手表决，还是无记名投票，法律没有规定，可由省人大常委会自行决定。（1985年5 月 25 日）

14. 天津市人大常委会办公厅问：我市人大常委会下设4个工作委员会。在制定地方性法规时，各工作委员会是否有权提出议案草案？省级人大常委会能否设立专门委员会？

答：关于地方人大设立专门委员会及常委会工作委员会职权问题，地方组织法没有规定。按照习仲勋同志 1982 年 12 月 9 日在五届全国人大五次会议主席团会议上的讲话："各省、自治区、直辖市可以根据宪法、全国人大组织法和地方组织法的精神，从本地区的实际情况出发自己作出暂行规定。"① (1985 年 5 月 28 日)

15. 广西壮族自治区人大常委会办公厅问：我区南宁、柳州等 4 个市人大今年届满，但因整顿工作尚未完成，拟推迟换届，应当由哪级人大常委会作出决定？

答：代表大会任期法律有规定，推迟换届就是延长任期，法律虽未明确规定，但参照宪法和全国人大组织法有关全国人大的规定精神，应尽量按期改选。南宁等市人大如果由于特殊情况需推迟几个月换届的问题，应由自治区人大常委会专门作出决定。(1985 年 5 月 28 日)

16. 广东省人大常委会办公厅问：我省按照国务院规定改变乡、镇建制，拟新建一千个左右的镇，新的镇人代会如何产生？这些乡、镇人大代表是 1984 年选举产生的，距换届还有较长时间，是否可以不再重新选举，把原来的乡人大

---

① 1986 年 12 月对地方组织法的修改，规定省、自治区、直辖市、自治州、设区的市的人民代表大会根据需要，可以设法制（政法）委员会、财政经济委员会、教育科学文化卫生委员会等专门委员会。

代表、镇人大代表合起来组成新的镇人代会?

答：改变乡、镇建制，将若干个乡合并为一个镇，应按照选举法的规定选举新的镇人民代表大会代表，由镇人民代表大会产生镇人民政府。

乡、镇人民代表大会应在任期届满后改选，现在由于进行乡并镇的体制改革，成立新的镇的建制，提前改选是可以的。

在镇的政权机构选举产生之前，原来各乡的政权机构继续行使职权。镇的政权机构产生之后，原乡的政权机构自然撤销。（1985 年 6 月 27 日）

17. 广东省汕头市人大常委会问：宪法规定，地方各级人大常委会"监督本级人民政府、人民法院和人民检察院的工作"。那么，市人大常委会是否有权作出决定，撤销人民法院的错误判决?

答：按照地方组织法的规定，人大常委会监督本级人民法院的工作，人民法院向同级人大及其常委会负责并报告工作，代表可以对法院提出质询，人大还有权罢免本级法院院长，但人大常委会不能撤销法院的判决。依照宪法规定，审判权属于人民法院。按照人民法院组织法、刑事诉讼法和民事诉讼法（试行）的有关规定，上级法院有权提审或者指令下级法院再审。（1985 年 7 月 6 日）

18. 北京市人大常委会办公厅问：北京市公用局局长因贪污受贿，市委决定开除其党籍，免去局长职务，现已将其逮捕。按照规定，应先由本级人大常委会免职，再由本级人民政府决定撤职。人大常委会免职后再由政府撤职，两者如何衔接？人大常委会的这次免职与其他一般情况下的免职如何区分出是受处分的？

答：可由政府向人大常委会提出因涉嫌犯罪拟给予撤职处分，提请人大常委会决定免职。① （1985年7月12日）

19. 陕西省人大常委会办公厅：（1）有的乡在补选乡长时，没有采取差额选举，也没有进行预选，直接搞等额选举，是否违法？（2）乡长出缺后，能否由县政府任命不是副乡长的人为代理乡长？

答：一、乡长出缺后选举新的乡长，应按地方组织法的规定，选举可以采用候选人数多于应选人数的办法；也可以经过预选产生候选人名单，然后进行选举。

二、乡长出缺后，应尽快召开乡人民代表大会选举乡长。在乡人大会议召开之前，可由县人民政府决定由一位副乡长代理乡长，不能任命不是副乡长的人为代理乡长。（1985年7月15日）

20. 国务院秘书局问：中国社会科学院名誉院长是否由全国人大常委会任命？

答：任命国家工作人员的名誉职务问题，法律没有规定。考虑到中国社会科学院院长要经全国人大常委会任命，胡乔木同志任中国社会科学院名誉院长也可以报全国人大常委会任命，可由国务院酌定。（1985年7月17日）

---

① 1986年12月对地方组织法的修改，规定在本级人民代表大会闭会期间，人大常委会可以决定撤销本级政府组成人员的职务。

21．陕西省人大常委会法制委员会问：我省高级人民法院能否在省内设立中级人民法院林区分院和基层林区法院？

答：原人民法院组织法有关森林法院的规定，1983 年全国人大常委会《关于修改人民法院组织法的决定》已删去"专门人民法院包括军事法院、铁路运输法院、水上运输法院、森林法院、其他专门法院"的规定。同时规定"专门人民法院的组织和职权由全国人民代表大会常务委员会另行规定"。在全国人大常委会没有另行规定以前，建议暂不要设立林区法院，如果工作确有需要，可以依照人民法院组织法的规定，由基层人民法院在林区设立人民法庭。人民法庭是基层人民法院的组成部分，它的判决和裁定是基层人民法院的判决和裁定。（1985 年 7 月 17 日）

22．中组部调配局问：全国人大代表出国定居，其代表资格如何处理，是否自行终止？

答：选举法关于"地方各级人民代表大会代表在任期内调离或者迁出本行政区域的，其代表资格自行终止"的规定，只适用于省级以下地方各级人大代表，不适用于全国人大代表。

关于全国人大代表出国定居后的代表资格问题，法律没有规定。如果认为出国定居后不好继续担任代表职务，可由代表本人辞去代表职务，也可以按照地方组织法关于地方人大常委会"补选上一级人民代表大会出缺的代表和撤换个别代表"的规定，以因出国定居后不好继续担任代表为理由，由该代表所在选举单位的省（直辖市）人大常委会予以撤换（撤换不一定是犯错误）。采取哪种办法，请酌定。（1985 年 7 月 18 日）

23．北京市人大常委会办公厅问：乡镇人民代表大会可否在每届召开第一次会议时通过代表资格审查委员会组成人员，如成员没有变化，本届以后的乡人代会就不再作通过代表资格审查委员会组成人员的决定？

答：关于乡、镇人代会设立的代表资格审查委员会可否在本届第一次代表大会上通过后，在以后各次会议继续行使职权的问题，可由市人大常委会决定。（1985 年 8 月 31 日）

24．大连市人大常委会问：我市人大常委会可否审议拟定中外合资、中外合作企业和外资企业工会的地方性法规草案？

答：省人大常委会可以制定有关中外合资、中外合作企业和外资企业工会的地方性法规，经国务院批准的较大的市的人大常委会可以拟订这方面的地方性法规草案，提请省人大常委会审议制定，但其内容不能与法律和国务院的规定相抵触。（1985 年 8 月 31 日）

25．吉林省人大常委会办公厅问：为了加强人大常委会与"一府两院"的联系，我省在《吉林省人大常委会和人民政府、人民法院、人民检察院联系办法》中，可否规定"人大常委会负责同志列席同级人民政府常务会议"？

答：所提拟规定"人大常委会负责同志列席同级人民政府常务会议"的问题，法律没有规定。在实际工作中可以列席，但以不在《联系办法》中作出明文规定为好。（1985 年 10 月 8 日）

26．四川省人大常委会办公厅问：我省文物保护管理办法规定，私人收藏的文物需要出售，只能卖给博物馆或文物商店。这一规定与文物保护法的规定是否有矛盾？

答：文物保护法规定，禁止私人经营文物的收购业务。公民之间把自己收藏的文物互相买卖转让，不属于经营文物收购业务，是应当允许的。四川省的规定不符合文物保护法的规定。(1985 年 10 月 8 日)

27. 吉林省人大法律委员会问：省检察院、自治州检察院、县检察院可否在劳改劳教场所派出检察机构?

答：经同最高人民检察院商议，参照检察院组织法关于"省一级人民检察院和县一级人民检察院，根据工作需要，提请本级人民代表大会常务委员会批准，可以在工矿区、农垦区、林区等区域设置人民检察院，作为派出机构"的规定精神，市（自治州）人民检察院根据工作需要，提请本级人大常委会批准，可以在工矿区、农垦区、林区以及劳改劳教场所等区域设置人民检察院，作为派出机构。(1985 年 10 月 9 日)

28. 新疆维吾尔自治区人大常委会办公厅问：因区政府主席有人事变动，自治区人大可否在今年再召开一次人代会?

答：地方组织法规定，地方人大会议每年至少举行一次，由本级人大常委会召集，并未规定只能举行一次会议，因此人大常委会可以决定多开一次大会（地方组织法规定，如果人大常委会不召集，经五分之一以上代表提议可以临时召集大会）。(1985 年10 月 19 日)

29. 青海省人大常委会办公厅问：(1) 撤销原县制改为自治县（撤销大通县改为大通回族自治县），县的人民代表大会是否需要重新换届? (2) 如果换届，自治县人民代表大会届数如何计算？ （3）在撤销原县制，新的自治县未正式设立之前，原县的国家机关是否继续行使职权？

答：一、县人代会是否换届，可由省人大常委会决定。如不换届，应按照民族区域自治法关于自治县人大常委会、政府组成人员的规定办理，即县长应由实行区域自治的民族的公民担任，人大常委会主任或者副主任中应有实行区域自治的民族的公民担任。

二、如果换届，届数如何计算，可由省人大常委会决定。

三、如果要进行换届改选，在改选前现有的地方国家机关应继续行使职权。（1985 年 11 月 24 日）

一九八六年

1. 上海市人大常委会法制委员会问：市人民检察院拟对一位涉嫌重大经济犯罪的市人大代表立案侦查，是否需报经市人大常委会同意？

答：地方组织法规定，对县级以上地方各级人大代表逮捕、审判，或因代表是现行犯而被拘留时，应报经本级人大常委会同意或者批准。对代表进行立案侦查而不限制其人身自由，是否报经人大常委会同意，法律没有规定，可不必经本级人大常委会同意。但党内另有规定的，应依照党内规定办。（1986 年 2 月 18 日）

2. 吉林省人大选举委员会办公室问：1985 年怀德县和海龙县分别改为公主岭市和梅河口市（均为地级市）。最近，公主岭市和梅河口市又改为县级市，同辉南、柳河两县一起划归通化市管辖，公主岭市和梅河口市原地级市的政权机构相应撤销。我们意见，原间接选举的公主岭市人大代表和梅河口市人大代表的代表资格，随着地级市建制的撤销而自行终止。妥否？

　　答：同意吉林省人大选举委员会办公室的意见。（1986 年 2 月 22 日）

　　3. 广西壮族自治区人大常委会法律委员会问：(1) 自治条例和单行条例的制定程序，可否由自治区人大常委会制定？ (2) 自治条例和单行条例是否属于地方性法规？ (3) 地方是否规定由法律委员会统一审议地方性法规？我们倾向由各委员会分别审议，妥否？

　　答：一、自治条例和单行条例由人民代表大会制定，制定的具体程序是由人大常委会制定，还是由人民代表大会制定，请自治区酌定。

　　二、根据宪法及地方组织法的规定，自治条例、单行条例在内容上、制定程序上都与地方性法规有所不同，是否算地方性法规需再研究。

　　三、地方性法规草案由法律委员会统一审议，还是由各委员会分别审议的问题，可参照全国人大的做法，由自治区人大常委会自行决定。（1986 年 4 月 14 日）

　　4. 山东省人大常委会办公厅问：我省潍坊市辖属的益都县，改为省辖县级青州市，由潍坊市代管。原益都县已选出的潍坊市人大代表，已行使代表职权，并出席过两次潍坊市人代会。现改为青州市，原益都县选出的潍坊市人大代表资格是否继续有效，行使代表职务至任期届满？

答：县改为县级市后，原县选出的代管市的市人大代表资格问题，是机构改革中出现的问题，法律对此没有规定。益都县已选出代表出席了潍坊市人代会，可暂不改变。（1986 年 4 月 14 日）

5. **甘肃省人大常委会问**：我省人代会将审议政府的"七五计划"，但政府现在只能提出"七五计划纲要"。主任会议提出两种做法：一是将"七五计划纲要"提请大会审议后，政府制定"七五计划"。今年再召开一次大会审议或者提请明年人代会审议；二是大会通过"七五计划纲要"并作出决议，政府制定"七五计划"后交省人大常委会审议通过。两种做法哪种合适？

答：同意第一种意见，即可由这次省人大会议批准"七五"计划纲要。"七五"计划可待明年省人大会议批准，今年可不再开会批准。（1986 年 4 月 26 日）

6. **内蒙古自治区人大常委会办公厅问**：自治区人大会议主席团名单应以何种方式通过？应全部名单一并表决通过，还是可以逐个表决通过？

答：选举大会主席团时，可以举手表决，也可以采用无记名投票。采用举手表决时，可以对整个名单进行一次表决，也可以对每个候选人逐个分别表决，但不宜分出几位或几部分分几次表决。（1986 年 4 月 29 日）

7. **广东省人大常委会办公厅问**：我省召开人代会拟补选 9 名常委会组成人员和选举省及地区的检察院检察长，是否可由大会作出决定，采用举手表决的方式选举？

答：根据地方组织法的规定，选举人大常委会组成人员和检察院检察长，采用无记名投票方式。选举法院院长、检察院检察长系正式选举或改选，不是补选，应按地方组织法的规定采用无记名投票方式。

关于补选省、自治区、直辖市人大常委会个别组成人员的程序，法律没有规定。是否可以不搞差额选举和采用举手表决的方式，我们1984年曾答复，可由省、自治区、直辖市人民代表大会决定。你省补选9名常委会组成人员，已不属于个别补选，以按地方组织法的规定，采用无记名投票方式为好。（1986年5月13日）

8．解放军总政治部组织部问：广州军区三名军队全国人大代表因犯错误需要罢免其代表资格。但广州军区跨几个省，召开军人代表大会确有困难，可否利用军区召开基层政治工作会议的时候，罢免这几个人的全国人大代表资格？

答：全国人大常委会1981年6月通过的《中国人民解放军选举全国人民代表大会代表和地方各级人民代表大会代表的办法》规定，罢免代表，由各级军人代表大会选出的，须经各该级军人代表大会过半数的代表通过。根据这一规定，对广州军区三名拟罢免的代表应分别由选他们为代表的军人代表大会进行罢免。如召开军人代表大会有困难，是否可由各部队的军区军人代表大会代表采用通讯投票的方式罢免（如果本人有申诉意见应同时发给代表）。此事可请示中央军委决定。（1986年5月14日）

9．山东省人大政法委员会问：我省齐鲁石化公司拟设人民法庭，现庭长、副庭长和审判员已提请公司所在地的人大常委会任命。我们认为，企业设立法庭无法律依据，现请示：企业是否可以设法庭？

答：同意山东省人大政法委员会意见。根据人民法院组织法的规定，在工矿区设立的人民法庭是当地基层人民法院的组成部分，法庭庭长、副庭长和审判员应由当地人大常委会任免，企业无权自设法庭。（1986 年 7 月 3 日）

10. 民政部民政司问：西藏自治区政府民政厅请示，因西藏牧区人口居住分散，村委会能否变通为居民组或其他名称，不设村委会委员。我们意见，这个问题，请自治区人民政府请示自治区人大常委会决定，妥否？

答：关于西藏自治区牧区的某些地方是否可以不设村委会，按牧民居住状况设若干居民组的问题，同意民政司的意见，可由自治区人大常委会酌定。（1986 年 7 月 10 日）

11. 最高人民检察院问：民法通则规定，"对承担民事责任的公民、法人需要追究行政责任的，应当追究行政责任；构成犯罪的，对公民、法人的法定代表人应当依法追究刑事责任。"这一规定明确了法人可以成为犯罪的主体，法人犯罪应当追究法定代表人的刑事责任。请示：法人的法定代表人范围有多大？哪些人应视为法定代表人？法人的行为构成犯罪，法定代表人只有一般的官僚主义责任，可否不追究刑事责任？而不是法定代表人的有关人员在犯罪中起主要、重要作用的，是否也应追究刑事责任？

答：一、关于哪些人是法定代表人，根据民法通则的规定，是指依照法律或者法人组织章程，代表法人行使职权的主要负责人。

二、关于追究法定代表人的刑事责任问题，民法通则规定的法人从事非法经营；向登记机关、税务机关隐瞒真实情况，弄虚作假；抽逃资金、隐匿财产逃避债务；法人解散或被宣告破产后擅自处理财产等行为构成犯罪的，法定代表人必然负有责任，应当依法追究其刑事责任。至于民法通则或者其他法律没有明确规定追究法定代表人刑事责任的法人犯罪，要根据法定代表人实际上是否负有责任的具体情况决定，对于法定代表人参与决定负有责任的，应当追究法定代表人的刑事责任。这些规定与刑法追究主管人员和直接责任人员刑事责任的规定是一致的。

三、民法通则规定了法定代表人的刑事责任问题，并未规定不能追究其他人的刑事责任。对法定代表人以外的其他人构成犯罪的，当然也应当依法追究刑事责任。（1986 年 8 月 8 日）

12. 天津市人大常委会办公厅问：我市市人民检察院检察长调离，是否可由市人大常委会任命一名不是副检察长、也不是检察院的干部为代理检察长？

答：市检察院检察长因故不能担任职务时，可由市人大常委会决定由一位副检察长代理检察长，报最高人民检察院和全国人大常委会备案。如要任命不是副检察长的干部为代理检察长，可由市人大常委会先任命其为副检察长。（1986 年 8 月 9 日）

13. 陕西省人大常委会办公厅问：我省人代会通过的《森林保护管理暂行办法》与全国人大常委会制定的森林法的有关规定有抵触，现拟予以废止。可否先由人大常委会决定停止执行，待再次召开人代会时予以废止？

答：省人代会通过的地方性法规，如与全国人大常委会制定的法律有抵触，应按全国人大常委会制定的法律执行，有抵触部分自然无效，省人大常委会可以不另作决定。（1986 年 9 月 10 日）

14．江西省人大常委会办公厅问：我省将召开省人代会罢免省长。罢免后是用决定还是公告形式公布？

答：罢免省长采用决定还是公告的形式公布，法律没有规定。

全国人大常委会接受辞职是采用决定的形式。一些省罢免全国人大代表也是采用决定的形式。我们意见，罢免省长，以采用决定的形式为好。（1986 年 10 月 20 日）

15．江西省人大常委会办公厅问：我省现任省人大常委会秘书长不是省人大代表，也不是选举产生的，他是不是人大常委会组成人员？

答：现任省人大常委会秘书长不是省人大代表也不是选举产生的，不是常委会组成人员。如果要作为常委会组成人员，应先选举为省人大代表，然后再由省人代会选举为省人大常委会秘书长。也可以先维持现状不变，待换届选举时再解决。（1986 年 12 月 18 日）

16．广西壮族自治区人大常委会法工委问：（1）我区乐平镇原下属 11 个村委会，1985 年划出乐平县，原由这些村委会选区选出的几位镇人大代表仍担任该镇镇长和镇武装部长等职务，现该镇要开镇人代会，这几位镇人大代表资格是否仍然有效？（2）划出的村委会选区选出的一镇人大代表因犯罪，需要罢免其代表资格。原选区的村已不属乐平镇管辖，应如何办理罢免手续？

答：一、选区划出原行政区域后，由该选区选出的人大代表在任期届满前代表资格继续有效。选举法只规定代表迁出和调离的，其代表资格自行终止。

二、由选民直接选举选出的镇人大代表因犯罪需要罢免其代表资格时，虽然原选区的行政区域已划出，可以将该代表的犯罪事实告知原选区选民，经过工作由原选区选民决定罢免。（1986年12月20日）

17. 甘肃、江苏、北京、辽宁等省（市）人大常委会问：人民武装警察部队是按地方选举办法参加选举，还是按解放军选举办法进行选举？

答：关于人民武装警察部队如何参加选举问题，王汉斌同志在1984年3月的"有关县级以下人大代表直接选举工作的几个法律问题的意见"中说："一九八三年一月十五日全国人大常委会办公厅给各省、自治区、直辖市人大常委会通知，各省（区、市）在选举第六届全国人民代表大会代表时，要结合本省（区、市）的具体情况，适当考虑选举人民武装警察部队的代表。"我们意见，仍按这个通知办。（1986年12月24日）

18. 甘肃省人大选举办公室问：人民武装部是否参加地方选举？

答：人民武装部划归地方建制后，不再按军队单独选举，参加地方选举。（1986年12月30日）

19. 最高人民法院问：人民法院可否在高级、中级、基

层人民法院设行政审判庭？

答：关于人民法院设行政审判庭问题，人民法院组织法规定，高中级人民法院根据需要可以设其他审判庭。对基层法院，没有这样的规定。建议先在高级、中级人民法院试验设行政审判庭。(1986 年 12 月 30 日)

一九八七年

1. 黑龙江省人大常委会经济办公室问：(1) 省人大常委会是否可以修改提请批准的较大的市制定的地方性法规？(2) 由谁在省人大常委会对市里提交的地方性法规作说明？(3) 省人大常委会应采用什么形式批准市的地方性法规？

答：一、省人大常委会对较大的市报请批准的地方性法规，对原则问题有权修改，同时应简化审批程序，不要因一些非原则问题影响及时批准。

二、省人大常委会审议市报请批准的地方性法规时，由省人大常委会决定是否作说明，如需作说明，可由报请审批的市人大常委会负责人或市政府负责人作说明。

三、省人大常委会批准市人大或者人大常委会提交的地方性法规，可以通过批准的决定。由省或市公布，可由省人大常委会决定。(1987 年 1 月 25 日)

2. 云南省人大常委会办公厅问：我省一些地方选举中有选民十人以上署名投票，表示赞成某一候选人。这种情况是否可以视为"十人以上联名推荐代表候选人"？

答：选举法规定的十人以上联名推荐代表候选人，没有规定如何联合提名的具体办法。云南一些地方的做法，如果有选民十人以上署名投票（而不是无记名投票）表示赞成某一候选人，符合选民十人以上联合提名推荐候选人的规定。(1987年2月1日)

3．云南省人大常委会法制委员会问：昆明市人大常委会通过的《关于破坏婚姻家庭关系的处罚规定（试行)》，对破坏婚姻家庭关系的行为可以给予行政处分、行政处罚和劳动教养的处罚。我们认为，治安管理处罚条例、全国人大常委会关于劳动教养的决定以及其他法律、法规中都没有这样的规定。制定这样的规定没有法律依据，省人大常委会对昆明市的"处罚规定"拟不予批准，当否请示？

答：同意省人大常委会法制委员会的意见。(1987年2月10日)

4．黑龙江省人大常委会办公厅问：人民法院院长是否要由人大常委会任命为审判委员会委员？

答：根据人民法院组织法的规定，人民法院审判委员会会议由院长主持，各级人民法院院长可以不再提请人大常委会任命为审判委员会委员。(1987年2月13日)

5．湖北省黄石市人大常委会问：全国人大常委会关于县级以下人民代表大会代表直接选举的若干规定中指出，划分选区应当以每一代表所代表的人口数大体相等为原则。实践中，有的街道居民选区的人口数与厂矿选区的人口数虽然大体相等，但街道选区符合法定选举年龄的选民较少，这样两个选区每一代表所代表的选民人数相差较大。选举中能否根据实际情况，按每一代表所代表的选民人数来划分选区？

答：选区是按每一代表所代表的人口数大体相等为原则划分，不是按每一代表所代表的选民数来划分。（1987年2月29日）

6. 四川省人大常委会法制办公室问：地方人大在制定选举办法时，可否作出具体规定，选举地方国家机关副职领导人和人大常委会委员，候选人数比应选人数多一人？

答：地方组织法规定，选举地方国家机关副职领导人候选人数应比应选人数多一至三人，人大常委会委员候选人数应比应选人数多十分之一至五分之一。地方人大制定选举办法，应按地方组织法的规定办。（1987年3月7日）

7. 江西省人大常委会问：（1）现正在进行换届选举工作，由于时间较紧，如果来不及由新一届省人大选举第七届全国人大代表，可否由第六届省人代会选出第七届全国人大代表？省人大常委会为此是否应作出决定？（2）我省人大主席团一位同志被任命为省经委副主任，他还能担任主席团成员吗？

答：一、是否可由本届省人大选举七届全国人大代表，法律没有规定。最好是由新一届的省人大选举。如果确有困难，是否可由本届省人大选举，可由省人大决定。省人大或常委会可以不专门作决定，可由人大常委会向大会建议列入大会议程。

二、省经委副主任如果是省人大代表，可以为省人大主席团成员。（1987年4月18日）

8. 广东省海南黎族苗族自治州人大常委会问：我州管辖下的县（市）是否一定由实行区域自治的民族的公民担任

县（市）长？

答：宪法和民族区域自治法明确规定："民族自治地方的自治机关是自治区、自治州、自治县的人民代表大会和人民政府"，"自治区主席、自治州州长、自治县县长由实行区域自治的民族的公民担任"。自治州所辖的县（市）的人民代表大会和人民政府不是自治机关，应按地方组织法的规定，不限定县（市）长由哪个民族的公民担任。（1987年4月26日）

9. 贵州省人大常委会问：全国人大常委会法工委办公室主编的"法制工作简报"（1987年第25期）中指出，"贵州关于乡镇集体矿山企业和个体采矿的地方性法规中，有的规定与矿产资源法的规定不一致。"简报中所指"不一致"是什么概念？地方性法规在不违背国家法律总指导思想的前提下，某些针对当地实际情况所规定的条款与国家法律某些条款有"不一致"，是否允许？

答：1987年2月24日第25期"法制工作简报"所载材料提出，贵州省人大常委会制定的《贵州乡镇集体矿山企业和个体采矿暂行管理办法》中有的规定与矿产资源法的规定不一致，共有三个问题：

一、矿产资源法第十五条规定，国家对国家规划矿区、对国民经济具有重要价值的矿区和国家规定实行保护性开采的特定矿种，实行有计划的开采，"未经国务院有关主管部门批准，任何单位和个人不得开采"。

贵州的《管理办法》第11条规定，乡镇集体矿山企业或者个体采矿者在国家已列入建设计划的矿区，具有重要经济价值的矿区、实行保护性开采的矿区采矿，应经"省地质矿产主管部门会同有关部门审批"。这一规定，放宽了开采矿产资源的法定批准权限，把矿产资源法规定由国务院有关主管部门行使的批准权，下放给了省地质矿产部门和有关部门。

二、矿产资源法第三十四条规定，国家"允许个人采挖零星分散资源和只能用作普通建筑材料的砂、石、粘土以及为生活自用采挖少量矿产"。第十六条规定，"任何单位或者个人不得进入他人已取得采矿权的矿山企业矿区范围内采矿。"只有一种例外，就是按照第三十六条的规定，"在国营矿山企业的统筹安排下，经国营矿山企业上级主管部门批准，乡镇集体矿山企业可以开采该国营矿山企业矿区范围内的边缘零星矿产。"

贵州的《管理办法》第7条规定，个体采矿也可以申请开采"小型矿床以及零星分散矿产"和"未列入国家建设的矿床"，并可以"申请开采国营矿区内划定的地段"。这一规定，扩大了矿产资源法允许个人采挖矿产的范围。

三、矿产资源法第四十五条规定，"本法第三十九条、第四十条、第四十二条规定的行政处罚，由市、县人民政府决定。第四十三条规定的行政处罚，由工商行政管理部门决定。第四十四条规定的行政处罚，由省、自治区、直辖市人民政府地质矿产主管部门决定，对国务院和国务院有关主管部门批准开办的矿山企业给予吊销采矿许可证处罚的，须报省、自治区、直辖市人民政府批准。"第四十六条规定，"当事人对行政处罚决定不服的，可以在收到处罚通知起十五日内，向人民法院起诉。"

贵州的《管理办法》第37条规定，"当事人对行政处罚不服的，可以在收到处罚通知之日起十五日内，向上级矿管机关申请复议。"这样笼统规定当事人对市、县人民政府决定的、甚至经省级人民政府批准的行政处罚以及由工商行政管理部门决定的行政处罚不服的，可以向上级矿产管理部门申请复议，是同矿产资源法上述规定不相适应的。

　　根据宪法第一百条关于"省、直辖市的人民代表大会和它们的常务委员会，在不同宪法、法律、行政法规相抵触的前提下，可以制定地方性法规"的规定，贵州的《管理办法》在上述三个问题上作出的与矿产资源法不一致的规定，是值得斟酌的。（1987年4月26日）

　　10．最高人民检察院研究室问：对县级以上人大代表采取取保候审、监视居住的强制措施，应经同级人大常委会同意，还是事后应报告同级人大常委会？

　　答：对县级以上人大代表采取取保候审、监视居住的强制措施，在一定程度上限制了人大代表的人身自由，执行机关应报同级人大常委会同意。其中因现行犯被取保候审、监视居住的，执行机关应立即报告同级人大常委会。（1987年5月3日）

　　11．云南省人大常委会办公厅问：州、市、县、市辖区人民代表大会代表对省政府提出的建议、批评和意见应如何处理？

　　答：根据地方组织法的规定，县级以上地方各级人大代表对上级有关机关的建议、批评和意见，建议最好由代表本人直接向有关上级机关反映，如代表向本级人民代表大会和人大常委会提出，可以由本级人大常委会办事机构转送上级有关机关处理。（1987年7月6日）

　　12．河南省人大常委会教科文卫工作委员会问：我省人大常委会修订省《文物保护法实施办法（试行）》时，针对国家法律对文物犯罪的罪与非罪、量刑标准不够明确的情况，可否在同国家法律不相抵触的情况下，在实施办法中对有关惩罚性条款作出较为具体的规定？

答：地方性法规对刑法以不作规定为好。（1987年7月7日）

13. 湖南省人大选举办公室问：代表十人以上联名提出候选人，是否包括口头联名？

答：地方组织法规定的"十人以上联合提名"，是否可以口头联合提名，可由人代会自行决定。如果人代会事先没有正式决定，应当允许口头联合提名或者通知提名人用书面提出，不能在没有事先决定或者通知提名人改用书面提出的情况下，即由主席团否定代表口头联合提名的候选人资格。（1987年7月7日）

14. 四川省人大法制委员会问：我省根据选举法制定了《四川省各级人大代表选举实施细则》，现凉山、甘孜、阿坝三个自治州提出应授权民族自治地方制定选举法和省实施细则的变通办法，对选举办法、选区划分、代表名额分配等问题作出变通规定。省人大常委会认为，选举法没有规定民族自治地方可以制定变通办法，因此民族自治地方不能对选举法作出变通规定。这样答复三个自治州是否妥当？

答：同意省人大常委会意见，所提三个问题民族自治地方不宜作变通规定。（1987年8月12日）

15. 广东省人大常委会问：我省的中山、潮州两个县级市，在地市合并时实行市领导县的管理体制，分别由佛山、汕头两个地级市领导。中山、潮州两个市是否应分别选举佛山、汕头市的人大代表，而不选举省人大代表？

答：中山、潮州两个市如系由佛山、汕头市代管，仍为省辖市，应选举省人大代表；如果不是代管，而是属佛山、汕头市管辖，如何选举，可由省人大常委会规定。（1987 年 8 月 12 日）

16．最高人民法院刑一庭问：去年，我庭曾就一刑事案件定性问题咨询过法工委，现对该案仍有不同意见，请法工委对该案的定性问题给予复议。

答：对具体刑事案件，应由公检法机关依法处理，如征求法工委的意见也只供参考。人民检察院对法院的判决，如有意见，可以按照刑事诉讼法规定的审判监督程序办理。（1987 年 8 月 14 日）

17．最高人民法院研究室问：被告人（女）在羁押期间自然流产，是否视同怀孕妇女，不适用死刑？

答：刑法规定，审判的时候怀孕的妇女，不适用死刑。对于被告人在羁押期间自然流产的是否适用这一规定，属于适用法律问题，请最高人民法院定。（1987 年 9 月 16 日）

18．贵州省选举委员会问：我省县、乡换届选举中，有少数地区选出的县、乡代表严重违背计划生育政策，要求不要承认他们的代表资格。我们考虑，已经依法当选的人大代表违背计划生育政策的，不宜采取由代表资格审查委员会宣布不承认其代表资格的办法，可否采取由选举委员会向原选区选民宣布，违反计划生育的人不具备人大代表素质，应重新选举，另选他人？

答：按照选举法的规定，县、乡两级选举委员会的职责是"主持本级人民代表大会代表的选举"，并根据选举是否符合法定程序确定选举结果是否有效。至于符合程序当选的代表是否合适，是否应予撤销或者罢免，应由选区选民依照法定程序决定，选举委员会不能干预。（1987 年 9 月 19 日）

19. 黑龙江省人大常委会法制办公室问：地方立法机关是否可以制定有关刑法的实施细则？

答：全国人大常委会关于加强法律解释工作的决议规定，审判工作中具体应用法律的问题由最高人民法院进行解释。地方性法规不好规定什么行为构成犯罪和具体量刑，如有意见，建议同最高人民法院商量，由最高人民法院作出司法解释。（1987 年 10 月 8 日）

20. 辽宁省人大常委会问：本溪市检察院在办理案件时，发生检察长不同意检察委员会多数成员的意见，是否按照人民检察院组织法的规定，"如果检察长在重大问题不同意多数人的决定，可以报请本级人民代表大会常务委员会决定"？

答：如果本溪市检察院检察长不同意市检察委员会多数人的意见，可以根据人民检察院组织法第 3 条的规定，由市检察院报请市人大常委会决定，也可以根据人民检察院组织法第 10 条"上级人民检察院领导下级人民检察院的工作"的规定，由市检察院请示省检察院决定。（1987 年 10 月 12 日）

21．国务院特区办公室问：深圳市市委请示，深圳法院院长等少数审判人员需要调整，是否可以沿用过去的办法，由广东省人大常委会任免？

答：在深圳市人民代表大会会议召开以前，该市人民法院院长和审判人员、市人民检察院检察长和检察人员的任免，系过渡性质，请广东省分别与最高人民法院、最高人民检察院商定。（1987 年 10 月 13 日）

22．安徽省人大常委会办公厅问：中央分配到地方选举的代表候选人没有当选怎么办？

答：1987 年 9 月 16 日，彭冲同志在全国各省、自治区、直辖市党委组织部部长、统战部部长会议上的讲话中提出，中央分配到各省、自治区、直辖市参选的代表候选人，是属于中央的名额，可以在省人民代表大会中多做工作，介绍候选人的情况，多酝酿协商，说清楚为什么要选这些人当代表，使代表们在投票中予以充分考虑，但对具体人选不能要求保证当选。如果中央分配的代表候选人没有当选，其名额仍应由中央另行安排。所提问题应按这一意见办。（1987 年 10 月 13 日）

23．广东省人大常委会办公厅问：海南行政区在筹备建省期间，是否选举第七届全国人大代表和第七届广东省人大代表？

答：海南在筹备建省期间是否选举广东省七届人大的代表，系过渡性质的问题，可由广东省同海南省筹备组商定，可以选举，也可以不选举。（1987 年 10 月 17 日）

24. 广西壮族自治区人大常委会办公厅问：正在服刑的罪犯（未剥夺政治权利）当选为乡人大代表，可否让其参加乡人大会议？

答：根据刑法关于"被判处有期徒刑、无期徒刑的犯罪分子，在监狱或者其他劳动改造场所执行"的规定，被判处有期徒刑、没有剥夺政治权利的人当选为乡人大代表的，在监狱或者其他劳动改造场所服刑期间，不出席乡人大会议。（1987 年 10 月 30 日）

25. 最高人民检察院人事厅问：林区检察院检察长在换届时，是否需要重新任命？

答：省一级和县一级人大换届时，林区人民检察院检察长可以不提请本级人大常委会重新任命。（1987 年 11 月 26 日）

26. 广西壮族自治区人大常委会办公厅问：在新选出的县检察院检察长未经上一级人大常委会批准前，原任检察长仍行使职权，可否由原任检察长提请县人大常委会任命检察人员？

答：提请县人大常委会任命检察人员可以等新选举的检察长被上一级人大常委会批准后，由新的检察长提出。（1987 年 12 月 1 日）

27. 新疆维吾尔自治区人大常委会办公厅问：县人代会选举州人大代表时，几个代表团各有几个代表提名同一候选人，在提名候选人总数上超过了十人，算不算选举法规定的"代表十人以上联名"？能否由主席团召集提名代表开会征求意见，如果他们同意联名，就按十人联合提名去做？

答：县人代会酝酿州人大代表候选人时，不同的代表团中有十人以上的代表分别署名提名同一人为州人大代表候选人，实际上和联合署名提出候选人是一样的，可以按代表十人以上联名处理。也可以按照你们的意见，由主席团请他们再联合提名。（1987年12月22日）

一九八八年

1. **福建省人大常委会法制委员会问**：（1）省人大可否授予厦门经济特区立法权？（2）可否由省人大授权省政府在改革开放过程中的一些问题制定规章？

答：一、关于对经济特区给予立法权的问题，同意省人大的意见，可报请国务院审批。如国务院同意，可提请全国人大常委会批准。省人大不能授权厦门经济特区立法权。

二、关于省人大授权省政府制定规章的问题，依照法律规定，省政府有权制定规章。（1988年1月23日）

2. **浙江省人大常委会办公厅问**：杭州市拟安排一位同志作市人大常委会委员，市里推荐他为一个区的市人大代表，但未当选。拟再推荐他到另一个县做人大代表候选人，是否可以？

答：所提问题可由省人大常委会酌定。（1988年3月24日）

3. **陕西省人大常委会问**：在间接选举中，党派团体推荐代表候选人是按差额数提名，还是按应选代表名额提名？

答：所提问题，选举法没有规定。县级以上地方各级人大选举上一级人大代表时，政党、团体推荐的候选人人数可以少于、等于应选人数，也可以多于应选人数，但不得超过依照选举法关于实行差额选举的规定所确定的正式候选人人数。（1988 年 4 月 4 日）

4. 甘肃省人大常委会办公厅问：我省张掖市（县级市）因县改市，其人民代表大会于 1986 年 1 月产生，1988 年底届满。而 1989 年底又要进行乡、镇人大代表选举。请示：市人代会可否推迟一年换届？

答：根据六届全国人大常委会第十七次会议的决定，县、乡两级人大代表应在 1987 年底以前进行换届选举，张掖市应当执行这个决定，抓紧进行换届选举。依照规定，下次换届选举应为 1990 年底以前进行，不是 1989 年底以前。（1988 年 4 月 4 日）

5. 青海省人大常委会、河南省人大常委会选举委员会问：有人认为，在人大会议上落选的政府副职候选人，由人大常委会任命同一职务是违法的。地方人大常委会能否这样做？

答：在县级以上地方各级人大闭会期间，人大常委会可否任命在人大会议上落选的政府副职候选人担任同一职务，法律没有规定。有的地方县人大常委会任命在大会落选的副县长候选人为副县长，不能说是违法的。但许多人对落选后又由人大常委会任命为落选的职务很有意见，因此这样做需要十分慎重。（1988 年 4 月 15 日）

6. 山东省人大常委会法制工作室问：省人大常委会议

事规则是否可以规定人大常委会主任会议、高级法院、检察院有权向本级人大常委会提出议案？

答：省人大常委会议事规则是否规定人大常委会主任会议可以向本级人大常委会提出属于常委会职权范围内的议案和省高级法院、省人民检察院是否可以向本级人大常委会提出议案，法律没有规定，可由省人大常委会决定。（1988 年 4 月 18 日）

7. **陕西省人大法制委员会问**：西安市人大能否罢免市人大常委会决定任命的局长？

答：根据地方组织法的规定，市人大有权罢免市政府组成人员，包括由市人大选举的政府领导人（市长、副市长）和由市人大常委会决定任命的政府其他组成人员（秘书长、局长、委员会主任）。（1988 年 4 月 18 日）

8. **贵州省人大代表工作委员会问**：我省六盘水市下辖的水城特区分设为水城县和中山区，中山区属新设，该区成立人民代表大会，其代表资格能否由它的上级六盘水市人大常委会代表资格审查委员会来审查？

答：六盘水市水城特区（县级）分为水城县和中山区后，原水城特区人大常委会应行使职权到水城县和中山区的人大常委会产生为止。新设的中山区新的人大代表资格可由原水城特区人大常委会的代表资格审查委员会审查。（1988 年 4 月 18 日）

9. **江苏省人大常委会办公厅问**：（1）国家行政机关、审判机关、检察机关人员被提名为人大常委会组成人员候选人的，是否先免职后参选？ （2）在人大会议上落选的人员，在人大闭会期间，可否由人大常委会依法决定任命其为大会曾提名的同一职务，或者其他不同职务？（3）乡、镇长工作调动时如何办理辞职、免职手续？（4）新选出的检察长在上级人大常委会批准前，代理检察长又调动工作，应如何办？

答：一、根据地方组织法的规定，人大常委会组成人员不得担任国家行政机关、审判机关和检察机关的职务。在行政机关、审判机关和检察机关担任职务的人员被提名为人大常委会组成人员候选人的，可在当选后辞职或者免职。

二、在人大会议上落选的人员，在大会闭会期间，本级人大常委会是否可以任命其为大会曾提名担任的同一职务，法律没有规定，但要根据代表意见慎重考虑；如任命不同职务，是可以的。

三、根据地方组织法规定，乡长、镇长工作调动时，应当向乡、镇人大提出辞职。

四、新选出的检察长在上级人大常委会批准前，原代理检察长又调动工作改任其他职务，可以等新检察长被批准后再到任。（1988 年 4 月 19 日）

10. 陕西省人大常委会问：上一届省人代会上代表联名提出议案罢免省检察长，列入大会议程后，大会决议成立调查委员会，授权常委会负责组织。经调查委员会调查，罢免案中所提事实属实。鉴于本届人大不再提名该检察长列入新一届的检察长候选人，可否由调查委员会向大会提出调查报告，报告调查结果，不再对罢免案进行表决？

答：所提问题，可由省人大决定。（1988 年 5 月 21 日）

11．山东省人大常委会法制工作室问：批准我省某市"荣誉市民"，应如何办理？

答：所提问题，法律没有规定，请省人大常委会酌定。(1988年5月25日)

12．浙江省人大常委会办公厅问：我省制定村民委员会选举实施细则时，规定村民委员会要实行差额直接选举。需要请示的问题是：村委会主任、副主任和委员都分别由村民直接选举产生，还是可以由村民直接选出村委会组成人员，然后再由村委会组成人员推举出村委会主任、副主任？

答：村民委员会组织法（试行）规定，村民委员会主任、副主任和委员，由村民直接选举产生。依照这一规定，村民委员会的主任、副主任和委员都要分别由村民直接选举产生。不能先选举村民委员会组成人员，再由村民委员会组成人员推选出主任、副主任。(1988年5月27日)

13．陕西省人大常委会问：在人大选举中未获全体代表的过半数选票的候选人，重新选举时能否再次被提名为候选人？

答：省人大进行第二次选举时，经主席团或者十人以上代表联名，在第一次选举时未获得全体代表的过半数选票的候选人可以作为候选人。(1988年5月27日)

14．福建省人大常委会办公厅问：我省正在制定义务教育法实施办法，有两个问题需请示：(1) 对义务教育法规定的适龄儿童"应当入学接受规定年限的义务教育"，应如何理解？（2）鉴于我省义务教育发展不平衡，拟在实施办法中只规定，在实行初等义务教育的地区，必须完成初等义务教育。至于初等义务教育毕业之后可否就业的问题，不作明确规定，不知是否符合法律规定？

答：一、义务教育法关于适龄儿童"应当入学接受规定年限的义务教育"的规定，是指适龄儿童应当入学，按照省、自治区、直辖市根据义务教育法的规定为有步骤地推行九年义务教育所规定的年限，接受义务教育①。

二、义务教育法规定："禁止任何组织或者个人招用应该接受义务教育的适龄儿童、少年就业。"你省关于实行初等义务教育地区的学生完成初等义务教育后可否就业，在义务教育法实施办法中不作规定的问题，可由你们决定。（1988 年 6 月 23 日）

15. 安徽省人大常委会办公厅问：在人大常委会会议期间，常委会组成人员联名可否向政府所属各工作部门提出质询案？

答：地方组织法规定的人民政府即包括政府的各工作部门。因此，县级以上地方各级人大常委会会议期间，常委会组成人员可以按照法定人数联名提出对本级政府各工作部门的质询案。（1988 年 6 月 23 日）

16. 山西省人大常委会办公厅问：各地公布地方性法规有三种形式：一是以公告形式公布；二是以常委会形式公

---

① 2006 年 6 月对义务教育法的修改，删去了省、自治区、直辖市根据义务教育法的规定为有步骤地推行九年义务教育规定本地义务教育年限的规定。规定国家实行九年义务教育制度。

布；三是直接在报纸上公布。采取何种形式公布比较规范？

答：地方性法规的公布办法，法律没有规定，可由省人大常委会决定，建议以常委会名义或者以公告形式公布，即不采用由常委会主任签署常委会令的办法公布。（1988 年 6 月 23 日）

17. 云南省人大常委会办公厅问： 政府组成人员能否参加本级人民代表大会会议主席团？

答：所提问题，法律没有规定，可由省人大决定。按照全国人大的惯例，每届第一次会议，政府组成人员可参加主席团，以后的会议即不参加，这个做法可供参考。（1988 年 6 月 23 日）

18. 山东省人大常委会办公厅问： 我省正在选聘科技副县长。科技副县长与其他选举任命的副县长是否有同等的法律地位，行使副县长的职权？科技副县长是否需要经人大按法律程序任命？

答：科技副县长应同其他副县长一样，由人大或人大常委会按法定程序选举或任命。（1988 年 6 月 24 日）

19. 安徽省人大常委会办公厅问： 区人大常委会撤销区政府一名科长职务，可否由常委会委员联名提出撤销其职务的议案？如可以，由多少人联名？

答：依照地方组织法的规定，区人大常委会有权撤销由它任命的区政府组成人员（包括科长在内）的职务。区人大常委会组成人员多少人联名可以提出撤职的议案，法律没有规定，可由省人大常委会决定。（1988 年 7 月 11 日）

20.四川省人大政法委问：我省江油市二马镇分为二马镇和二郎庙镇，镇人大代表是否需要重新选举？

答：江油市二马镇分为二马镇和二郎庙镇，因系改变建制，两个新组建的镇应当分别依法重新选举各自的镇人大代表。（1988年7月11日）

21.云南省人大常委会办公厅问：德宏傣族景颇族自治州进行换届选举，准备在选举办法中规定：正职领导人实行等额选举。省人大常委会认为这实际上是对选举法作出变通规定。妥否？

答：地方组织法规定："人民代表大会常务委员会主任、秘书长，省长、自治区主席、市长、州长、县长、乡长、镇长，人民法院院长，人民检察院检察长的候选人数一般应多一人，进行差额选举；如果提名的候选人只有一人，也可以等额选举。"德宏傣族景颇族自治州人大选举本级人大常委会主任、州长、法院院长、检察院检察长，不能自行决定改变选举法上述规定，即州人大不能自行决定对选举法作变通规定。（1988年7月11日）

22.新疆维吾尔自治区人大常委会研究室问：哈尼市召开人代会，代表对法院、检察院报告提出意见，有些内容需要核查。大会授权市人大常委会作出审查批准两院对大会所作工作报告的决议。这样做是否符合法律规定？

答：同意哈尼市人大可以作出决定，授权人大常委会进一步审查批准法院、检察院对大会所作的工作报告。（1988年7月11日）

23．内蒙古自治区人大常委会办公厅问：在旗人大会议上落选的副旗长候选人，可否由旗人大常委会任命为副旗长？

答：在旗人大闭会期间，旗人大常委会可否任命在旗人大会议上落选的副旗长候选人为副旗长的问题，法律没有规定，但要根据代表的意见慎重考虑。（1988年7月30日）

24．辽宁省人大常委会人事委员会问：（1）我省丹东市人大常委会的秘书长在换届选举中未能选出，可否由副秘书长代理此职？（2）在政府的组成人员中，某厅（局）长没有合适人选，可否由副职代理？

答：一、设区的市的人大常委会如何决定代理秘书长，法律没有规定，可由省人大常委会酌定。建议考虑由一位常委会副主任兼任秘书长。

二、政府厅（局）长出缺的，政府可以确定由一位副厅（局）长为代厅（局）长。（1988年8月2日）

25．湖南省人大常委会问：地方人大专门委员会个别副主任委员和委员因工作需要必须免职的，其免职手续如何办理？

答：地方组织法规定，在大会闭会期间，常务委员会可以补充任命专门委员会的个别副主任委员和部分委员，由主任会议提名，常务委员会会议通过。地方人大专门委员会的个别副主任委员和委员的免职程序，可以参照这一规定办理。（1988年8月2日）

26．青海省人大常委会办公厅问：省政府提请省人大常委会任命的政府组成人员，有的人选经人大常委会审议后没有通过，是否需由人大常委会函复政府，说明没有通过的原因?

答: 省人大常委会对省政府提请任命的政府组成人员经过审议没有通过的, 应当通知政府, 但不需要说明没有通过的原因。通知是否采用复函的方式, 可由省人大常委会决定。(1988 年 8 月 2 日)

27. 西藏自治区党委组织部问: 选举人大常委会组成人员或政府领导人采取无记名投票时, 应如何计票? 如投了弃权票的可否另选他人? 一张选票上赞成票不超过应选人数有效, 还是赞成票和弃权票相加不超过应选人数有效?

答: 七届全国人大一次会议"写票、投票注意事项"规定: "每一张选举票所选的人数少于或等于规定应选人数的, 该选举票有效; 多于规定应选人数的, 该选举票为废票。

(1) 在选举时, 每提一名另选人, 必须否决一名候选人。另选人数应少于或等于否决的人数。否则, 该选举票为废票。

(2) 在差额选举时, 必须在候选人中否决够差额选举所规定的差额人数。否则, 该选举票为废票。

如另提他人, 则每提一名另选人, 必须在否决够差额选举所规定的差额人数以外, 再否决一名候选人。否则, 该选举票为废票。"

地方人大在选举本级人大常委会组成人员和政府领导人时, 对弃权票可以参照以上规定处理。(1988 年 8 月 3 日)

28. 广东省人大常委会办公厅问: 我省由于实行地市合并, 撤销三个地区, 新设七个地级市, 原来的一个县级市升为地级市。原三个地区所管辖的县分别划归新设的地级市管辖，并将某些原归其他市管辖的县划归新设的市管辖。省代表在这 8 个新设的市内分布不均，因此省人大拟再由这 8 个市补选 20 名省人大代表，是否可以？如果可以，可否由市人大常委会进行补选？

答：一、按照选举法的规定，省人大代表名额由省人大常委会决定①。每届人大确定的代表名额，在每届人大期间，以不再增加为宜。代表缺额的，可以依法补选。

二、按照选举法的规定，省人大代表由下一级人民代表大会选举产生。选举法还规定："县级以上地方各级人民代表大会闭会期间，可以由本级人民代表大会常务委员会补选上一级人民代表大会代表。"这一规定仅适用于代表在任期内因故出缺、调离或迁出本行政区域而出现的缺额。省人大代表名额未选满的，所缺名额应由下一级人民代表大会选举，不能由下一级人大常委会补选。（1988 年 8 月 3 日）

29. 吉林省人大常委会办公厅问：（1）省人大常委会举行会议表决时，未出席会议的以及出席会议后又请假的常委会组成人员，能否委托其他常委会组成人员代为投票？（2）省人大常委会在批准较大的市制定地方性法规时，能否对较大的市制定的法规进行修改？如果作了修改，是否要作关于修改的说明？

答：一、省人大常委会举行会议表决时，未出席会议的以及出席会议后又请假，无法参加表决的常委会组成人员，不能委托

---

① 1995 年 2 月对选举法的修改，规定了地方各级人民代表大会代表名额。省人民代表大会代表的具体名额，由全国人大常委会依照本法确定，不能由省人大常委会决定。

常委会其他组成人员代为投票。

二、省人大常委会对较大的市报批的地方性法规，对原则性问题有权修改，同时应简化审批手续，不要因一些非原则性问题影响及时批准。（1988 年 8 月 9 日）

30. 湖北省人大常委会法制委员会问：我省制定省人大议事规则，可否规定省高级人民法院和省人民检察院有向省人大提出议案权？

答：省人大议事规则是否可以规定省高级人民法院和省人民检察院可以向本级人大提出议案，法律没有规定，可由省人大决定。（1988 年 8 月 24 日）

31. 福建省人大常委会法工委问：（1）能否先由村民会议选举村民委员会成员，然后由村委会成员选举村委会主任、副主任？（2）因村民会议往往很难召开，可否召开由村委会成员、村民小组组长和村民小组推选的代表参加的村民代表会议代行村民会议职权？

答：一、村民委员会组织法（试行）规定，村民委员会主任、副主任和委员，由村民直接选举产生。依照这一规定，村民委员会的主任、副主任和委员都应分别由村民直接选举产生，不能由村民先选举村委会委员，再由委员推选主任、副主任。

二、关于召开由村委会成员、村民小组组长和村民小组推选的代表参加的村民代表会议问题，法律没有规定，可由省人大常委会决定。但是村民代表会议不能代行村民会议的职权。（1988 年 8 月 25 日）

32.安徽省人大常委会人事任免工作委员会问：我省检察院最近提请任命的检察员中有五名办公室、人事处的干部。省人大常委会主任会议研究认为：法律规定由人大常委会任命检察员职务，是直接从事检察工作业务、履行检察职责的检察人员的法律职务。而不从事这项业务的为检察工作服务的办公室、人事处和后勤单位的工作人员，应由各级检察院确定其他相应的职务，不应任命检察员职务，更不应由人大常委会任命检察员职务。妥否？

答：同意省人大常委会主任会议的意见。（1988年9月1日）

33.四川省人大常委会法工委问：我省人大常委会拟设立法制工作室、人事工作室等4个办事机构，这些机构的负责人应由谁任命？

答：省人大常委会办事机构的负责人如何任命，法律没有规定，可由省人大常委会决定。（1988年9月30日）

34.浙江省人大常委会办公厅问：被剥夺政治权利的人是否可以参加村民会议？

答：根据村民委员会组织法（试行）第九条关于"村民会议由本村18周岁以上的村民组成"的规定，被剥夺政治权利的人可以参加村民会议。但是，根据村民委员会组织法（试行）第十条关于被剥夺政治权利的人没有选举权和被选举权的规定，这些人在被剥夺政治权利期间没有选举权和被选举权。（1988年9月30日）

35.山东省人大常委会法工委问：在村民委员会选举

中，某村民严重破坏选举的行为可否按刑法破坏选举罪追究其刑事责任？

答：刑法规定的是，违反选举法的规定，以暴力、威胁、贿赂等非法手段破坏选举或者妨害选民自由行使选举权和被选举权。村民委员会是基层群众性自治组织，选举成员不适用选举法，因此，不能适用刑法的规定追究其刑事责任。（1988 年 9 月 30 日）

36．吉林省人大常委会法工委问：法律中没有罚款规定的，地方人大常委会可否在制定的地方性法规中，如统计法的管理条例，根据地方的实际情况规定行政处分和罚款？

答：统计法关于法律责任的规定中，对所列违法行为没有规定可以处以罚款。省人大常委会制定实施统计法的管理条例时，不宜在统计法中对所列违法行为规定的法律责任之外，增加罚款的规定。（1988 年 9 月 30 日）

37．湖南省人大常委会办公厅问：我省株洲市拟提请市人大常委会任命两位副市长，可否在一次常委会会议上任命，或者召开两次常委会会议分别任命？

答：根据地方组织法的规定，市人大闭会期间，市人大常委会可以决定副市长的个别任免。个别任免的具体数额法律没有规定，建议市人大常委会一次会议任命的副市长以一名为好，如果委员们同意，一次会议任命两名副市长也可以。（1988 年 9 月 30 日）

38．山东省人大常委会法制工作室问：市人大常委会委员可否兼任该市政府法律顾问？

答：地方组织法规定，县级以上地方各级人大常委会组成人员不得担任国家行政机关、审判机关和检察机关的职务。建议市人大常委会委员以不兼任市政府法律顾问职务为好。（1988 年 10 月 15 日）

39. **国务院机构改革办公室问**：我办正在起草《行政编制管理办法》，人大常委会、人民法院和人民检察院的编制是否由国务院管理？

答：根据宪法第 89 条的规定，国务院的一项职权是"审定行政机构的编制"。这里所称"行政机构"是指政府机关，不包括人大常委会、法院、检察院机关。国务院的《行政编制管理办法》不宜规定管人大常委会的编制（内部如何管为好可另行研究解决）。对于法院、检察院的编制如何管理为好，建议国务院机构改革办公室同最高人民法院、最高人民检察院商议。（1988 年 10 月 15 日）

40. **山西省人大常委会问**：在第一次县人代会上选举省人大代表未选满，缺额一名。可否在第二次县人代会上补选时，实行等额选举？

答：第一次县人代会上选举的省人大代表未选满，在第二次县人代会上另行选举时，仍须实行差额选举，幅度可以参照选举法关于候选人名额应多于应选名额的五分之一至二分之一的规定（如果补选一名，候选人可以多一名），由县人大在大会选举办法中规定。（1988 年 10 月 15 日）

41. **陕西省人大常委会办公厅问**：直辖市、市、市辖区的农村每一代表所代表的人口数与市区每一代表所代表的人口数的具体比例如何确定？

答：选举法规定："直辖市、市、市辖区的农村每一代表所代表的人口数，应多于市区每一代表所代表的人口数。"具体比例如何确定，法律没有规定，可以参照选举法的规定，由省人大常委会按农村每一代表所代表的人口数同市区每一代表所代表的人口数之比"可以小于四分之一"的原则规定。① （1988 年 10 月 15 日）

42. 云南省人大常委会问：罢免代表的性质是否属于处分？是否只有在代表犯错误时才可罢免？我省一州人大代表因玩忽职守罪被判刑一年，缓刑一年，未剥夺政治权利，可否不罢免其代表资格？

答：选举法规定，选举单位有权罢免由它选出的人大代表。法律没有规定罢免代表的条件。你省一州人大代表因犯玩忽职守罪被判有期徒刑一年、缓刑一年，是否罢免其代表资格，可由原选举单位决定。(1988 年 10 月 15 日)

43. 安徽省人大常委会人事任免工作委员会问：我省安庆地区与安庆市合并，请示：(1) 地市合并后，新的安庆市下辖三区、八县，在新的市人大选举产生之前，应如何安排工作？ (2) 在选举新的安庆市人大代表时，可否原安庆市

---

① 2010 年 3 月对选举法的修改，删去了农村每一代表所代表的人口数同镇或者企业事业组织职工每一代表所代表的人口数之比可以小于四分之一直至一比一的规定。规定地方各级人民代表大会代表名额，按照每一代表所代表的城乡人口数相同的原则进行分配。

人大代表不变，再由新划入的 8 个县分别选举部分市人大代表？

答：一、安徽省安庆地区和安庆市合并建立新的安庆市，应尽快选举新的市人大，由新的市人大选举产生新的市政府、法院、检察院。在新的政权机构未选出前，原有的地区、市、县政权机构可以继续行使职权。

二、安庆地区和安庆市合并，新建立的市人大代表应由下辖的三个区和八个县召开人大会议重新选举产生。原安庆市人大代表不能自动转为新的安庆市人大代表。（1988 年 10 月 19 日）

44．内蒙古自治区人大常委会法工委问：旗、县人民政府提请任命的委、局的主任、局长，人大常委会未通过，政府是否可以直接决定任命为委、局的代主任、代局长？

答：县（旗）长提请任命但县（旗）人大常委会未通过的局长、委员会主任人选，可否由政府任命为代理局长、代理主任，法律没有规定，建议同人大常委会商量。（1988 年 10 月 31 日）

45．山西省人大常委会选举办公室问：我省一些县已经对依法由人大选举或人大常委会任命的干部实行聘用制，在岗位上先经过一定的聘用、试用期限之后，经考核合格再依法任命。我们认为这种做法违反法律规定，这样理解不知妥否？

答：同意山西省人大常委会选举办公室的意见。对依法应由人大选举或人大常委会任命的干部不能聘任。（1988 年 10 月 31 日）

46．广西壮族自治区人大常委会办公厅问：（1）县政府哪些部门的负责人属于政府组成人员？ （2）我们认为，政府组成人员应由政府依法提请人大常委会任命，不能实行聘任制。妥否？

答：一、按照地方组织法的规定，经县政府报请上一级政府批准设立、受县政府直接领导而不是由上级业务主管部门领导为主的局（科），其局（科）长是县政府的组成人员。

二、同意广西壮族自治区人大常委会办公厅的意见，县政府的组成人员应依法由县人大常委会决定任命，不能实行聘任制。（1988 年 11 月 1 日）

47. 山东省人大常委会法制工作室问：省地方性法规，包括省会市和国务院批准的较大的市制定、省人大常委会批准的地方性法规，应采用何种办法公布？由谁公布？

答：一、地方性法规的公布办法，法律没有规定，可由省人大常委会决定。建议以人大常委会名义公布或以公告形式公布，而不采取常委会令的办法公布。

二、省会市、较大的市制定、省人大常委会批准的地方性法规由谁公布，法律没有规定，可由省人大常委会决定。（1988 年 11 月 4 日）

48. 宁夏回族自治区人大常委会办公厅问：自治区法院院长已在人代会上选出，要不要再任命他为审判委员会的委员？

答：根据人民法院组织法的规定，各级人民法院审判委员会会议由院长主持。因此，各级人民法院院长可以不再提请人大常委会任命为审判委员会委员。（1988 年 11 月 4 日）

49．陕西省人大常委会法制委员会问：地方人民银行行长是否可以担任人大财经委员会委员？

答：地方人民银行行长是同级人大代表的，可以担任同级人大专门委员会委员。（1988 年 11 月 4 日）

50．山东省人大常委会人事代表联络室问：我省拟增选 50 名人大代表，理由是：省党代会人事变动较大；省人大原专门委员会人员较少，又增设了农业委员会，都需增补人员；去年省人代会落选的全国人大代表候选人拟充实进省人大代表。妥否？

答：每一届省人大代表名额一经省人大常委会决定，建议在本届人大任期内不要再作变动。（1988 年 11 月 10 日）

51．广西壮族自治区人大常委会法制委员会问：县人大常委会副主任因犯错误需要罢免，可否由县人大常委会进行罢免？

答：根据地方组织法的规定，罢免地方各级人大常委会组成人员属于同级人民代表大会的职权，地方各级人大常委会无权罢免本级人大常委会组成人员。（1988 年 11 月 10 日）

52．山西省人大常委会代表联络处问：我省朔县改为地级市，拟增选省人大代表 6 至 7 名，可否？

答：每一届省人大代表的总名额和分配到下一级人大选举的名额一经省人大常委会决定，建议在本届人大任期内不要再作变动。（1988 年 11 月 12 日）

53.湖南省人大常委会选举任免工作委员会问：省人大常委会上次会议因到会人数太少，又因不了解情况投弃权票的人太多，致提请任命的中级人民法院院长和地区检察分院检察长二人未获过半数通过。现拟将该人选再次提请本次人大常委会会议任命。请示：省人大常委会未通过任命的人选能否在下次省人大常委会会议提请任命原提名的职务？

答：在省人大常委会上次会议上提请任命的人选未通过的，能否提请本次会议再次任命同一职务的问题，法律没有规定，在一般情况下需要慎重考虑。来电所提由于到会人数太少，投弃权票的太多，建议可向常委会委员说明情况，经常委会组成人员多数同意，可以再次提请常委会审议。(1988年11月19日)

54.江苏省人大常委会办公厅问：(1) 地方组织法规定，地方人大常委会有权授予地方荣誉称号。我省准备授予靖江县为拥军模范县，应由省人大常委会授予还是由省政府授予？ (2) 扬州市某县一镇长因犯错误，需要罢免。在镇人代会闭会期间，县政府先撤销了该镇长的职务。在召开镇人代会时，是否还需要对该镇长履行罢免手续？

答：一、地方荣誉称号指哪些，需要另行研究。我们意见不应包括"模范县"。

二、已被上级政府撤职的镇长，镇人大可以再予以罢免。(1988年12月10日)

55.山东省人大常委会法制工作室问：乡、镇合并后，新的乡、镇人大如何组成，新的乡长、镇长如何产生？

答：几个乡、镇合并成立一个新的乡、镇，新成立的乡、镇

人民代表大会代表应当重新选举。由新成立的乡、镇人民代表大会选举新的乡长、镇长。(1988 年 12 月 10 日)

56. 山东省人大常委会法制工作室问：我省某县委组织部规定，凡新提拔的副乡级以上的干部，试用期一年。试用期满，经群众评议、组织考核，再正式任命。省人大常委会的意见，对干部的任用，地方组织法明文规定应由地方人大及其常委会选举、任命的干部，在地方组织法未修改前，不采用干部试用制。这一意见妥否？

答：同意山东省人大常委会的意见。(1988 年 12 月 10 日)

57. 湖南省人大常委会选举委员会问：我省原大庸市、桑植县从湘西自治州划出，同常德市的慈利县合并成立新的大庸市。行政区划变动后，原大庸市、桑植县选举产生的自治州和常德市的人大代表离开自治州和市的，其代表资格自行消失，但在自治州和常德市直属机关单位工作的州和市的人大代表的代表资格，是否继续有效？

答：湘西自治州的大庸市和桑植县从自治州划出，常德市的慈利县从常德市划出，原由大庸市、桑植县人大选出的自治州直属机关单位的州人大代表和由慈利县人大选出的常德市直属机关单位的市人大代表，在本届人大任期届满前，其代表资格继续有效。(1988 年 12 月 10 日)

58. 山东省人大常委会法制工作室问：担任市政府所属局的党委书记、总工程师的市人大代表是否可以兼任市人大专门委员会成员？

答：担任市政府所属局的党委书党、总工程师的市人大代表，是否可以兼任市人大专门委员会成员的问题，法律没有规定。建议兼任行政职务的，以不再兼任市人大专门委员会成员为好。（1988年12月21日）

59. 司法部问：近来在各级人大的换届选举中，一些专职或者兼职的律师当选为人大常委会委员。关于各级人大常委会组成人员中的律师，能否继续履行律师职务的问题，我们认为，各级人大常委会组成人员担负着法律规定的特殊职责，他们如果担任律师并履行律师职务，参与各种诉讼或非诉讼活动，与人民法院、人民检察院和政府机关发生大量工作联系，会产生诸多不便，体制上也不尽合适。因此，对当选为各级人大常委会组成人员的专职、兼职律师，自当选之日起，应停止履行律师职务。当否？

答：同意司法部的意见。（1988年12月21日）

60. 上海市人大常委会办公厅问：我市人大常委会审议通过了关于修改《上海市水产养殖保护条例》的决定。一市人大代表提出，条例中规定的"当事人接到行政处罚决定书次日起满三十天，不向上一级主管部门申请复议又不履行的，渔政监督管理机构可向人民法院申请强制执行。"与渔业法规定不一致。特请示这一规定是否与渔业法相抵触？

答：渔业法规定，当事人对渔业行政主管部门或者其所属的渔政监督管理机构的行政处罚决定不服的，可以直接向人民法院起诉，并没有规定当事人必须先向行政主管部门申请复议。而上海市的决定规定，当事人对渔政监督管理机构作出的行政处罚决定不服的，必须先向其上一级主管部门申请复议，对复议决定不服的，才可以向人民法院起诉。这样，申请复议就成为当事人向人民法院起诉前的必经程序，与渔业法的规定是不符合的。(1988年12月21日)

61.福建省人大常委会办公厅问：我省人大常委会秘书长因病去世，在人民代表大会选出新的秘书长之前，准备由常委会决定一位常委会委员代理秘书长职务，是否妥当？

答：省人大常委会如何决定代理秘书长的问题，法律没有规定。是否由省人大常委会一位常委会委员代理秘书长职务，可由省人大常委会决定。(1988年12月21日)

62.湖北省人大常委会办公厅问：乡、镇人民代表大会在闭会期间，乡长、副乡长、镇长、副镇长因犯错误需要给予撤职处分的，如何办理？

答：乡人大闭会期间，乡（镇）长、副乡（镇）长因犯错误需要撤职处分的，可以按照1957年《国务院关于国家行政机关工作人员的奖惩暂行规定》执行。(1988年12月21日)

63.广西壮族自治区人大常委会法制委员会问：南宁市新城区进行代表补选，现请示：(1)进行补选可否简化程序，对换届后迁入选区的年满18周岁的公民，不再进行选民登记和参加选举，也不再公布选民名单。(2)补选的候选人名单是否可以由新城区人大常委会提出，也可以由选民十人以上联名提出？

答：一、换届后迁入选区的年满18周岁的选民和被剥夺政治权利期满现已恢复政治权利的选民，这次补选代表时应予登记并公布，他们都有权参加选举。

二、选举法规定，各政党、各人民团体，可以联合或者单独推荐代表候选人。选民十人以上联名，也可以推荐代表候选人。区人大常委会不能提名代表候选人。（1988 年 12 月 28 日）

64. 福建省人大常委会办公厅问：我省某县人大常委会副主任因受贿，上级党委决定先停职审查然后再做处理。停职审查要办理哪些手续才符合法律规定？

答：对县人大常委会副主任停职审查，没有法律依据。建议可待问题查清后，再依法处理。（1988 年 12 月 29 日）

附录三

忆峥嵘岁月 *

解说： 2001 年 12 月 8 日中午，天上下着丝丝细雨，76 岁高龄的王汉斌不顾旅途的辛劳，再次回到故乡泉州惠安，视察了泉州肖厝海洋化工基地的建设进度和泉港区肖厝城市总体规划情况。此前，王老还应邀出席了第二届中国泉州（惠安）石雕石材国际展示会，并兴致勃勃地参观了在此次展示会上获奖的石雕艺术品。

看到家乡发生如此的变化，王老由衷地笑了。

这是闽南沿海一个普通的小乡村，祖祖辈辈靠着赶海和种田生活的乡亲们可能没有想到，这里走出了一位共和国全国人大常委会副委员长。

王汉斌： 我们村里最破的房子就是我们家，看到最破的房子就是我们家。

王汉斌堂亲： 穷啊！那一阵子，全家甚至全村，连白薯都吃不起，只能吃白薯加白薯渣煮的白薯汤，有的还吃米糠，很困难。

---

* 这是厦门市广播电台制作的访问王汉斌同志专题片。

解说：王老至今仍对家乡的一草一木记忆犹新，孩提时的生活更是时时勾起他对家乡的深深眷念。

王汉斌：我13岁时父亲教我《论语》、《左传》，还有《古文观止》、《孟子》。那时候我父亲要我一天背诵一篇《孟子》，一篇《古文观止》或者《左传》。我小时候就在惠安念书，在乡下，玉坂、东园。1988年回去，我专门到我上学的东园小学去看了一下，基本上就剩下几堵墙了，天顶都开了，那是个教会学校。那年我去看的时候，有些人在旁边说，这是台湾来的，来看教堂的。

解说：抗战爆发以后，中华民族陷于水深火热之中。为了避难，年仅12岁的王汉斌随嫂嫂到住在缅甸仰光的父亲和哥哥那里，在缅甸仰光继续上学。他常常到仰光华侨进步人士办的图书馆看书，在那里他看了《西行漫记》。1941年，年仅16岁的王汉斌加入中国共产党，从此走上了漫长的革命斗争道路。

王汉斌：中国人民都有强烈的民族感情，都有抗日思想。受到当时进步老师的影响，我在仰光上小学的时候就开始看进步书籍。我在仰光念了一年小学。小学毕业以后，家里经济困难，有半年没有上学。那时，我就经常上图书馆，看了不少进步图书。记忆最深的是《西行漫记》，所以《西行漫记》对我的影响是很大的。我上中学同班有一位同学，他岁数比我大，常常介绍我看进步书籍、杂志，是我的启蒙人。他还介绍我认识进步朋友，参加进步的读书会，后来入党，我入党是新四军事件以后两个月，大概3月，1941年3月入党，介绍我入党的就是当时我们在读书会认识的进步朋友。

解说：日军的残酷暴行激起包括华侨在内的炎黄子孙

的强烈愤慨，抗日救亡浪潮风起云涌，如火如荼。王汉斌在进步思想的激励下，参加仰光华侨学联抗日救亡活动，担任中共仰光华侨中学支部书记、仰光区委委员，太平洋战争爆发后参加缅甸华侨战时工作队，在早期积累了一些革命斗争经验。

王汉斌：我们上学的时候，常常在假日上街募捐抗日救亡。入党前，我们就参加华侨抗日救亡活动和组织华侨学联的救亡活动。那年太平洋战争，12 月 7 日，那天好像是礼拜天，珍珠港事件好像就是礼拜天。那天我们在仰光大湖边，缅甸华侨学生联合会举行纪念"一二·九"活动。那个时候仰光进步的各界青年活动还是比较活跃，影响也比较大。当时学联的活动主要就是我在那里负责，因为华侨中学是仰光华侨最大的学校。太平洋战争爆发后，党在缅甸曼德礼组织缅甸华侨战时青年工作队，党组织要我从仰光到曼德礼参加，4 月初，日军轰炸曼德礼，那轰炸是整条街的炸。我们战工队住的云南会馆中了好几颗炸弹。那天战工队牺牲了三位同志，还有不少人受伤，轰炸时别人在前面跑，我在后头，结果前面跑的有的被炸伤了，后面跑的没事。

解说：1942 年日军占领全缅甸，缅甸的华侨党组织被迫撤离。在组织的安排下，王汉斌逃过了日军的追击和轰炸，回到昆明，随后考上西南联大，先后就读于中文系和历史系。

王汉斌：中文系的几个教授都是很有名的学者，闻一多讲《诗经》，挺有意思的。闻一多解释《诗经》，尤其解释"国风"，说国风就是民歌，不但是民歌，而且是情歌。"国风"，"风"就是"情"。我从他那里头一次听说，原来《诗经》是孔夫子编写的，还不是挺古板的。历史老师是吴晗，他讲授《中国通史》。

解说： 时值国家危难、民族存亡之秋，王汉斌同全国亿万热血青年一样，全身心投入抗日救亡的洪流中去，凭借在缅甸积累的革命经验，积极组织学生运动，反美反蒋斗争，先后担任"民青"第一支部委员、中共西南联合大学第一支部委员。

王汉斌： 1944 年日本打到贵州，当时我们认为日本人可能打到昆明，西南联大学生进步运动就开展起来了。1944 年 12 月 25 日，昆明各大中学进步组织联合举行云南护国起义纪念大会，闻一多等人在会上发表慷慨激昂的演说。国民党特务在会场进行捣乱，大家情绪激昂，当场决定举行游行示威，表示抗议，进步活动就开展起来了。壁报、社团，还有读书会，进一步活跃起来了。在这个基础上成立了"民青"，就是"民青"第一支部。

解说： 在这段时间，由于"民青"的关系，王汉斌在联大结识了彭珮云，并介绍她入党，在长期的革命工作中形成默契，最终产生了真挚的感情。

王汉斌： 在联大她（彭珮云）是一年级，我是四年级，在"民青"我联系她，后来我介绍她入党，到清华我一直管她工作，她就管一年级的工作。

解说： 抗战结束以后，王汉斌前往北平。表面上任《平明日报》国际版编辑，实则继续从事革命活动，负责领导清华大学、北平师范大学等高校的中共地下组织工作。时值内战全面爆发，在国民党白色恐怖下，革命斗争异常激烈紧张。王汉斌有条不紊地组织群众工作，一次又一次地瓦解了敌人的计谋，保护了革命学生，并保护多个高校免遭敌人破坏。

王汉斌：1948 年 8 月 19 日、20 日两天，敌人先后公布了几百名北大、清华、燕京学校的黑名单，要传讯这些进步学生。公布这黑名单的时候，同时就派军警把北大、清华、燕京还有其他大学，有黑名单的学校都包围了起来。我们对敌人的镇压行动，在暑假前就做了准备，所有黑名单上的人，绝大部分同学都走了，都不在学校，到了解放区或者南方。但在学校还是有的。当时在敌人包围下，我们把北大、清华、燕京黑名单上的人，在夜里三四点钟，敌人包围比较疏忽的时候，都把他们掩护送走了。到人都走了以后，我同清华党组织研究，决定由学生会通过校方跟敌人谈判，允许他们进来查黑名单上的人，但是不能搜查，不能抓黑名单以外的人，学生就在清华的图书馆集中对学生证，敌人抓不到人，因为人都走了，对照学生证黑名单上的人一个也没有。当时我也在清华，所以那天包围查对学生证，我也在里头，和清华教职员在一起。我是拿《平明日报》身份证给他们看，他们也不管。就这样，国民党反动军警解除了对学校的包围。

解说：解放以后，开始时王汉斌继续负责高校学生工作，担任北京团市委大学部部长，以后担任中共北京市委办公厅和彭真同志政治秘书，市委政策研究室副主任，市委第二办公室主任，市委候补委员。1958 年至 1966 年担任中共北京市委副秘书长。然而命运似乎在捉弄王汉斌，这段扎扎实实的工作经历却成了他的"罪状"，"文革"期间受到冲击，被下放到北京冶金机械厂革委会任副主任。尽管如此，经过无数革命浪潮洗礼的王汉斌始终坚持实事求是的原则。

王汉斌：我跟你说我的罪名，当时北京市委做结论，给我处分，罪名有四条，第一条罪名是包庇彭真，第二条罪名是包庇北京市委领导刘仁、郑天翔，第三条罪名是包庇吴晗，第四条罪名是反对毛主席文艺批示。毛主席有两次文艺批示，说文艺舞台上都被帝王将相、才子佳人占领。那时彭真同志派我搞调查，我写调查报告说文艺战线成绩是主要的，就批判我说这是反对毛主席文艺批示。另外还有一条是攻击三面红旗。1976年批邓反右翻案风，那时候我被下放到冶金机械厂当革委会副主任。当时厂党委书记要我写大字报批邓，我说这么多年来，我只会挨批不会批人。他说你是厂领导，应该在大会上发言批邓，我说我连党委委员都不是，算什么领导（当时市委认为我表现不好，所以让我当副主任，不能当党委委员）。他说那你就帮别人写，我说党委有秘书，干嘛要我写。那时候我不怕挨批丢乌纱帽，你爱怎么办就怎么办，反正我就不批。所以当时，北京市委流传三句话，某某人苦干，某某人巧干，王汉斌不干。

解说："文革"结束和四人帮的倒台使共和国迎来了又一个春天。王汉斌重新回到工作岗位。1979年，调他到中国科学院政策研究室工作一年后，彭真又调他到刚成立的法制委员会工作，开始了他在人大长达19年的工作，主要负责立法方面的工作，并作为副主任委员参与了香港和澳门基本法的起草。1983年，他担任全国人大常委会秘书长，法制工作委员会主任；1988年，他当选为第七届全国人大常委会副委员长；1992年当选中共中央政治局候补委员；1993年任第八届全国人大常委会副委员长、中共全国人大常委会党组副书记。

王汉斌：人大的立法工作，从这十几年的工作，我觉得立法最重要的，还是要从实际出发，要看实践。我们立法遇到问题，只要进行调查，主要放在实践来考虑，到底是否可行，行得通不，行的效果如何，就比较容易看清楚。如果有争论，放在实践里来考虑，也就比较容易看清楚。另一头就是党中央的政策。所以彭真同志老讲，立法要靠两头。一头是党中央的方针政策，另一头就是实践。但基础还是实践。

解说：王老离开家乡已有半个多世纪。1998年从领导岗位退下来后，老家的乡亲们多次邀请他回家乡走走。扭不过这份热情，近年来王老时常也回到家乡看看，他与常人一样也难免故土情深，而家乡的巨变，不正是他年轻时奋斗的理想？

派傅冬菊做傅作义的工作*

　　第七、八届全国人大常委会副委员长王汉斌同志，新中国成立前曾担任北平地下党学委委员、大学委员会书记，直接参与和领导了傅冬菊、李炳泉等人争取傅作义与共产党合作、和平解放北平的工作。

---

* 本文原载于《百年潮》2001年4月刊。

派傅冬菊做其父的工作

记者：1949 年 1 月 21 日，傅作义召开高级军官会议，宣布接受和平改编。31 日，傅作义部 25 万人全部开出北平城，人民解放军东北野战军第四纵队开进北平城内担任卫戍任务，古城北平和平解放，平津战役胜利结束。这看似简单顺利的历史背后一定有着许多鲜为人知的故事。傅作义下决心接受和平解放北平，他女儿傅冬菊起的作用肯定是无可替代的。听说您和傅冬菊是同学，您能介绍一下傅冬菊参加革命的情况吗？

王汉斌：傅冬菊是傅作义和原配夫人张金强的大女儿。抗战初期，傅冬菊在重庆南开中学上学，经常和进步同学一起在节假日到重庆新华日报社，与中共南方局青年组负责人刘光、朱语今联系，接受革命教育，参加进步的读书会。傅冬菊高中毕业后，考入在昆明的西南联合大学。在联大傅冬菊与我是同班同学，我和她相识是由她在南开中学的进步同学介绍的。1945 年"一二·一"运动时，我介绍她加入党的外围组织"民主青年同盟"。西南联大毕业后，傅冬菊到天津《大公报》担任记者。她利用自己的特殊身份，通过"华北剿总"在天津黄家花园设立的办事处，掩护一批进步同学到解放区，我也在黄家花园住过。1948 年，我提出并由天津南系地下党发展傅冬菊入党。同时，天津南系地下党安排介绍傅冬菊的爱人，《平明日报》记者周毅之入党，并由我为其举行了入党宣誓。

记者：您作为北平和平解放的亲历者，能否讲讲当年共产党是怎么开展争取傅作义的工作的？

王汉斌：1948 年 5 月前后，就已经提出要争取傅作义。当时华北局城工部派曾平到天津《大公报》找傅冬菊，要她做傅作义的工作。傅冬菊向我们汇报了这个情况，我们对曾平毫无所知，觉得如此重大的事情应该通过组织系统来安排，就决定让傅冬菊不必答复曾平。

到 1948 年 11 月初，人民解放军解放了沈阳，东北野战军即将入关解放平津。城工部的刘仁同志专门派撤退到城工部的南系地下党党员回来传达指示，说北平很快就要解放，为配合解放，党中央决定找傅冬菊做争取傅作义的工作；平津南北地下党立即合并。根据刘仁同志的指示，南系地下党学委立即把傅冬菊从天津《大公报》调来北平全力做争取傅作义的工作，同时又布置职业青年支部书记李炳泉通过他的堂兄"华北剿总"联络处处长李腾九做傅作义的工作，并调来周毅之做傅冬菊的联络员，以便随时同傅冬菊联系。

记者：现在一些影视作品对傅冬菊如何做她父亲的工作，有不少描述。您作为知情者，能介绍一下这方面的细节吗？

王汉斌：傅冬菊根据我的布置，劝说傅作义同共产党谈判。她对傅作义说：您现在是仗打不下去了，如果逃到南方去，从以往的历史经验来看，在蒋介石那里，您没有军队，也是吃不开的。还是同共产党谈判，能争取较好的前途。当时李炳泉找他堂兄李腾九做傅作义的工作，傅作义对李腾九说，我对共产党的政策不了解，能不能找点资料看看。我们研究以后，给了他毛泽东的《论联合政府》。傅作义看后说，联合政府我还是赞成的。这就让我们有了活动的余地。

当时，傅冬菊每天都到傅作义的办公室观察情况。我每天同傅冬菊会面一次，她向我汇报傅作义的情况。然后，我将傅作义的情况报告给城工部。那时傅作义思想矛盾激烈，有时唉声叹气，脾气暴躁，有时接连咬断火柴棍。这些情况，我们都详细地随时报告城工部。傅冬菊在与父亲傅作义谈的时候，一再劝傅作义要跟共产党谈判，不然没有出路。当时，傅作义提出："共产党里面我就相信两个人，一个是王若飞，一个是南汉宸。"我们琢磨他的意思是想让南汉宸来跟他谈判。我们认为这个情况很重要，就发了电报报告了城工部。

当傅冬菊根据城工部指示跟傅作义摆明，要么投降，要么起义。但是傅作义都不接受，他说："起义，我就对不起蒋先生；投降，我傅作义的面子太难看了。"

当傅冬菊向傅作义提出希望他放下武器，与共产党合作，接受和谈，和平解放北平时，傅作义很有政治经验，怕是"军统"、"中统"特务通过他的女儿套他话，于是就追问："是真共产党还是'军统'？你可别上当！"傅冬菊肯定地回答："请爸爸放心，是我们的同学，是真共产党，不是'军统'。"傅作义告诉傅冬菊："你每晚从我这里回家是否有人跟踪？一定要小心！"又问："你是不是参加了共产党？"傅冬菊说："我还不够格。"在谈判时，傅作义还一再让我们把电台放到中南海他那里，说放到外面不安全，我们没敢答应。

1948年12月10日左右，解放军攻占丰台。第二天傅冬菊告诉我说，傅作义昨夜两三点从位于万寿路的"剿总"总部跑回中南海，因为事先一点儿情报也没有，解放军就突然出现在丰台了。傅作义对傅冬菊说："回天津去，你在这儿碍事。"傅冬菊表示铁路都断了，无法回去。傅作义说派飞机送她回去。傅冬菊说："我是你的大女儿，现在你遇到这么大的困难，我还得陪着你，不能离开。"对这些情况，我们都随时向城工部作了汇报。

多种途径对傅作义施加影响

记者：据资料显示，当时北平地下党有几方面的人在做傅作义的工作，听说北平工厂、学校、报社、铁路局、电信局以至国民党的党、政、军、警、宪、特等机关，到处都有中共地下党的同志，是这样吗？

王汉斌：是的。北平地下党通过多种途径对傅作义施加影响。当时，曾由北平地下党学委秘书长崔月犁，请出傅作义的老师刘厚同劝说傅放下武器。在对傅作义做工作时，针对傅作义的犹豫动摇，刘厚同反复向他谈形势、摆利害，转达我党的政策和对傅作义的希望及要求；明确指出傅作义要顺应人心，当机立断，切不要自我毁灭。傅作义决定接受和平改编后，刘厚同不以功高自居，表示从此隐退，回到天津。

邓宝珊当时是国民党"华北剿总"副总司令兼榆林地区国民党军司令。邓宝珊与崔月犁曾多次接触。他曾提醒崔月犁，"军统"活动很厉害，要崔多加小心。傅作义由犹豫到下定决心，邓宝珊是起了重要作用的。他曾多次出城与我前线总指挥部商议起义的具体条件和细节问题。

记者：李炳泉受党委派代表北平地下党参加了敦促傅作义和平解放北平问题的谈判，作出了贡献，后来有的资料却把李炳泉说成是傅作义的代表，请问这是怎么回事？

王汉斌：李炳泉怎么会是傅作义的谈判代表！他也是我们西南联大的同学，很早就入党了。1946年秋，傅作义在北平创办《平明日报》。李炳泉的堂兄李腾九是傅作义"华北剿总"联络处处长，他推荐李炳泉去平明日报社担任采访部主任。李炳泉到平明日报社任职后，把地下党员李孟北、王纪刚也安排到报社任记者。同时，李炳泉出主意，让我找傅冬菊推荐，这样我也当了《平明日报》国际版编辑。

李炳泉的夫人为了澄清这个事实，给我写过信。我向有关方面专门写信，说明李炳泉不是国民党的代表，是共产党的代表，他当时是南系地下党平津学委职业青年支部书记。

记者：北平和平解放时，您在做学生工作。实际上，北平学生对北平和平解放也起了很大作用。

王汉斌：为了统一行动，北平地下党的"学委"（学生工作委员会）、"平委"（平民工作委员会）、"工委"（工人工作委员会）等配合起来，展开了一系列的工作。当时，崔月犁负责利用上层的社会关系做傅作义的工作。我们地下党负责联系广大群众，把国民党一些中下级军官争取过来。还有少数高级军官也被争取，并已经开始准备配合起义，例如九十二军军长侯镜如。总之，傅作义最终能够同意和平解放北平，离不开各方面许多同志的辛勤工作、默默奉献。

北平和谈详情

记者：最初双方的谈判顺利吗？具体是如何展开工作的？

王汉斌：经过傅冬菊反复劝说，在解放军攻占新保安、张家口的压力下，傅作义被迫同意派代表同地下党的代表谈判。开始谈判时，我们考虑还要李炳泉通过李腾九做傅作义的工作，决定派《益世报》记者刘时平为地下党的谈判代表，同傅作义的代表李腾九进行谈判。刘时平也是西南联大同学，他是绥远人，同傅作义"华北剿总"的人比较熟悉。在谈判进行中，刘时平因一件涉及民主人士的案件被捕，我们又改派李炳泉为谈判代表。经过双方商定，傅作义派崔载之为代表，由李炳泉带领，于1948年12月15日出发，一同到解放军前线司令部谈判。崔载之是平明日报社社长，深得傅作义信任。傅作义通知其政工处处长王克俊挑选可靠人员做好秘密出城的安排。我们通过地下党的电台，把李、崔出城的事报告城工部。根据城工部布置，我们安排李、崔二人坐吉普车从西单出发，经广安门到丰台，由解放军派人将他们送到解放军平津前线司令部。后来傅作义又调来周北峰、邓宝珊，帮助做和谈工作。

在谈判过程中，有些问题同傅作义的意见还有距离，迟迟未能达成协议。在这种僵持的局面下，党中央决定先攻打天津对傅作义施加压力，从1月14日发动进攻，只用29小时就打下了天津。这时傅作义着急了，提出要立即同共产党谈判，表示解放北平可以迅速达成协议，还说天津其实也可以不用打。

1月15日，傅作义派出的和谈代表——国民党"华北剿总"副司令邓宝珊和周北峰到解放军平津前线司令部谈判，双方达成和平解放北平的基本协议。1月21日，傅作义在北平召开高级军官会议宣布接受和平改编。1月31日，"华北剿总"、正规部队、特种部队及非正规军部队总计25万人，全部开出北平城，听候改编；东北野战军第四纵队开进北平城内，接手全城防务。至此，平津战役胜利结束，北平以和平方式回到人民的怀抱。

记者：听说有一个小插曲，一封给傅作义的信差一点使北平和谈成果受影响？

王汉斌：不错，是林彪给傅作义的信。那封信比较尖锐地指责了傅作义，周北峰带回来后不敢交给傅作义，就让傅冬菊交给他。傅冬菊感到这封"最后通牒"措辞严厉，担心父亲在部队出城改编时被激怒，就放在父亲的文件堆下面。结果新华社在和平协议签订后发表了这封信。傅作义很不高兴。最后，只好向他解释，那封信是因为当初在傅部占领张家口时，他的气焰非常嚣张，说要毛泽东下台，自己也下台。所以，解放区人民对他很不满意。信是为了向解放区人民有个交代，对他没有什么影响。虽然傅作义不高兴，但事已至此，也就让它过去了。

记者："北平方式"成为后来解放湖南、新疆、云南等地的范例，它使驰名世界的文化古城免于战火，完整地保存下来，为新中国定都北平创造了便利条件。

王汉斌：对！"北平方式"是毛泽东主席讲的，它对以后解放湖南、新疆等地确实起了很大的作用。北平和平解放，使北平这个城市保留了文化古迹。为了避免打到文化古迹，那时每天都试炮，我们每天要报告试炮的炮弹都落在哪儿。我当时住在东厂胡同北大文科研究所，离我住房几十米的地方就落下过一枚炮弹。

记者：资料记载，1949年2月22日傅作义到西柏坡见了毛泽东，说"我有罪"。毛泽东则说"你做了一件大好事，人民是不会忘记你的"。

王汉斌：北平和平解放后，毛泽东主席曾几次接见傅作义，同他亲切交谈，称赞："和平解放北平，宜生（傅作义字宜生——编者注）功劳很大！"尔后，又安排他担任全国政协第一、二、三届常委，全国政协第四届副主席，第一、二、三届全国人大代表，国防委员会副主席，水利部部长，水电部部长。1955年全国人大常委会授予他一级解放勋章。1974年傅作义病重，周恩来总理抱病到病房探望，转达毛主席的问候："毛主席叫我看你来啦，说你对人民立了很大的功！"傅作义逝世后，周总理亲自主持追悼会，叶剑英同志致悼词，代表党和政府给予傅作义极高的评价。他的女儿傅冬菊在北平和平解放后，由组织上分配到人民日报社工作，为我国新闻事业做出了重要贡献。

回忆法制委员会与法工委建立的前后*

全国人大常委会法制工作委员会的前身是全国人大常委会法制委员会的工作班子。在全国人大常委会法制工作委员会建立30周年前夕，为了回顾全国人大常委会法制委员会与法制工作委员会建立的历史，记者采访了改革开放以来我国立法工作中重要的领军人物——王汉斌。

记者：您是从1979年全国人大常委会法制委员会一成立就参与了立法的领导工作，先是任法制委员会副秘书长兼办公室主任，1980年以后任法制委员会副主任兼秘书长。请您结合亲身经历，介绍一下全国人大常委会法制委员会成立前后的情况。

王汉斌：1978年底，党的十一届三中全会总结了建国以来正反两方面的历史经验，特别是"文化大革命""无法无天"的惨痛教训，提出了把发展社会主义民主，健全社会主义法制，作

---

* 本文原载于《中国人大》2009年第3期。

为国家的根本任务。小平同志当时指出,"为了保障人民民主,必须加强法制,必须使民主制度化、法律化,使这种制度和法律不因领导人的改变而改变,不因领导人的看法和注意力的改变而改变。"要做到"有法可依,有法必依,执法必严,违法必究。"这两句话是建设社会主义法制的根本指针,具有十分重要及深远的历史意义。

为了加强社会主义法制建设,五届全国人大常委会委员长叶剑英也坚定地表示:"人大常委会如果不能尽快地担负起制定法律,完善社会主义法制的责任,那人大常委会就是有名无实,有职无权,尸位素餐;那我这个人大常委会委员长就没有当好,愧对全党和全国人民。"叶帅的话表明了全国人大及其常委会要抓紧、抓好社会主义法制建设的坚强决心。紧接着全国人大常委会作出一个最重要的举措,决定成立全国人大常委会法制委员会。在1979年1月关于设立全国人大常委会法制委员会的文件上写的是:全国人大常委会法制委员会协助全国人大常委会加强法制工作。

准备成立全国人大常委会法制委员会时,彭真同志找了小平同志和华国锋同志。他们两位都讲了,将来立法工作就交给你了,由你做主,你要找谁就找谁,你要找哪个部门协助工作就找哪个部门协助。叶帅也对彭真同志说,立法工作就由你做主,不需要请示。这些都表明这一时期赋予了全国人大常委会法制委员会很大的权力。

记者:请您讲一讲全国人大常委会法制委员会主要做了哪些工作,是怎样开展工作的。

王汉斌:1979年2月底,全国人大常委会会议通过成立法制委员会的决定。由刚恢复工作的彭真同志担任法制委员会主任，法制委员会由国务院各部门、政法各部门、各民主党派、各人民团体等方面的负责人以及法律、政治经济、语言文字等方面的专家共 80 人组成。其中有 14 位法制委员会成员先后担任了全国人大常委会的副委员长、全国政协副主席、中央政治局委员、最高人民法院院长等要职。仅这一点就说明这些组成人员的分量是很重的。

全国人大常委会法制委员会建立后，首先用三个多月时间起草了地方组织法、选举法、法院组织法、检察院组织法、刑法、刑诉法和中外合资企业法七部法律，提请 1979 年 6 月下旬召开的五届全国人大二次会议审议通过。这七部法律的迅速制定，表明了我们加强法制的决心，也迈出了加快法制建设的决定性的步伐。这七部法律的制定，在当时是很重要的拨乱反正。选举法、地方组织法和法院组织法、检察院组织法的制定，是对"文化大革命"砸烂所谓旧国家机器的拨乱反正，而且是保证国家机器能够正常运转的法律依据。刑法、刑事诉讼法的制定，使建国以来审理刑事案件第一次有了法律依据，对避免"文化大革命"发生的那种冤假错案具有决定性的意义。中外合资企业法的制定，表明我们改革开放的决心，说明我们对外开放不是临时的权宜措施，而是长远的基本国策。

胡乔木同志是法制委员会第一副主任，当时彭真同志让我向他请示有什么问题需要注意。他提了一条，即法律语言必须准确，不能用含义不清的语言。建议邀请语言文字专家当顾问，专门负责从文字的角度为起草的法律把关。他想到两个人，一个是吕叔湘，一个是朱德熙。这两位都是语言和文字的权威。吕叔湘是法制委员会的委员，朱德熙不是。后来起草宪法的时候，一些比喻是形象的语言文字，比如百花齐放、百家争鸣等，他们都不同意在宪法中出现，因为这种语言不是法律语言。

法制委员会在讨论时很活跃，有的时候争论很激烈。彭真同志一贯提倡不同意见要充分讨论。他主持讨论充分发扬民主，我还没有碰见像彭真同志那样重视不同意见的领导。他说，要真正讨论就要认真听取不同意见，同意的意见没有什么好讨论的。彭真同志鼓励大家充分发表不同意见。他说，可以大改，可以小改，也可以推翻。

彭真同志还提出，法律要能为大多数或者绝大多数人民所接受，要能在实践上行得通。比如在婚姻法的修改时争论很激烈，主要争论的是婚龄问题。原来婚姻法规定的是男 20 岁、女 18 岁。准备改为男 22 岁、女 20 岁。但计划生育办公室不同意，他们要提高到男 26 岁、女 24 岁。当时查找各国有关婚龄的规定，草案规定的婚龄还是比较晚的。

经充分讨论定为："男不得早于二十二周岁，女不得早于二十周岁。晚婚晚育应予鼓励。"提到大会审议。当时考虑到计划生育的需要，把婚姻法实施的期限推迟，本来是 1980 年通过，推迟到 1982 年实施。在全国人大审议时，当时任全国妇联主席的康克清大姐提出，为什么要推迟到那么晚实施，为什么要跟青年人过不去，所以通过时又改为提前一年在 1981 年实施。

记者：您作为当时法制委员会工作班子的主要领导，能讲讲法制委员会工作班子的情况吗？

王汉斌：法制委员会刚成立的时候，彭真同志要我到法制委员会工作。他让秘书通知我到大会堂参加会议。开完会，彭真同志说你就留下来工作吧。所以我是法制委员会的第一个工作人员，而且是第一个报到的。法制委员会是新成立的机构，干部都是调来的。彭真同志要求调来的干部能坚持 8 小时工作，要能当苦力。当时工作很紧张，我们一边调人，一边开展工作。用 3 个多月的时间起草了七部法律草案，除中外合资企业法是新起草的，其余法律虽原来有基础，但修改的工作量仍然很大。每天三班倒，上午、下午、晚上，每天晚上都要工作到 12 点多钟。我把修改稿送到彭真同志那里，他连夜审改后，第二天上午就印发法制委员会委员和有关部门征求意见。当时的工作真是夜以继日，效率还是比较高的。

记者：1983 年，六届全国人大常委会决定将法制委员会改成全国人大常委会法制工作委员会。您在担任六届全国人大常委会秘书长和七届全国人大常委会副委员长、七届全国人大法律委员会主任委员的同时，兼任了前 10 年的法工委主任。您讲一讲为什么会做这样的变动？

王汉斌：1982 年修改宪法，规定全国人大设立 6 个专门委员会，将原来的法案委员会改为法律委员会，在全国人大和人大常委会领导下，研究、审议和拟定有关议案，这样法律委员会的职责同法制委员会的职责基本是相同的，就不再需要设立法制委员会。同时，考虑到法律委员会由全国人大代表组成，许多委员并不是搞法律工作的，很难担负繁重的立法工作，因此，又根据立法工作的需要，把法制委员会改为法制工作委员会，作为全国人大常委会领导下精干的立法工作班子。法制工作委员会的人员主要是原法制委员会的工作班子。为此，全国人大组织法专门规定，常务委员会可以根据需要设立工作委员会，就是指的设立法制工作委员会。

审议、起草一部法律有很多具体工作，如发各地、各部门和法律专家征求意见，汇总整理；研究外国有关法律；调查研究，听取不同意见；研究党和国家相关政策和与之相关联的法律；要研究各种方案建议，进行协调、商议等等。这些工作基本都是由法制工作委员会负责，并由法工委根据汇总收集的意见，对法律草案研究提出修改意见，向法律委员会汇报，由法律委员会审议修改后提请全国人大或常委会审议。还有一部分由全国人大常委会主持起草的法律，基本上也是法制工作委员会负责起草，提请全国人大常委会审议。在全国人大常委会审议时，也是先由法制工作委员会审议修改。

记者：最后，请您在法工委即将迎来 30 岁生日之际谈一点个人的感受。

王汉斌：从历史来看，成立法制委员会和之后改建的法制工作委员会对加强人大立法工作具有非常重要的关键性作用。作为一个立法工作者，我很怀念和法工委的同志们一起工作的日子。虽然很忙，很累。我知道现有法工委干部们仍然是超负荷的工作，仍然经常加班。我对他们的艰巨工作，表示我的致意和谢意。

《中国人大》记者　夏莉娜

"剑胆" *

到王汉斌家采访时，他正在看功夫片。据说，这是这位"退

---

* 本文原载于《法制日报》2000 年 1 月 13 日。

役"副委员长的一个重要日程。

王汉斌读遍金庸，家藏两套金庸送给他的金庸全集。作为参与、领导制定了两百多部法律的中国领导人，王汉斌肚子里装满了中国法律。同时，他也留了一个小小的地方，用来盛放侠肝、义胆、古道、热肠、剑影和刀光。

他那两道浓眉透露了王汉斌心底的消息，它们舞动着，引领我们走入中国法律的过去、现在和将来。

"政府的权力必须受到制约，
不受制约必然滥用权力"

"公民的合法权益受到政府的违法侵犯，要有向法院起诉的权利。"这是法制的一个根本原则。但是，在制定行政诉讼法的整个过程中，争论是很大的。当时有个市的法制局局长就说，行政诉讼法的指导思想根本是错误的，这就是不相信政府。

王汉斌发言了，他的话直来直去。"你违法为什么不能起诉？你不违法你怕什么起诉？有人不愿意当被告或者以为让行政机关当被告就是错的，这个观念不对。"他习惯用两头包抄的反义问句："说罚款，人家一申辩就从五块变成了十块，到底应该是罚五块还是十块？应该罚十块为什么当初罚五块？应该罚五块为什么人家一申辩就变成了十块？"

当然，反对者没有因为王汉斌的语言攻势变成赞成者，王汉斌和他的同事们又去一条一条地抠法律条文，一天一天地开会。"行政诉讼法是保障公民合法权益最重要的具有决定意义的法律。党中央下决心通过这个法律是我国重视保障人权的一项极为重要的决策。它同时还是保障国家长治久安的'安全阀'，老百姓的权益受到行政机关的侵犯，如果没有一个解决的渠道，冤屈越积越多，爆发就不得了。"每次开会，几乎王汉斌都说，他说得顽强，执着。

与邓家的扯不断的牌缘

王汉斌是邓小平的牌友，历史可以沿革到"文革"以前。"文革"前，他们在养蜂夹道的热闹牌局，"文革"时曾被批斗为搞"裴多菲俱乐部"。

据说，最早是1961年，中国的领导人分别到各地做调查，彭真和邓小平在顺义，呆了一个多月，调查完了，报告交了，邓小平高兴了，要打桥牌，彭真夫人张洁清就把当时也在场的王汉斌叫了来，自此开始了他们的牌交。

少有爱好的王汉斌至今还没有断了打牌的习惯。卸任后，他一般上午看报纸，下午看材料，晚上有时就打桥牌，牌友是邓小平的女儿邓楠，似乎王汉斌和邓家还有扯不断的牌缘。

在牌桌上，他们从不谈国家大事，邓小平打牌不聊天，只是专心打牌和抽烟。邓小平成为中国改革开放总设计师时是这样，"文革"前也是这样。70年代，批邓时，王汉斌还常打牌，开会时很少发言。北京市有位领导人就说王汉斌是不干的干部，现在还老打牌，不好好改造，对此，王汉斌毫不讳言："本人有不干的历史，什么都不干。1976年批邓时，厂党委书记要我写大字报批邓，第一次我说我从来只会挨批，不会批人；第二次他说你是厂领导，应在大会发言批邓，我说我算什么领导，连厂党委委员都不是；第三次他要我替别人起草发言稿批邓，我说厂党委有秘书，干嘛要我起草。"

"中国的民主政治，村民自治是重要的一步"

"村民自治的基本精神是村民的事由村民自己来管，行使自己的民主权利。村民委员会组织法是加强社会主义民主政治建设的一部重要的基本法律。八亿农民实行直接民主，是一个很好的民主大学校，对中国的民主政治建设具有重大意义。"而村民委员会组织法也是历尽波折，从常委会经过反复审议、争议，才提请全国人大审议，再从全国人大授权回到常委会，经历了好几个回合。

"过去我们国家政府行政权力太大，不少干部对民主不喜欢。就是老委员长（彭真）说的，不熟悉，不习惯，不适应，喜欢我作主，不喜欢老百姓有权力。"

据说，当时有许多行政干部要求把村委会和乡政府的关系从草案规定的指导关系改为领导和被领导的关系，让村委会成为乡政府的"腿"，否则乡政府没有办法工作。而如果作了这种改动，村民委员会的性质是同法律规定的自我管理，自我教育，自我服务的自治性组织相矛盾。

老委员长彭真早在 50 年代就有了居民自治的想法，并在 50 年代制定的城市街道居民委员会组织条例作过相关的规定，确定了城市街道居民委员会的群众性自治性质。而直到如今还有人不以为然。但王汉斌说，中国的决策层对村民自治投了赞成票，江泽民总书记对村民自治问题非常重视，在一次会见外宾后，他特地同我谈了要同民政部商量加强村民委员会的建设和宣传报导。于是，中国的民主政治迈出了重要的一步。

王汉斌把村民自治称为中国民主政治建设的重大步骤，而外国人说，中国民主政治最重要的表现就是村民自治。

两个副委员长迎来五十金婚

在王汉斌当副委员长的时候，彭珮云是国务委员。王汉斌"退役"后，彭珮云被选为副委员长。他们伉俪双飞的故事，是中国政坛的一段佳话。

去年五十年金婚的两位副委员长是在西南联大结识的，那时，他们一个一年级，一个四年级。"'文革'时，她是'臭名远扬'，全世界都有名的人物。我们都关牛棚，都是黑帮。但要讲问题，我比她严重得多，在北京市我的地位比她重要，当时北京市委给中央的报告很多都是我起草的。批我的时候，问我哪个黑文件没有你的份？我说是，都有我的份。"

几十年过去，似乎当时的残酷变得有些滑稽。但当时，却是物质的剥夺、精神的蹂躏和肉体的摧残。"'文革'的时候，聂元梓派人来要我交代说彭珮云是假党员，我说不是，他们就打我，从上午打到下午，第二天又从上午打到下午，拳打脚踢，打了以后两个礼拜起不了床。"

彭珮云也被打得够呛，他们是患难夫妻。而今，两个人互不干涉，各干各的事，连书房也是两个。他们性格迥异，彭珮云活跃好动，说话也温柔，王汉斌不爱运动，言辞强硬，很难想象，几十年的为官生涯也没有磨掉他的真性情。

在说起国家赔偿法时，王汉斌又甩出一段铿锵的回忆。"过去我们蹲牛棚，谁来赔偿呀？后来退工资了，利息也不退呀！还叫我们多交党费，我说我就是不多交。他们在台上的为什么不多交？而要我们关牛棚被扣工资的多交。"

离休前做的最后一件事：
关注专属经济区和大陆架法

　　赶在 1998 年九届全国人大一次会议前，王汉斌让把专属经济区和大陆架有关海洋权益的资料赶快印发，还注明是 1998 年 3 月 5 日（九届全国人大一次会议召开）印发的，以示由他负责，"不然，我就退了。这可是中华人民共和国的历史性权利呀！"

　　王汉斌在他卸任之前，做的最后一件事，就是关注制定专属经济区和大陆架法。这是一部牵扯到中国广大海域权利的法律，王汉斌为这部法律的制定殚精竭虑。他曾找过总书记，找过总理，拿着南海地图，找当时的总理李鹏汇报。他说："专属经济区和大陆架法需要对南沙群岛海域的历史性权利有适当的规定，否则，我们跟子孙后代没法交代。"

　　现在，在李鹏委员长主持下，专属经济区和大陆架法已经制定出来了，关于中国在南海的历史性权利已有规定，王汉斌松了一口气，他所付出的努力可以向他的责任心交代了，但关于立法的争论还在继续，超前了，滞后了，看法各不相同。

　　而王汉斌却不同意立法过程中有所谓超前和滞后的问题。"成熟一条，制定一条，成熟一个，制定一个，这是老委员长说的。有把握的，就写进法律；没有把握的就写不了。什么叫滞后？难道没有把握的也可以定进法律。"

　　"1979 年 7 月，在中国还没有现代意义上的中外合资企业的时候（50 年代初办的中苏合营企业，我们是被迫的，不是现代意义上中外合资企业），就制定了中外合资企业法，这是不是超前？但那是有把握的。行政诉讼法，村民委员会组织法，有人说是超前了，行不通，实践越来越证明是适宜的。所以，我认为不能抽象地谈论超前还是滞后，而是要看实际情况，要看是不是成熟，是不是有把握的。如果是成熟的，有把握的，就要早日制定，如果还不成熟，没有把握，即使有需要，想搞也办不到。证券法搞了七八年，从 1993 年起常委会先后审议了五次，到 1998 年才制定出来，这就是因为有一系列重大问题有争论，没有把握，这算不算滞后？就算是滞后也提前不了。"

说完，王汉斌仰脸朝天，一副不以为然的样子。这使得王汉斌在有些人心目中严肃有余，强硬有加。但其实，他在圈内是以开明、开放著称的，有时候，有点像个老顽童。

他组建的法工委，没有"机关味"，上下关系融洽，人才辈出。不论是主任（部长）、局长，还是普通工作人员，彼此称谓习惯带个"老"字。进主任（部长）房间谈工作，不用通过秘书。在这里，人人都得会"操刀"练活，没有官僚气。这个风气是从王汉斌开始的，常常是他亲自带着一条条过法律，一过就是好几天。

"报道不同声音有什么坏处？"

他在说这句话的时候，还是那副不以为然的样子。当初在中央电视台专题部记者被挡在大会堂门外时，王汉斌特批请他们进来拍破产法的常委会联组会时，也是这种表情。没有王汉斌的鼎力相助，那部首创时政报道先河，轰动一时的片子，是不可能出台的。

从冷的脸体察到热的心，不是件容易的事。当记者问到他，当初为什么会这样做时，王汉斌突然用很小的声音说，"我一直认为人大的报道应该更放开、更活跃一些，对批评意见的报道，应该更充分一些。"其实，记者从他放行的众多独家新闻中对此早有感受，有时不放行的反倒是他的下属。

"为什么不能报道不同意见呢？真理越辩越明嘛！"王汉斌又恢复了他惯常的响亮和明确，"报道不同的声音，只有好处，没什么坏处。有些积极的建设性的批评意见，即使不对，我认为也可以登在报纸上。对法律草案的不同意见，法律委员会不同意的也可以登。"

学历史出身，当过几年报纸的国际版编辑，而后也是一路的文字生涯，但王汉斌却一派戎马精神，说话做事，尖锐爽直。比如，说起运动，这样一个温和的话题，他也要说得没有一点拐弯和退路。他不说"我不爱运动"，而是说"我就爱不运动"。

他的家也少有文人的闲情逸致，着意抚弄，即使是装饰品，也摆放得粗粗落落，毫不刻意。只是墙上挂的一副题字，像是大有深意。

"剑胆"。

——两个字，点出了满屋的精气神儿。

《法制日报》记者　阎军　中新社记者　王晓晖

后记

　　2004 年二三月间，刘政（原全国人大常委会副秘书长，时为全国人大财经委委员）、程湘清（原全国人大常委会办公厅研究室主任）、李援（全国人大常委会法工委行政法室主任）、艾其来（中国民主法制出版社社长）等同志采访我，让我谈谈党的十一届三中全会后我国的社会主义民主法制建设是怎么起步的？遇到些什么矛盾和问题？如何解决的？我同他们谈了十四次，每次三个小时。主要谈了 1979 年一举制定七个法律的情况；修改宪法、起草 1982 年宪法遇到的问题和决策过程；制定和修改选举法、地方组织法中对选举制度的重要改革；人大议事程序规范化建设，以及起草制定民族区域自治法和村民委员会组织法的争论等。本来打算接着谈民法通则、行政诉讼法、公司法等的立法决策过程的，但由于他们提出先把谈过的内容整理出来，就未继续往下谈。

　　此后，转入整理访谈记录和查找资料的工作。我同他们商定按六个专题进行整理，由刘政协助整理七个法律和修改宪法两部分，艾其来协助整理选举制度改革部分，程湘清协助整理人大议事制度部分，李援协助整理制定民族区域自治法和村民委员会组织法中遇到的几个问题两部分。他们整理出初稿后，我又多次同他们交谈，反复进行修改，力求比较准确地反映新时期社会主义民主法制建设的状况。这项工作在 2005 年后停顿了一段时间。2010 年 7 月再次启动，对访谈录的稿子又作了研究、修改，终于完稿。在此，我向协助整理访谈录的上述同志，特别是做了大量整理编辑工作的刘政同志，还有为本书出过力的刘海涛、王建民、贾国清、李淑云等同志，一并表示谢意！

本书所谈到的，只是我亲身经历的一些重大事件，以及所了解的情况和认识，缺点和错误在所难免。我热切期望得到读者的批评指正。

2011 年 8 月

图书在版编目（CIP）数据

　　王汉斌访谈录：亲历新时期社会主义民主法制建设 /
王汉斌著．——北京：中国民主法制出版社，2012.2
　　ISBN 978-7-80219-976-7

　　Ⅰ．①王… Ⅱ．①王… Ⅲ．①王汉斌－访问记②社会
主义法制－中国－文集 Ⅳ．① K827=7 ② D920.0-53

　　中国版本图书馆 CIP 数据核字（2011）第 253376 号

图书出品人：肖启明
文 案 统 筹：刘海涛
责 任 编 辑：胡天焰

书 名 /王汉斌访谈录——亲历新时期社会主义民主法制建设
　　　　WANGHANBIN FANGTANLU——QINLI XINSHIQI SHEHUIZHUYI MINZHUFAZHI JIANSHE
作 者 /王汉斌　著

出 版 · 发 行 /中国民主法制出版社
地　址 /北京市丰台区玉林里 7 号（100069）
电　话 / 63055259（总编室）　 63057714（发行部）
传　真 / 63055259
E—mail：MZFZ@263.net
经　销 /新华书店
开　本 / 16 开　 710 毫米 ×1000 毫米
印　张 / 23.5　 字数 / 218 千字
版　本 / 2012 年 1 月第 1 版　 2012 年 1 月第 1 次印刷
印　刷 /北京东海印刷有限公司

书　号 / ISBN 978-7-80219-976-7
定　价 / 56.00 元